土木工程施工与管理前沿丛书

建筑企业下游服务化财务
绩效的提升机理研究

——基于知识开发和知识利用的视角

曾大林　著

中国建筑工业出版社

图书在版编目（CIP）数据

建筑企业下游服务化财务绩效的提升机理研究——基于知识开发和知识利用的视角/曾大林著.—北京：中国建筑工业出版社，2019.1
（土木工程施工与管理前沿丛书）
ISBN 978-7-112-22993-2

Ⅰ.①建… Ⅱ.①曾… Ⅲ.①建筑企业-财务管理-研究
Ⅳ.①F407.967.2

中国版本图书馆CIP数据核字（2018）第269187号

　　本书以知识利用和知识开发为研究视角，以建筑企业下游服务化为研究对象，以建筑企业下游服务化财务绩效提升机理为研究核心，系统介绍了提升条件、提升路径和提升策略等内容，并进行了深入剖析。

　　本书结构逻辑关系强，思路清晰，内容深入，成果实用。适合建筑行业研究人员、企业管理者阅读，也可供政府、建筑企业、行业协会等部门工作人员及广大高校师生参考。

　　本书是山东建筑大学博士基金（XNBS1503）资助成果。

＊　　　　＊　　　　＊

责任编辑：毕凤鸣　周方圆
责任校对：焦乐

土木工程施工与管理前沿丛书
建筑企业下游服务化财务绩效的提升机理研究
——基于知识开发和知识利用的视角
曾大林　著
＊
中国建筑工业出版社出版、发行（北京海淀三里河路9号）
各地新华书店、建筑书店经销
北京红光制版公司制版
廊坊市海涛印刷有限公司印刷
＊
开本：787×1092毫米　1/16　印张：12½　字数：264千字
2019年1月第一版　　2019年1月第一次印刷
定价：**50.00**元
ISBN 978-7-112-22993-2
（33056）

作者简介

曾大林，男，1981 年 2 月生，博士，山东建筑大学副教授。

2002 年 6 月毕业于山东建筑工程学院，房地产开发与管理专业，学士学位；

2005 年 6 月毕业于山东建筑工程学院，工程管理专业，硕士学位；

2005 年 9 月供职于山东建筑大学管理工程学院；

2015 年 6 月毕业于同济大学经济与管理学院，建设工程管理专业，博士学位。

已发表的学术论文

[1] 曾大林，陈建国，徐友全. 基于服务型企业发展的我国大型建筑企业组织变革研究[J]. 山东社会科学. 2013(6)：178-182.

[2] 曾大林，陈建国，徐友全. 资源约束下的中国各省区建筑业生产效率的实证分析[J]. 统计与决策. 2015(9)：129-132.

[3] Zeng D，Xu Y，Hu X. Modeling continuous health risk factors by using fractional polynomials transformation[J]. BioTechnology：An Indian Journal. 2013，3（8）：292-297.

[4] 曾大林，纪凡荣，李山峰. 中国省际低碳农业发展的实证分析[J]. 中国人口·资源与环境. 2013(11)：30-35.

[5] Xu Y，Zeng D，Ji F. A Three-layer，Four-pipeline Service-driven Organization Architecture for Evaluating Large Project Clusters[C]. International Conference on Information Technology and Applications. 2013.

参与科研课题项目

[1] "项目利益导向的大型工程项目群服务驱动型组织研究"，国家自然科学基金项目（编号：71072046），2010—2013。

[2] "工程管理专业课程教学大纲优化"，同济大学经济与管理学院教改项目，2011。

[3] "深圳平安国际金融中心建设工程前期实施策划研究"，中国平安集团，2011。

[4] "上海建筑市场整治后长效管理机制研究"，上海市建管办、上海市建设工程安全质量监督总站，2012—2013。

[5] "嵌入视角下建筑工人职业流动问题的行为仿真及对策评价"，国家自然科学基金项目（编号：71472139），2014。

前　言

随着国内经济增速趋缓和固定资产投资紧缩，我国建筑业中上游产业环节的高增长时代已渐行渐远。建筑产业链下游拓展，本书称之为"下游服务化"，将是我国建筑企业未来发展面临的重要课题之一。然而，下游服务化毕竟是战略变革行为，其实施将引发组织内部冲突，可使企业财务绩效下降而陷入"服务困境"。下游服务化战略本身并无优劣之分，关键是如何实施下游服务化战略以提升企业财务绩效。这一问题目前国内外学术界都还没得到有效解决。对此，学者们认为应引入新的理论视角展开研究，以揭开"服务化财务绩效黑箱"。

知识是企业最重要的战略资源，且企业战略更新是以知识开发和知识利用活动为基础的。基于此，本书引入知识开发和知识利用的研究视角，旨在回答以下三方面问题：①什么样的前提条件下，建筑企业能够提供下游服务而对财务绩效提升产生影响？②下游服务化战略提升企业财务绩效的基本路径有哪些？③采取什么样的下游服务化实施策略才能提升企业财务绩效？围绕上述问题，本书在文献评述基础上，设计了分析框架，对建筑企业下游服务化财务绩效的提升前提、提升路径和提升策略，分别应用数学建模、结构方程建模和系统动力学建模展开分析，主要研究结论包括如下三方面：

（1）提升前提。知识开发和知识利用视角下，建筑企业下游服务化财务绩效提升的前提条件：工程建造阶段的知识开发和知识利用对设施管理阶段存在足够大外部性效益以及建筑企业具有工程建造阶段知识转移的相对高效率，其公式化表达为：$\{N_2 TR^u - N_1 TR^b\} - \{(N_2 - N_1)e_1\delta\} \geqslant \{N_2(e_2^u - \psi(e_2^u)) - N_1(e_2^b - \psi(e_2^b))\} - \{(\alpha_1^b - \alpha_1^u)E\frac{F_1}{f_1}(\theta_{1\min}) + (1 - \alpha_2^u)E\frac{F_2}{f_2}(\theta_{2\min})\} - \{E\theta_{2\min} - E\theta_2\}$。市场竞争程度较低以及业主在设施管理阶段愿意给予更多激励对上述前提条件有强化作用。

（2）提升路径。①下游服务化战略依次通过知识开发和知识利用（实施策略层）、探索型项目创新和利用型项目创新（项目执行层）来提升财务绩效。②工程建造业务和下游服务业务间跨领域的项目创新协同对下游服务化财务绩效的提升起到显著影响；当这种协同与企业总体策略导向战略一致程度较好时，可相应最大化企业近期或远期财务绩效。③虽然下游服务项目创新对近期、远期财务绩效的贡献要远高于工程项目创新，但是工程项目创新（特别是探索型工程项目创新）对下游服务项目创新的路径影响很大，远高于知识开发和知识利用策略的影响。

（3）提升策略。①建筑企业下游服务化对企业总体利润的提升和稳定具有显著作用，两者之间存在"倒U"形关系。在一定的内、外部环境条件下，存在相对最优的下游服务化程度，使得企业财务绩效实现最佳水平。②二元性策略、单一性策略和交叉性策略分别适合不同的市场环境。正常市场情况下，二元性策略最优；特殊市场情况下，根据环境变化相应调整而实施单一性或交叉性策略；只要在工程领域进行单一知识利用，企业总体利润在长期都将趋于零。③较高的企业知识存量和资金规模有利于下游服务化的实施，但两者增长必须同步才能实现企业利润提升；通过提高吸收能力和降低工程建造知识的转移成本以减少其对企业利润影响；通过增强知识利用来积累冗余资金以缓冲建筑市场金融环境恶化的影响，通过增强知识开发来积累知识存量以缓冲建筑市场技术更新的影响，通过适当提高服务化程度来缓冲建筑市场竞争加剧的影响。

与以往研究相比，本书在以下三方面有所创新：

（1）以工程建造和设施管理两阶段任务之间的知识开发和知识利用关系为主线，建立了建筑企业下游服务化财务绩效提升前提的数学分析模型，得出了以工程建造阶段知识开发和知识利用的外部性、工程建造知识转移成本为基础的建筑企业下游服务化财务绩效提升前提的阈值条件。

（2）构建了"下游服务化战略—知识开发和知识利用策略—探索型项目和利用型项目（又分为工程建造和设施管理两类业务领域）—企业近期和远期财务绩效"的提升路径结构方程模型，并进行了验证，得出路径模型、具体提升路径及其影响系数，揭示了企业战略层、策略层、项目层的多层级协同与工程、服务市场间的跨领域协同在下游服务化财务绩效提升路径选择中的内在联系。

（3）构建了建筑企业下游服务化影响企业财务绩效的系统动力学模型，通过中心组合设计分析拟合出下游服务化战略与企业总体利润的关系方程，通过情景仿真揭示了下游服务化程度、知识开发和知识利用策略、组织内部与外部因素在建筑企业下游服务化财务绩效提升策略制定中的互动影响。

目　　录

第 1 章 引   言

1.1 研 究 背 景

（1）实践背景

服务有较强的盈利能力，是企业价值创造的重要环节，也是增强产品差异化的有效途径（Tukker & Tischner，2006）[1]。研究表明，建筑物全寿命周期内的建设成本、20 年内运营维护费用和建筑物内企业运营费用比率一般为 1：5：200（Evans et al.，1998）[2]。随着建筑设施的系统复杂性增加和使用要求提高，运行维护费用也越来越大，设施管理对客户的增值意义愈加重要。另一方面，设施管理服务具有高收益、稳定性和长期性的特点，能抵抗建筑市场风险并为建筑企业构建全过程一体化综合服务能力打下基础。因此，国际大型建筑企业积极拓展下游设施管理市场以密切联系最终用户而谋求长期的潜在利益（Bröchner，2008；Cacciatori & Jacobides，2005）[3，4]，如美国福陆、法国万喜等。在我国，许多大型建筑企业也已开始探索下游产业发展之路。如上海建工集团的机电工程业务已经开始全面提供运行管理及维护服务；中铁二局集团由单一施工企业逐步发展成为一个能提供施工、设计、项目开发和运营管理的综合性建筑企业（成波，2012）[5]。客观而言，集成下游设施管理业务作为建筑企业多元化发展的一种模式，也反映了建筑业发展固有的一种循环趋势：先有专业分工和企业专业化，再进行一体化整合（Bröchner，2008）[3]。

进一步对比市场上已存在的专业设施管理服务公司，建筑企业向下游集成设施管理业务有其深层次的内在成因。一是企业垂直一体化。除了降低交易成本的考虑（Casson，1987）[6]，为保持与客户的密切关系、保护市场地位和开拓新市场、充分利用知识与技能积累以及开发新的能力（Bang，2002；Cacciatori & Jacobides，2005）[7][8]，建筑企业也会集成下游设施管理业务。二是信息不对称。建筑承包商由于对建筑设施特性的掌握比任何一方都好，承担其所建设实施的运维服务具有合理性和先天优势。很多情况下，业主无法确定故障是源自建筑设施的内在问题还是运行维护行为的不当。特别是在目前的设施质量侦测技术体系发展水平下，延长承包商质量保修期的手段仍是低效的（Lützkendorf & Speer，2005）[9]。建造和运行阶段间存在较强的技术联系时，两阶段的集成打包委托给建筑企业是合理的（Bennett & Iossa，2006）[10]。三是业主利益诉求。Lind & Borg（2010）[11]认为，建筑企业提供工程建造

1

和设施管理的集成服务主要有三方面吸引业主的优势：项目投融资、未来技术和成本上的运行风险规避（Grimsey & Lewis，2002）[12]以及项目全寿命周期费用控制。四是企业服务创新。学者 Tether（2003）[13]、Miles（2005）[14]和 Cardellino & Finch（2006）[15]将建筑企业集成设施管理的行为看作是一类服务创新。根据 Gallouj（2002）[16]对服务经济中创新的研究，当建筑企业集成下游设施管理服务时，遵循"组织扩延原则"，是一种受市场已有设施管理公司扩散影响而产生的企业整体层面上的创新。

综上，建筑企业下游产业链拓展这一趋势不能简单理解为 PFI 项目（Stephen J. Govette et al.，2013）[17]。这是因为，它不仅与工程项目复杂性的提升、全寿命周期费用的控制密切相关，更是基于"服务化"大背景下的建筑行业新的发展。"服务化"是指企业由仅提供物品（或包括附加服务）向提供物品加服务构成的"产品—服务包"转变，并且服务成为增加值的主要来源（Vandermerwe & Rada，1988）[18]。由于行业增长趋缓和市场动荡性、竞争性的加剧，国际大型生产企业积极进行服务化转型发展，强调服务在"产品—服务包"中的价值主导地位，并以此抵抗制造环节的低成本竞争（Wise & Baumgartner，1999）[19]。然而，"服务化"毕竟是战略变革行为，需要新的管理文化、组织体系、流程与标准，从而引发组织矛盾和战略模糊问题（Brax，2005，Fang et al.，2008）[20, 21]。特别是在资源约束条件下，服务业务拓展会降低有形产品制造的资源投入水平而导致资源配置冲突（Oliva & Kallenberg，2003）[22]。实践证明，服务化面临着诸多困难、挑战和风险（Baines et al.，2009；Gebauer & Fleisch，2007）[23,24]，实施过程中企业易出现财务绩效下降而陷入"服务困境"（Service jungle & Service paradox）（Meier & Bosslau，2012；Brax，2005）[20,25]，失败案例同样存在。可见，建筑企业拓展下游产业链作为战略选择本身并无优劣之分，关键是如何成功实施这一战略以获得绩效提升而实现持续发展。

（2）理论背景

"服务化"引起了建筑行业的关注和反思（Brady et al.，2005；Leiringer，2009）[26, 27]。事实上，建筑业一直积极学习制造业的先进经验和技术以寻求发展（Egan，1998；Gann，1996）[28,29]，且两者在管理理论上日渐呈现趋同性（赵洁，2010）[30]。建筑业具有"先交易后生产"等特点（Bröchner，2010）[31]，建筑承包商与服务商更相似（Winch，2003）[32]，甚至被称为建筑服务提供商（Bosch & Peter，2003）[33]。但是，这并不能否定建筑企业像制造企业一样向价值链下游移动而提供设施管理服务的重要意义（Bröchner，2008）[3]，也不妨碍借鉴制造业服务化的理论与经验研究建筑企业下游服务化问题。这种基于全寿命周期价值链的变化趋势以及下游服务的重要性需要深入研究（Leiringer & Bröchner，2010）[34]。著名建筑专家 Saxon 在 2003 年英国皇家建筑师协会的讲座上提出：建筑业转型方向是通过塑造和交付建筑环境以满足客户和社会的需求而实现增值。因此，建筑产品及其服务可看作为满足客户特殊商业目的（如投资）或经营需要的集成解决方案（Saxon，2002）[35]。Brady et al.（2005）[26] 认为这是新的商业模式——"建筑环境解决方案供应"（Built Environment Solution Provision，BESP）。Alderman et al.（2005）[36] 则提出了"服务导向项目"（Service-led Projects）的概念：它不仅提供建筑产品，还要按照客户运营阶段需求提供服务。最近，Leiringer & Bröchner（2010）[34] 又将"服务导向项目"拓展成的"服务导向建造项目"（Service-led Construction Project），以期得到更为深入的探讨。

　　然而，服务化战略之所以受到肯定，最终是因为它被看作寻求发展、盈利和经济稳定性之路（Cusumano et al.，2014）[37]。产品使用寿命期内的服务收入可达到产品本身销售收入的 5 倍或更多（Gadiesh & Gilbert，1998；Wise & Baumgartner，1999）[19，38]，服务化战略的基本目的是为了改善企业利润表现（Vandermerwe & Rada，1988）[18]，因而财务绩效提升是其成功实施的根本保证。当前，案例研究显示服务化具有利润提升潜力（Tuli et al.，2007；Chesbrough，2011；Agrawal et al.，2012）[39-41]，实证研究却对服务化影响财务绩效得出了混合结果（Fang et al.，2008；Neely，2008；Suarez et al.，2013）[21,42,43]：从正相关、负相关到非线性相关，都得到了一定支持。尽管服务对提高产品运行效能和创造客户价值有益（Guajardo et al.，2012；Kim et al.，2010）[44，45]，但企业服务化对财务绩效的影响机理却远未得到透彻理解（Kastalli & Van，2013）[46]。现有实证研究探讨了不同因素的影响作用，但在解释服务化提升企业财务绩效的前提条件、基本路径方面存在不足，并忽视了基于长期动态演化对实施策略选择的分析。正如 Pawar et al.（2009）[47] 所指出的，服务化过程是动态的，企业需要在这一过程中不断地重新定位自己，逐步确立服务的主导地位。

　　同时，服务化问题置于建筑业背景下时，必须结合具体的行业自身特点予以分析和解决。一方面，建筑企业是项目型组织，通过项目实施来建立和积累企业知识、能力与资源（Hobday，2000）[48]。因而建筑企业服务化须基于项目展开分析和讨论。另一方面，建筑产品是复杂产品系统，运行服务是建筑企业需具备的关键能力（Davies，2004）[49]，建筑企业集成建造和服务是受下游服务交付（Downstream Service Delivery）所驱动（Leiringer et al.，2009）[27]。对此，Leiringer & Bröchner（2010）[34] 在《Construction Management and Economics》杂志上组织了专刊讨论。因此，本书将建筑企业的下游产业链拓展称之为"下游服务化"。总体来看，有关建筑企业下游服务化理论的探讨已经展开，但相关研究仍处于起步阶段，缺少下游服务化问题研究的分析框架，也缺少有针对性的下游服务化财务绩效的提升机理研究。对建筑企业而言，下游服务化是长期的转型过程，财务绩效提升的深层机理比单单确定有哪些影响因素更有战略意义。

1.2 研究问题与意义

1.2.1 问题提出

近年来，许多专家、学者和行业协会积极倡导建筑业的重新定位和变革，认为市场竞争应以增值为基础而不是成本效率（Barrett，2005；Saxon，2005；American Society of Civil Engineers，2007）[50-52]。有关增值建议中包括设计、生产和设施管理等方面，并且强调从简单建筑产品交付转向范围更广的业主需求满足。可见，建筑业发展已转向建筑产品的全寿命周期和运行服务维度，这是应对全球市场变化和金融经济危机的必然结果（Leiringer & Bröchner，2010）[34]。正如郭重庆院士所指出的，"在当今经济变革的时代，一个行业如果要生存下去，就必须调整企业经营理念：从产品导向到服务导向"[53]。建筑企业是我国国民经济发展的重要基石（王汇墨等，2009）[54]，统计数据显示[55]：2013年全国建筑业企业79528个，完成总产值159313亿元、房屋建筑施工面积113.0亿 m²、利润总额5575亿元。然而，我国建筑企业主要从事施工承包业务，以基本建设投资稳定增长量为前提，难以抵御宏观经济波动，不是一种可持续发展模式（陈宏伟，2010）[56]。多年来同台同质的竞争环境下（邓飞等，2011）[57]，3.5%左右的综合产利率（汪士和，2011）[58]以及较弱的综合服务能力（王彤宙，2009）[59]，制约了我国建筑企业核心竞争力提升。对此，学者呼吁通过实施纵向一体化战略以拓展上下游价值链环节和提高附加值（尚耀华、金维兴，2005）[60]。特别地，经营模式全产业链综合服务化是未来大型建筑企业发展的趋势（张贵林，2014）[61]。当前，国家固定资产投资增速趋缓，建筑业中上游产业环节的高增长时代已渐行渐远，建筑产业链下游拓展是我国建筑企业未来发展面临的重要课题。

从前述研究背景来看：第一，宏观经济与社会发展使得全球范围内建筑企业传统成本优势逐渐丧失，未来发展趋势之一是通过下游服务化战略提升一体化综合服务能力实现增值，继而赢得竞争优势。然而，下游服务化战略实施也会带来矛盾和冲突而使企业陷入困境，取得成功的根本保证是企业财务绩效的提升，继而问题的关键是如何实施下游服务化战略以提升财务绩效。第二，下游服务化对企业财务绩效具有重要影响。现有相关研究通常仅针对某一方面或几个方面因素的影响进行实证检验，未能对服务化提升企业财务绩效这一过程以及如何驾驭这一过程做出有效解释。尽管相关研究文献仍不断增加，但当前尚未有专门针对建筑企业这类项目型组织分析其下游服务化提升财务绩效的机理的研究成果。综上，本书旨在回答以下三方面有关下游服务化提升财务绩效的机理问题：

（1）什么样的前提条件下，建筑企业能够提供下游服务而对财务绩效提升产生影响？只有回答这一问题，才具有探讨下游服务化提升财务绩效的可行性。

（2）下游服务化战略提升财务绩效的基本路径有哪些？提升关系和强度是怎样的？只有回答这一问题，才能阐明下游服务化提升财务绩效的作用机制。

（3）在不同环境下采取什么样的路径组合即下游服务化实施策略才能提升财务绩效？只有回答这一问题，才能驾驭下游服务化提升财务绩效的实施过程。

1.2.2 研究意义

（1）丰富了服务化理论研究。首先，本书研究我国建筑企业下游服务化问题，具有较强的针对性、适用性和指导性。其次，探讨建筑企业下游服务化提升财务绩效的前提、路径和策略，为深入分析下游服务化内在规律奠定了一定基础。再者，本书以知识开发和知识利用为切入点，丰富了服务化与企业绩效关系研究的视角。最后，针对具体问题分别进行数学建模、实证统计分析和系统动力学模拟仿真，有助于服务化研究技术方法体系的探讨。

（2）促进我国建筑经济与管理理论发展。首先，本书研究有助于我国建筑业转变价值创新和增长的模式，重视下游服务环节的价值贡献。其次，着力于研究下游服务化提升企业财务绩效的机理，一定程度上利于促进我国建筑业经济与管理理论的发展。再者，构建的下游服务化影响企业财务绩效的研究视角和研究思路，为后续理论与实证研究打下了基础。

（3）为我国建筑企业下游服务化实践提供理论参考和决策支持。首先，目前国内建筑企业在对下游服务化的认识上尚存有疑惑，本书研究可为企业战略决策提供理论参考。其次，建筑企业进行下游服务化能否促进财务绩效的改善，能否提高抵抗建筑市场风险的能力和实现可持续发展，本书研究有助于对此做出解释和判断。再者，为建筑企业更好地实施下游服务化战略提供决策支持。

1.3 研究视角、内容与方法

1.3.1 研究视角

目前，服务化研究尚未取得更为深入的有效进展，Howard Lightfoot et al. (2013)[62]认为原因之一是缺乏新理论视角的介入，并强调引入相关领域理论成果进行研究的重要性。在管理学领域，现代管理学之父彼得·德鲁克[63]认为，在新的经济体下内，知识并非资源的一种而是资源本身。在建筑业领域，Casson (1987)[6]对建筑企业边界研究虽然基于交易成本观点，但最后却提出了如下见解：建筑企业积累和占有的知识决定了其在整个建筑行业可经营的领域范围。因此，知识是探讨建筑企业下游服务化问题的重要视角。如 Belal et al. (2012)[64]基于知识空间的概念从分析了服务化相关利益方共同创造价值的模式。

另一方面，全球范围内市场竞争日益激烈，企业的技术优势、差异化产品和服务很容易被竞争者模仿，带着创新产品和商业模式的新进入者使原有市场危机四伏。例如，苹果公司 iPod 改变了音乐市场分销结构和竞争结构，苹果公司和谷歌公司引导的智能手机使手机市场由硬件制造转向软件和服务，给竞争者们带来破坏性危机。对此，企业必须通过开发新能力和利用现有能力来重塑自我（Floyd & Lane，2000）[65]；基于企业拥有的有限资源，一边提升现有产品和服务，同时又必须通过开发新产品、新服务来提升其竞争力。

对上述企业行为，学者们将其视为组织的"知识开发"（Exploration）和"知识利用"（Exploitation）问题并展开相关研究（Macrh，1991）[66]。前者是指"对新战略资源和竞争力的获取"，可预测性与稳定性差，重在新知识产出，但利于组织长期发展；而后者则指"对已有资源和竞争力的充分使用"，可预测性和稳定性较好，重在利润产出，利于组织近期利益的实现。一方面，组织过度依赖知识利用获取短期效益会在长期进入"能力陷阱"（Levitt & March，1988；Leonard-Barton，1992）[67, 68]；另一方面，组织过度依赖知识开发将在短期内利润急剧下跌而进入"失败陷阱"（Siggelkow & Rivkin，2006）[69]。由于两者在成本和收益方面具有不同的特性，平衡知识开发和知识利用的能力是组织获得长期可持续发展的根本保证（Macrh，1991；Raisch et al.，2009）[66, 70]。

Floyd & Lane（2000）[65]认为，企业战略更新和变化是以知识开发和知识利用活动为基础的。服务化作为新的企业战略（Wise & Baumgartner，1999）[19]，通过创造更多先进产品和服务来脱离价格竞争困扰（Porter & Ketels，2003）[71]。服务本身可看作应用知识等专业资源通过行为、过程和绩效为客户利益增值（Vargo & Lusch，2004）[72]。那么，企业在服务化过程中要保持持续的创新（Bititci & Martinez，2003；Martinez et al.，2010）[73][74]，服务化战略实施就包含了对现有能力的充分利用和对新能力的开发，因而可以从知识开发和知识利用的视角来研究。

在当前服务化研究的相关文献中，Fischer et al.（2010）[75]提出企业可以通过知识开发和知识利用两种模式来发展服务业务；Geerts et al.（2010）[76]通过实证研究发现，知识开发和知识利用对制造企业和服务企业的绩效都有正向影响。然而，他们都没有把知识开发和知识利用影响企业绩效的研究嵌入下游服务化背景中去。这一背景的特质是，企业对有内在知识联系的两种不同性质业务（工程建造和设施管理）的知识开发和知识利用进行协同，并最终落实到近期、远期利润实现上。知识开发和知识利用与建筑企业下游服务化联系起来，从前者组织学习行为视角研究后者的战略实施绩效问题，形成了服务化问题研究的"结构—行为—绩效"SCP范式。

综上，本书研究从一个新的视角来分析"下游服务化——财务绩效"的关系，以知识开发和知识利用作为研究主线，探讨建筑企业下游服务化对财务绩效的提升机理，努力为打开"服务化绩效黑箱"贡献一分力量，如图 1-1 所示。

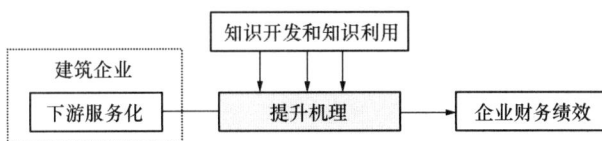

图 1-1　研究的视角

1.3.2　研究内容

本书针对下游服务化影响企业财务绩效问题引入了知识开发和知识利用的分析视角，研究建筑企业实施下游服务化战略时，如何通过知识开发和知识利用行为实现知识资源积累而使企业财务绩效得以提升的机理，最终目的是为了揭示下游服务化与财务绩效关系的"黑箱"。由于时间和资源条件等客观因素的限制，主要完成以下研究内容：

（1）构建建筑企业下游服务化财务绩效的提升机理分析框架。在解析建筑企业下游服务化内涵的基础上，引入知识开发和知识利用的研究视角，构建论文分析框架，统领后续研究。

（2）建筑企业下游服务化财务绩效的提升前提研究。从全寿命周期视角将项目抽象化为工程建造和设施管理上下游两大阶段任务，以前后两阶段之间的知识开发和知识利用关系为主线，综合考虑相关影响因素，基于数学建模研究建筑企业下游服务化提升企业财务绩效的前提条件。

（3）建筑企业下游服务化财务绩效的提升路径研究。基于问卷调查实证分析下游服务化、知识开发和知识利用与企业财务绩效关系。重点解决三方面问题：①下游服务化、知识开发和知识利用提升财务绩效的中介作用机制建立；②模型变量评价指标体系设计；③下游服务化提升近期与远期财务绩效的路径及效果。

（4）建筑企业下游服务化财务绩效的提升策略研究。以前述内容为基础，进行系统动力学仿真研究。重点解决三方面问题：①建立准确、完整的系统动力学模型，求得下游服务化与企业财务绩效之间的关系；②模拟仿真不同情景下建筑企业下游服务化财务绩效的近、远期变化；③提出建筑企业下游服务化财务绩效的提升策略。

1.3.3　研究方法

（1）文献评述与理论研究。运用文献检索、阅读方法，对研究问题涉及的相关理论文献进行系统的梳理、分析和归纳，较好地掌握了相关领域的研究现状，确定了研究命题。进一步，在理论分析基础上建立了研究的逻辑框架。

（2）数学建模。数学建模是对实际事物的一种简化，善于挖掘复杂事物发展的本质规律，能有效刻画并解决实际问题。构建反映建筑企业集成下游服务的决策分析模型，用于发现下游服务化提升企业财务绩效的前提条件。

（3）实证分析。以建筑业行政主管部门、行业协会、建筑企业、高校科研机构、管理咨询企业为范围进行问卷调查，运用结构方程方法实证求得建筑企业下游服务化财务绩效的提升路径。

（4）模拟仿真。结合实证调查研究得出的各变量因素之间的关系，构建系统动力学模型，进行情景仿真的动态模拟。其中，系统动力学参数检验基于实验设计方法进行了检验。

本书研究的技术路线，如图 1-2 所示。

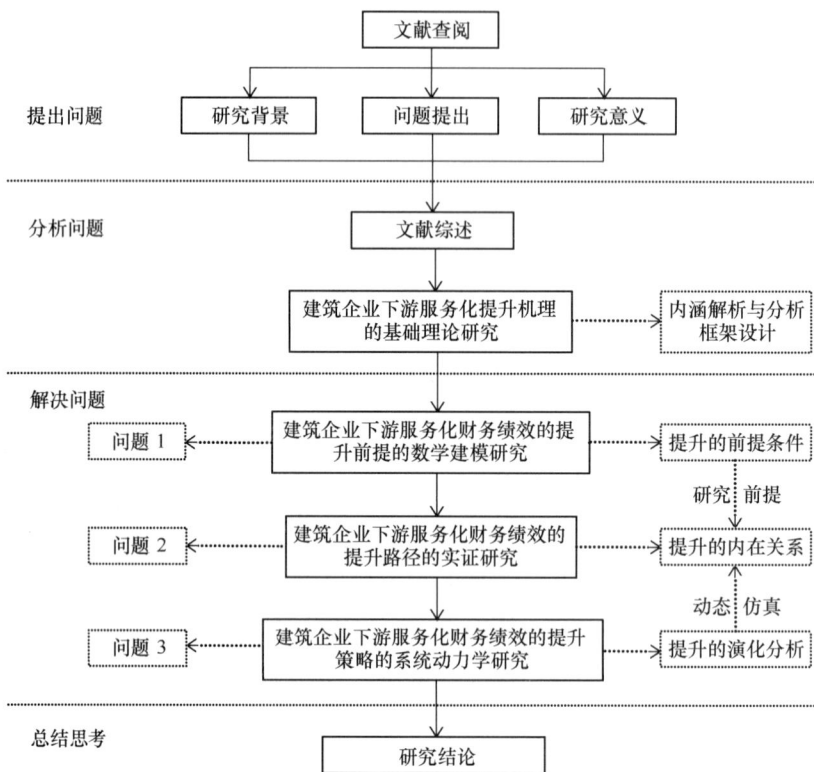

图 1-2　研究的技术路线

1.4　创　新　点

目前，有关下游服务化提升财务绩效的前提条件、基本路径和实施策略的研究偏少。在以下方面体现了一定的创新性：

（1）以工程建造和设施管理两阶段任务之间的知识开发和知识利用关系为主线，建立了建筑企业下游服务化财务绩效提升前提的数学分析模型，得出了以工程建造阶段知识开发和知识利用的外部性、工程建造知识转移成本为基础的建筑企业下游服务化财务绩效提升前提的阈值条件。

（2）构建了"下游服务化战略——知识开发和知识利用策略——探索型项目和利用型项目（又分为工程建造和设施管理两类业务领域）——企业近期和远期财务绩效"的提升路径结构方程模型并进行了验证，得出路径模型、具体提升路径及其影响系数，揭示了企业战略层、策略层、项目层的多层级协同与工程、服务市场间的跨领域协同在下游服务化财务绩效提升路径选择中的内在联系。

（3）构建了建筑企业下游服务化影响企业财务绩效的系统动力学模型，通过中心组合设计分析拟合出下游服务化战略与企业总体利润的关系方程，通过情景仿真揭示了下游服务化程度、知识开发和知识利用策略、组织内部与外部因素在建筑企业下游服务化财务绩效提升策略制定中的互动影响。

第 2 章 文 献 综 述

通过对有关服务化、知识开发和知识利用以及建筑企业下游服务化研究的回顾和评述发现，现有研究更多地集中在服务化和财务绩效的相关性方面，系统地从理论和实证两个角度探索建筑企业下游服务化提升财务绩效机理的研究较少，从组织行为层面解释两者之间关系的研究较少。基于此，本书研究的理论支撑点和创新着力点得以明确。

2.1 服务化影响财务绩效研究综述

2.1.1 服务化的内涵分析

有关研究表明，当前全球范围内 1/3 的制造企业已采用服务化战略，在美国这一比例则接近 60% （Neely，2008）[42]。例如，IBM 已从硬件制造商转型为提供软件、企业咨询和技术方面的综合服务商 （Zahir et al.，2013）[77]，其 2011 年服务收入占到总收入的 82.1%，服务业务税前利润占到总利润的 92.9%。Alstom 提供列车与信号系统的维护、升级和运行服务 （Davies，2004）[78]。Rolls-Royce 按飞行小时提供飞机发动机保修服务 （Howells，2000）[79]。XEROX 公司则从办公设备制造商转型为文件管理服务专家，成为文件（流程）管理外包服务的领导者 （Mont，2001）[80]。WS Atkins 战略重点也已转向提供系统集成服务和外包解决方案 （Davies，2004）[78]。然而，要对服务化现象有深入的理解和对有关问题进行针对性的研究，首先要对服务化的内涵进行全面的剖析 （Anderson & Narus，1995；Wise & Baumgartner，1999）[19, 81]。

（1）服务化的基本概念

Vandermerwe & Rada （1988）[18] 关于服务化的权威定义是：为实现核心产品的增值，制造业企业越来越多地提供以客户为中心的丰富的"产品—服务包"（包括物品、服务、支持、自我服务和知识）。对此，Tellus Institute （1999）[82] 认为正是基于产品的服务的出现，使制造业和传统服务业领域的界限开始变得模糊。Verstrepen & Den Berg （1999）[83] 和 Desmet et al. （2003）[84] 都认为服务化是为核心产品添加越来越多的服务组件。可见，学者们对服务化的最初解释虽然是以产品、服务的组合为基础，但却共同强调"服务化以产品为基础、服务是基于产品的服务"。因此，一般而言，服务化可理解为制造业企业由提供产品向提供产品与服务一体化解决方案的转变。

随着制造业服务化转型实践的不断推进，对服务化概念的理解也更为深入。Ren & Gregory（2007）[85]认为服务化是一种变化过程：在此过程中，制造企业采取服务导向，发展更多更好的服务以满足客户需求、获得竞争优势和提高企业绩效。Baines et al.（2009）[23]认为服务化是组织能力和过程的创新，目的是更好地通过卖产品向卖产品服务系统（PSS）的转变来创造共同价值。Ivanka et al.（2013）[46]的定义则强调了服务对产品的经济平衡作用，认为服务化是通过实现从产品到产品服务系统（PSS）的转变，发展组织的创新能力以更好地满足客户需求和避免商品化陷阱。可见，学者们已经达成共识："服务化"强调企业转型变革过程和能力创新，并最终体现到绩效提升上。

值得注意的是，Szalavetz（2003）[86]强调服务化有两层含义。一是投入服务化，即服务要素在制造业的全部投入中占据着越来越重要的地位；二是产出服务化，即服务产品在制造业的全部产出中占据越来越多的份额（刘继国、李江帆，2007）[87]。从当前研究来看，后者是学界研究和关注的主要问题。

关于价值链的移动方向，主流研究认为服务化是制造企业向价值链的下游移动（Vandermerwe & Rada，1988；Wise & Baumgartner，1999）[18][19]，学者 Schmenner（2009）[88]进一步指出服务化以制造企业对下游发展的强力控制为前提。因此，下游服务化应是服务化研究和讨论的主要对象。另外，从服务化的特征来看，它是企业多元化经营中的一种模式（陈洁雄，2010）[89]，是相关的、纵向多元化。

综上，本书关于"下游服务化"的理解将强调基于工程建造的知识积累、依附于建筑产品的下游服务，主要从产出服务化的角度考察工程建造和设施管理对建筑企业的财务绩效的提升机理。

（2）服务化中产品与服务的基本关系

"服务化"被认为是从纯产品制造商到纯服务提供商之间的转变（Oliva & Kallenberg，2003；Pawar et al.，2009）[22,47]。对此，Vargo & Lusch（2004）[72]认为应去除产品与服务的区别，所有的产品都可看作服务，企业应从产品主导逻辑（Goods-Dominant Logic，GDL）转变为服务主导逻辑（Services-Dominant Logic，SDL）。然而，由于产品与服务具有不同的特质（Goedkoop et al.，1999）[90]，实际上 GDL 和 SDL 在多数市场中仍将共存（Spring & Araujo，2009）[91]。那么，服务化问题研究如何来处理产品与服务的关系呢？

综观学者们对服务化概念和演化机理的阐述，共识之一是强调提供基于产品的服务以及产品与服务的集成。因此，服务化概念的基本支撑点是对产品和服务的概念区分，要避免"泛服务化"的误区。产品等同于服务将失去有价值的特定于服务的重要知识，盲目把产品合作生产的范围扩大到使用阶段易失去特定于服务的重要视角（Bernd，2005）[92]。同时，如果只谈服务而没有产品，就忽视了有形产品和无形服务各自的特点以及内在联系，服务化研究就失去了意义。

可见，研究服务化问题不能完全抛开产品而空谈服务，应该从两者作为整体的角度入手。基于此，建筑企业下游服务化财务绩效提升机理的研究将基于工程建造和设施管理两大类业务展开分析和讨论。

2.1.2　服务化对财务绩效的影响研究

由于企业服务化实践没有如理论预测得那样顺利，服务化成为一项重大管理挑战 (Oliva & Kallenberg，2003)[22]，"成功实施服务化战略的指导方针和方法"已成为大家关注的首要主题 (Baines et al.，2009)[23]。对此，学者们从供应链关系[93]、产品—服务系统[94]、合同[91]、客户[95]、人力[96]、基础设施[97]、组织体系[47]、文化[98]、知识[64]以及财务[42]等方面展开了广泛的研究。但服务化战略是否真的可以提升企业绩效？Ottman (1999)[99]引起这一问题的讨论。起初学者主要是强调初始高投入成本负担 (Bartolomeo et al.，2003)[42, 100]和企业管理者的主观态度 (Gebauer & Fleisch，2007)[24]影响服务化绩效的实现。2008 年以来，学者们从不同角度展开了大量案例与实证研究，结果表明：服务化战略与企业财务绩效之间具有复杂的非线性影响关系。

（1）国外学者的研究

Neely (2008)[42]基于 OSIRIS 数据库 10028 家制造企业的数据分析发现：服务化面临许多潜在风险使得破产企业比预想得多；服务化企业销售规模大于传统制造企业，但整体利润率较低；大型企业和服务提供范围广的企业往往不能通过增加服务而尽快获得持续利润增长，小企业服务化绩效表现反而更好。Neely 的实证结果支持了"服务悖论"的存在，引起学术界对服务化绩效问题的广泛关注。Neely 等在 2011 年基于相同数据库的实证研究进一步证实了"服务悖论"，但同时也发现服务的确能带来相对稳定的收益[101]。

此后，更多有针对性的大规模实证研究相继展开。Fang et al. (2008)[21]对 477 家上市制造企业 1990～2005 年的数据分析发现：服务销售量达到一定规模后，才对企业绩效产生显著正向影响；服务销售规模、冗余资源、行业环境、产品是否属于高速成长行业等是关键影响因素。Visnjic et al. (2013)[46]对某全球制造企业 44 个子公司的实证分析也显示，服务销售规模和企业利润率之间存在正向非线性形关系，服务化初始阶段的短暂获利与"利润障碍"同时存在，利润增长只有当服务能力转变为规模效益后才能实现。Suarez et al. (2013)[43]对封装前软件产业 394 家企业的实证研究发现，服务销售所占比重和企业整体经营利润率之间存在"倒 U"形关系，似乎是企业战略和商业环境的变化促进了服务化。Finne et al. (2013)[102]对 CapgoodCo 和 Xerox 两大企业的研究则表明外部环境变化导致所谓"反服务化"现象，即更加关注产品生产：前者因为技术发展使其供应链位置上移而失去与最终用户的接触；后者则由于国家对其实施的反垄断诉讼而放开售后服务领域。综上，服务业务规模、行业环境和企业自身条件密切影响着服务化战略实施的财务绩效表现。

然而,产品、服务本身的特性也是影响服务化财务绩效表现重要的因素。Raddats & Easingwood(2010)[103]的研究表明:制造简单产品的企业往往将服务作为产品差异化的手段,而制造复杂产品的企业往往需要进行服务化。Visnjic et al.(2012)[104]对 133 家服务化制造企业 2000~2008 年的数据分析后发现:服务投资是绩效增长的先决条件,服务"宽度"对绩效产生负面影响,服务"深度"则会带来高边际利润和市场价值的提升。

更进一步,产品与服务之间的内在关联、创新协同以及资源配置策略协同也决定着服务化财务绩效。Fang et al.(2008)[21]的实证研究认为服务与产品的关联度影响着服务化绩效的实现。Eggert et al.(2011)[105]对德国机械工程行业 414 家企业的实证研究表明:产品创新水平较高,产品支持服务能直接提升企业利润率,客户支持服务则未显示出关联关系;反之则情况相反,服务不能自动提升企业利润,企业必须考虑服务提供与产品创新之间的匹配。Visnjic et al.(2012)[104]的实证研究表明:提供复杂服务的同时对产品研发高投入,将对企业财务绩效产生负面影响。Benedettini et al.(2013)[106]通过对服务化企业和未服务化企业的比较研究发现:产品与服务需求之间相关性、产品与服务之间实现范围经济的机会、产品与服务的关联度是影响服务化财务绩效的关键因素。

(2)国内学者的研究

国内学者也相继展开了研究,相关结果同样证实了服务化影响企业财务绩效的复杂关系。刘继国等(2008)[107]对珠三角、长三角和东北老工业基地的制造业企业进行调查后发现:产出服务化战略能够直接创造价值或通过增强竞争力而间接提升企业绩效。周艳春(2010)[108]对国内 120 家上市制造企业的实证分析发现:服务化战略对市场绩效具有显著正向影响,对财务绩效影响是一个长期的过程,短期内并不明显。陈洁雄(2010)[89]通过对中美两国的装备制造、汽车、家电以及电子信息等制造行业的对比分析发现:中国企业服务化对其经营绩效存有显著"倒 U"形关系,而美国企业有显著正向线性关系;中国企业的服务化程度低于美国,关键影响因素是服务的资本、知识和技术强度。胡查平等(2014)[109]对湖北、广东、浙江三省的 300 个生产型企业调查结果的实证分析显示:制造企业服务化对企业绩效的影响是有条件的,很大程度上依赖于组织战略一致性和社会技术能力的调节。

2.1.3 服务化影响财务绩效研究现状总结

(1)研究对象。行业对象主要是以制造企业为主,但具体研究中的行业背景情况不尽相同,存在差异性;服务类型包括多种形式,涵盖了产品价值链上、中、下游,服务类型没有聚焦到特定类型,服务化程度缺乏合理的范围界定。

(2)研究视角。现有研究视角主要是结果导向型,即通过对服务化指标数据和企业绩效指标数据的分析来验证其关系，再由此分析有关影响因素的影响效应。缺乏基于组织行为的过程导向型研究视角的介入，即从服务化影响企业财务绩效的内在机理入手，再考虑有关影响因素，继而分析企业绩效的变化。

（3）研究方法。案例研究存在固有的个案局限性，实证研究不论是基于截面数据还是基于面板数据，更多的是静态分析方法，无法展现长远的演化动态过程。服务化影响企业绩效的机理研究应针对更加具体问题和内容，采用多种方法相结合的方式进行深入探讨。

（4）影响因素。现有研究考虑到的因素，已经包括了有关行业、企业、市场环境、产品与服务、知识与技术、资源分配等方面的许多因素。但是，尚缺乏引入组织行为作为解释中介，并且未建立起"结构—行为—绩效"的 SCP 研究范式。

（5）研究进展。正如 Gebauer et al.（2012）[110] 所总结的：对于服务化企业财务绩效的研究进展，目前已认识到的是"两者之间有关系、许多内外部因素影响这种关系、这种关系可能是非线性的"，需要解决的问题是"到底是什么关系、各种因素对这种关系如何和产生什么影响、解释这种关系的内在机制是什么"，未来研究方向是找到合适的研究视角，结合实证分析进行理论解释。

综上，现有研究显示服务化对企业财务绩效的影响表现为近期、远期不一致的非线性关系。但是，这种非线性关系是通过何种路径产生和形成的、如何长期可持续地提升财务绩效未能很好地解决，即"服务化绩效黑箱"尚未打开。因而，有许多问题尚不能得到有效回答，如：产品销售要先于并决定了服务销售，那么服务化程度与企业绩效到底是什么关系（Neely et al.，2011）[101]？为什么企业提供高级服务还要保留一定产品设计和制造能力（Baines et al.，2011）[111]？

此外，特别重要的是，由于服务良好的经济性及其对构建核心竞争力的重要意义，学者们更多地关注于服务化实施问题，似乎忽略了服务化的决策问题——企业什么情况下可以进行服务化，即服务化提升财务绩效的前提条件是什么？这不仅是服务化影响企业财务绩效机理的重要内容之一，也是探讨服务化问题的基本前提，有助于更好地解释和避免"服务悖论"。

2.2 知识开发和知识利用影响财务绩效研究综述

2.2.1 知识开发和知识利用的内涵分析

（1）知识开发和知识利用的基本概念

March（1991）[66] 从组织学习的视角，将组织活动分为开发（exploration）和利用（exploitation）两类。前者指"寻找、变化、冒险、实验、游戏、灵活、发现、创新"等，后者指"改进、取舍、生产、效率、选择、实施和执行"等。两年后，Levinthal

& March（1993）[112]将这两类活动范畴限定在知识领域，认为开发是指"对新知识的追求"，而利用指"对已有知识充分使用"，即知识开发（knowledge exploration）和知识利用（knowledge exploitation）。随着知识开发和知识利用被应用于越来越多管理问题的分析，两者的含义已不再局限于知识管理领域。它们被认为是改变组织活动以适应环境变化的调整活动（Gibson & Birkinshaw，2004）[113]，应代表了广泛的企业活动类型（Lavie et al.，2010）[114]。

简单来说，知识开发强调一个组织获取新知识的能力，具有高不确定性和不可预测性，产生知识多与原有知识相异，高回报与高风险并存。知识利用强调通过吸收、整合和应用现有知识来获取竞争力，产生知识多与原有知识相关，回报较为稳定和迅速。两者都是组织学习的方式，都存在创新并产生新知识，分别对应探索式创新和利用式创新过程（Andriopoulos & Lewis，2009；Jansen et al.，2009）[115,116]。实际上，随着时间变化知识开发和知识利用之间是相互转化的：后者是前者的基础，而前者会转化为后者（Cohen & Levinthal，1990）[117]，即现有知识利用有助于开发新知识，新知识继而提高企业现有知识水平（Katila & Ahuja，2002）[118]。因此，两者之间更宜看作一个连续体，具体创新或行为过程所蕴含的知识与现有知识基础的相关度决定了其在此连续体上的位置（Stettner & Lavie，2013）[119]。

同时，知识开发和知识利用又具有相对性。特定知识、技术和市场，对于一些企业来说是新的，却可能是另外一些企业所掌握和熟悉的。即便是在同一组织内，由于知识与经验分布不均，特定的活动对不同的单位来说也存在开发和利用的区别。因此，组织运营基于现有知识基础，坚持原来的技术轨迹并利用现有技术和能力，就是知识利用导向；相应地，知识开发导向则意味着组织行为偏离现有知识基础和技能，转向新技术、新市场或者新的外部关系（Lavie & Rosenkopf，2006；Smith & Tushman，2005）[120,121]。

（2）知识开发和知识利用的平衡问题

March 指出组织知识开发和知识利用之间存在权衡/取舍关系，即 Duncan（1976）[122]提出的组织二元性（Ambidexterity），同时进行开发和利用的能力被称作组织二元性能力（O'Reilly & Tushman，2008）[123]。组织过度地进行知识开发或知识利用，会在近期或远期陷于危机境地（Holmqvist，2004；Liu，2006）[124,125]，轻视任意一方都对组织绩效造成不良影响（Katila & Ahuja，2002；Fagiolo & Dosi，2003；He & Wong，2004）[118,126,127]，两者间的权衡是"当前逐利与未来生存"的抉择问题。达成二元性的困难在于开发和利用两种活动需要不同的组织学习模式（Benner & Tushman，2003；Eisenhardt & Martin，2000）[128,129]、组织结构与过程（Baines et al.，2009）[130]，更因存在资源竞争关系而需要权衡（March，1991；March，2006）[66,131]。解决二元性问题，是实现企业持续竞争优势、影响组织绩效的关键（Gupta et al.，2006）[132]。

事实上,知识开发和知识利用研究从一开始就强调两者的平衡对企业可持续发展、组织适应能力和组织核心竞争力的战略重要性(Choi & Lee,2013)[133]。为了解决这一问题,学者们探讨了结构双元(在组织结构上分开)、顺序双元(在时间顺序上分开)、背景双元(任何组织层面内同时进行)以及领域双元(在不同的领域分开)的方式(Lavie et al.,2010)[114]。相关研究结果似乎表明知识开发和知识利用应该能达到一种平衡态,最近研究还发现将不同的模式综合到一起也许是最可行的(Andriopoulos & Lewis,2010;Raisch et al.,2009)[70, 115]。其中,由于单一领域内很难有效解决双元问题,领域双元是目前研究探讨的重点方向(Lavie & Lori,2006;Lavie et al.,2011)[120, 134]。

然而,具体到解决二元性问题的实施层面,就需要落实两者之间的资源分配机制。Garcia et al.(2003)[135]引入学者Sterman(2000)[136]"浮动目标"的设计,构建了基于期望绩效与实际绩效差值的资源分配机制,结合系统动力学讨论了不同环境条件下企业长期和短期战略决策问题。Choi & Lee(2013)[133]改进了Garcia的分配机制,并基于此从知识创新的角度研究了知识开发和知识利用如何影响团队创造力。资源分配机制的数学建模研究为更好地分析知识开发和知识利用的二元平衡机制、优化企业管理决策提供了技术基础。

(3)知识开发和知识利用的影响因素

影响知识开发和知识利用的因素(Raisch & Birkinshaw,2008;Pandey & Sharma,2009;Lavie et al.,2010)[137, 138, 114]主要可分为三个层面:①企业高层管理团队层面,包括风险规避倾向、对企业绩效的反映、过往经验积累以及持有的意愿与理念等。②企业内部环境层面,包括吸收能力、冗余资源、组织结构、组织文化、组织年龄与规模、团队间的异质性等。③企业外部环境层面,包括环境动态性、外部冲击、竞争强度、市场资源禀赋等。

2.2.2 知识开发和知识利用对财务绩效的影响研究

两者在投资回报上均服从正态分布,但知识开发的均值较高、标准方差也较大,而知识利用的均值较低、标准方差也较小;对于知识产出的情况则正好相反(March,1991)[66]。知识开发和知识利用两类活动的权衡组合可优化企业绩效和生存状态(Lavie & Rosenkoft,2006)[120],克服环境选择的压力(Tushman & O'Reilly,1996)[139]。因此,组织持续的创新绩效根植于开发新能力和对现有资源的充分利用——知识开发和知识利用(Chen et al.,2009)[140]。虽然早期主流学者发现两者的平衡具有正向绩效影响效应(He & Wong,2004;Jansen et al.,2006;Lin et al.,2007)[126][141][142],但后续越来越多的研究表明:在不同的内、外部环境条件设置下,知识开发和知识利用以及两者的平衡在企业不同战略导向下对企业绩效产生不同影响,有时甚至是负效应(Lavie et al.,2011)[134]。尽管有大量研究考查了组织二元性和绩效的关系，但实证结果的解释仍然有限（Raisch & Birkinshaw，2008）[137]。

（1）国外学者的研究

知识开发和知识利用对企业财务绩效的影响关系一直是学者关注重点。He & Wong（2004）[126]对 206 家制造企业的数据分析后发现：知识开发和知识利用的平衡对企业销售增长率有正向影响关系，二元性组织绩效表现最优；但两者过度强化会削弱两者的互动效应。Uotila et al.（2009）[143]对标准普尔 500 指数中 279 家制造企业数据分析后发现：知识开发和知识利用可以达到某种平衡；知识开发导向所占比重与企业财务绩效呈现"倒 U"形关系，这一关系受到行业研发强度的调节。Shirokova et al.（2013）[144]基于俄罗斯 ICT 业、餐饮住宿业和批发零售业 500 家中小企业的实证分析结果表明：动荡和敌对的商业环境下知识开发和知识利用对企业绩效有显著影响。Jansen et al.（2006）[141]对某世界 500 强金融企业实证调查结果表明：探索式创新在动态环境中更有效率，利用式创新对财务绩效更有益。

与此同时，学者们开始考虑不同因素对知识开发和知识利用影响企业绩效的作用效果。Lubatkin et al.（2006）[145]的实证研究表明高层管理团队行为整合具有重要促进作用。Jansen et al.（2006）[141]的实证研究显示：管理集权化对探索式创新绩效有负影响，管理规范化对利用式创新绩效有正影响，组织连通性对两者都很重要。Greve（2007）[146]的实证研究发现：财务绩效降低会引起企业对开发和利用的同时关注；冗余资金、风险偏好以及组织惯性影响知识开发和知识利用的绩效表现。特别地，有关组织学习研究中吸收能力（absorptive capacity）（Cohen & Levinthal，1990）[117]的问题几乎与知识开发和知识利用一同提出，两者密切相关（Katila & Ahuja，2002）[118]。学者们（Lavie & Rosenkoft，2006；Rothaermel & Alexandre，2009；Seo et al.，2014）[120, 147, 148]从不同背景下的实证研究结果表明：吸收能力对知识开发和知识利用影响企业绩效具有正向影响作用。

然而，也有学者意识到应该在执行层面上寻求对知识开发和知识利用影响企业财务绩效的中介解释，这将有利于揭示两者的作用机理。如 Sirén et al.（2012）[149]的实证分析结果显示：战略学习在知识开发和知识利用与企业利润之间具有中介作用，但其中介作用解释程度是有限的。由于战略管理研究已指出企业即使制定了优秀的策略，也会因执行层面问题而失败（DeSarbo et al.，2005；Love et al.，2002）[150, 151]，因此，从执行层面研究知识开发和知识利用影响企业财务绩效需要更多地探讨。

近年来，领域双元成为知识开发和知识利用影响企业财务绩效研究的热点方向。Hess & Rothaermel（2009）[152]通过对 108 家制药企业 10 年数据的分析结果显示：明星科学家和联盟间的领域双元有助于企业创新财务绩效的提升。Stettner & Lavie（2013）通过对 190 家美国软件企业 1990～2001 年的数据分析后发现：通过联盟或兼并的方式进行知识开发，同时在组织内部进行知识利用，将有效提升企业绩效。GB Voss & ZG Voss（2013）[153]对美国非营利性专业戏剧行业进行实证分析，结果发现：

在产品生产和市场开发两个领域内进行知识开发和知识利用协同可取得较好的财务绩效；不过，规模与年龄较大的企业虽然拥有资源和能力上的优势，却似乎更愿意进行知识利用。

最新的研究动态是，知识开发和知识利用的长期绩效表现开始成为关注焦点。Piao（2014）[154]以硬盘驱动器行业 98 家企业 1980～1999 年数据为基础，着重分析了知识开发和知识利用的长期影响，结果显示：知识利用对组织长远绩效有正向影响，知识开发对组织长远绩效的影响则呈现曲线关系，知识利用能有效地削弱知识开发的这种曲线影响。Sarkees（2014）[155]对美国制药行业 276 家企业 1996～2005 年数据进行纵向分析后发现：具有高知识利用能力的企业拥有高现金流和低企业价值，具有高知识开发能力的企业则正好相反。

（2）国内学者的研究

国内学者近年来也对知识开发和知识利用与企业财务绩效的关系进行了研究。杨东（2011）[156]通过对 72 家软件外包企业的实证调查发现：知识开发能力可以促进企业绩效，知识利用能力与企业绩效之间是"倒 U"形关系，而二元能力有助于提高财务绩效。伍勇等（2013）[157]对陕西、山东、江苏、浙江以及珠三角地区企业高管进行问卷调查，实证结果表明：知识开发和知识利用在技术创新和市场开发两个领域内不同的组合对企业财务绩效有不同的影响。

与此同时，不少学者开始用知识开发和知识利用作为中介因素来解释企业战略管理与财务绩效的关系。张玉利、李乾文（2009）[158]对天津、山东、河北和内蒙古 4 省（市、自治区）的企业进行了问卷调查，实证分析结果表明：二元能力是创业导向转化为组织财务绩效的重要路径。吴俊杰等（2014）[159]对 151 位高技术民营企业家进行了问卷调查，实证分析结果发现：探索式创新和利用式创新是企业家社会网络影响技术创新绩效的两种中介机制。张钢、陈佳乐（2014）[160]基于 166 家美国企业、102 家中国企业的样本数据，探索了中美两国企业在组织二元性上表现的异同，实证结果显示：知识开发和知识利用的平衡效应在公司治理和长、短期绩效之间起到部分中介作用。

2.2.3 知识开发和知识利用影响财务绩效研究现状总结

研究对象。现有研究中，有的聚焦于软件、制药等特定行业，有的则涉及完全不同的多个行业，研究结果存在一定差异性。而专门针对建筑行业的研究比较少。另一方面，目前已有研究虽然将知识开发和知识利用作为中介变量来解释企业战略对财务绩效的影响，但针对服务化现象的研究尚未展开。

研究视角。领域双元是目前研究的热点，但背景仅局限在同一类型产品业务范围内，如技术、市场领域双元和战略联盟下的组织内、组织外领域双元，对企业内部不同经济特性的战略业务单元间的研究尚未展开。同时，由于意识到企业发展是一个长期过程，当前学者们越来越重视基于纵向研究检验知识开发和知识利用影响财务绩效近、远期表现，但这往往在数据收集上受到时间跨度的限制。

研究方法。现有研究多是基于企业运行实际数据或问卷调查的相关性实证分析，缺少对知识开发和知识利用影响财务绩效的长期过程做出有效的模拟和预测。虽然存在数据时间范围限制的问题，但这完全可以借助系统动力学等方法进行模拟研究，实现实证分析与仿真分析的方法结合。

影响因素。现有研究从不同背景下探讨了影响知识开发和知识利用作用企业财务绩效的因素，其中，吸收能力起着重要的影响作用。另外，有关知识开发和知识利用影响企业财务绩效的执行层面的中介机制探讨较少。

研究进展。现有研究表明，知识开发、知识利用以及两者的平衡对企业绩效都有重要影响，它们对企业长期绩效的影响分析是当前研究的重点之一。然而，现有研究尚缺少对服务化背景下业务领域双元问题的探讨，基于模拟仿真方法对知识开发和知识利用影响企业长期财务绩效的研究也较少。

2.3　建筑企业下游服务化财务绩效提升研究综述

2.3.1　建筑企业财务绩效研究

（1）企业绩效与企业财务绩效

绩效（Performance），也称为业绩或成效，通常表达的是组织或个人从事某类行为活动所产生的成绩或成果等（张凤海，2013）[161]。企业绩效可以理解为企业在一定生产经营期间内为实现企业目标而进行的一系列工作所取得的成果总称，即企业管理活动的效果和效率（张君立，2008）[162]。事实上，学术界直到目前也没有形成对企业绩效概念的统一认识，对于如何测度企业绩效也存在争议。Campben（1977）[163]指出企业绩效没有直接的操作定义，而必须由组织绩效的理论模型来构建。Ruekert et al.（1985）[164]则将企业绩效分为效率、效能和适应性三方面来分析。总的来说，企业绩效是一个多维的复杂概念，具体研究由于视角和目的不同会产生概念内容的差别。企业绩效是战略管理主题的核心，是对战略目标达成程度的衡量和检验。

企业绩效一般体现为财务绩效和市场绩效两大类（李国良，2011）[165]：财务绩效通常包括盈利能力、偿债能力、资产运营能力以及现金流量状况等方面，通常采用增长率（由销售增长率或收入增长率等构成）和收益率（如总资产收益率 ROA、净资产收益率 ROE、销售净利润率 ROS、每股收益 EPS 等）等指标，显示的是企业过去的业绩水平；市场绩效指与股票市场价值有关的一些指标，通过风险调整收益和非调整市场价值（如市场账面价值、Tobin's Q 值、超额价值、股价、M/B 比率及经济增加值 EVA）进行衡量，主要反映市场对于公司经营业绩的预期。对于选用财务绩效还是市场绩效进行测量，戚永红（2004）[166]进行了对比分析：财务绩效测量劣势在于，不同产业或企业使用的会计准则存在差异，会计部门对无形资产进行主观估价与盘点而不能保证客观性与准确性；市场绩效测量是一种前瞻式方法，反映的是投资者基于现实信息而做出的对企业未来获利能力的预期，很容易受到市场环境以及其他因素的影响；财务会计数据反映的则是企业在过去取得的实际业绩，具有一定优势。

本书重点不在于定义企业绩效和财务绩效，而是尽可能地反映出建筑企业下游服务化经营成果。考虑到财务绩效是衡量企业在一定时期内利用企业资源取得的经营业绩并强调效率与效果（Narver & Slater, 1990；Fortuin, 1998)[167, 168]，且受外界因素影响小，所以重点研究下游服务化对财务绩效的提升机理。通过对建筑企业财务绩效的分析，借以认识下游服务化的活动规律，从而为建筑企业下游服务化的决策与实施提供参考。

（2）建筑企业下游服务化财务绩效的度量

下游服务化战略对企业的影响是一个长期作用过程。综合现有服务化相关研究，很多文献衡量企业财务绩效所用指标侧重于显示短期绩效，不能很好地体现企业战略行为对于长期绩效的影响。然而，下游服务化绩效判断依据不能只看企业短期绩效，企业的持续发展能力是更为重要的方面。短期绩效是企业生存的前提，而长期绩效才是企业成功的最终标准。当建筑企业下游服务化实现了长期稳定的持续发展，才能说明下游服务化战略实施取得了成功。

Capon (1990)[169]对国际期刊上 320 篇有关财务绩效影响研究的文章进行元分析后得出结论：十分缺少基于追踪企业组织随时间演化的动态分析，这妨碍了对问题本质原因的探究，不能很好地解释为什么成功的公司保持成功、失败的公司变为成功以及成功的公司却最终失败了。因此，本书从时间角度出发将建筑企业下游服务化财务绩效分为近期（短期）财务绩效和远期（长期）财务绩效两个方面予以度量，作为因变量来考察建筑企业下游服务化战略实施对它们的影响。

企业财务绩效研究通常是从盈利能力、资产质量、债务风险和经营增长等角度进行（张兰，2013)[170]。同时，目前有关企业服务化影响财务绩效的研究中，学者们常根据各自判断采用不同的绩效度量指标，但主要聚焦在盈利能力方面，重点是强调通过服务化增加收入最终提高利润。因而，也将把建筑企业下游服务化战略对财务绩效影响的分析集中在盈利能力和水平方面，但采取与国内外学者不同的方式。不是简单基于实证数据分析两者之间的相关关系，而是引入知识开发和知识利用作为中介变量，研究下游服务化如何通过知识、资金的积累实现企业利润的提高而最终提升了财务绩效。

2.3.2 建筑企业下游服务化财务绩效的提升前提研究

（1）有关的理论分析框架

首先，基于服务化可为企业带来更高的长期利润（Gebauer et al.，2008)[171]，下游服务化的前提问题可以从微观经济学的理论框架分析。这一分析视角强调市场形态、竞争程度和近、远期绩效：下游服务化在带来近期高额利润的同时是否能带来远期高额利润，市场竞争是否会削弱其长期超额利润。根据微观经济学，在一个充分自由的竞争性市场中不存在超额利润，竞争会使企业利润降至正常水平。那么，企业一项创新可以获得短期超额收益，而要获得长期收益企业必须能够实现市场垄断才行。这样一来，在高度竞争的建筑市场中，似乎下游服务化的目的是为了降低竞争，因为产品与服务的集成往往被当作阻止其他竞争者进入市场的策略（Peitz，2008）[172]或差别定价策略（Olderog & Skiera，2000）[173]。微观经济学在确定下游服务化的前提条件时存在局限，不能很好地解释下游服务化这种工程建造和设施管理服务集成的模式是否会带来高利润和高效率。这主要是因为这一分析框架有两个弱点（Lind & Borg，2010）[11]：一是往往将需要重点分析的内容进行大幅简化；二是它将企业作为一个黑箱来处理，无法解释企业的特定行为以及某些东西在市场上买卖交易。

其次，由于服务化意味着建筑企业边界的变化，因而可采用企业边界理论分析框架。该框架主要包括交易费用理论和企业能力理论，两者实际是一个问题的两个方面（曾楚宏等，2011）[174]，具体选择何种治理形态以经济活动的效益（价值与成本之差）最大化为标准（刘向阳，2007）[175]。当前，有关建筑企业边界的研究（Bridge & Tisdell，2004）[176]尚未涉及下游服务化的问题。不同于承包商集成分包商或供应商的问题，建筑企业提供设施管理服务并不具备所谓零部件规模经济的优势，而更多的是显示出信息优势：第一，信息不对称。建筑企业拥有建筑设施的隐性知识最多，是其他各方所不能及的，特别是当建筑所有者自己管理建筑设施存在高费用、高难度时（Bröchner，2008）[3]。第二，外部性影响。工程建造阶段的创新行为会在设施管理阶段产生外部性影响（Bennett & Iossa，2006）[10]，即会影响设施管理费用的增加或减少。第三，知识转移。一般认为，关于建造过程的知识很难转移给建筑企业以外的其他一方，在同一家建筑企业内的知识转移成本要远低于不同企业之间的知识转移成本（Jensen，2012）[177]。第四，合同效率。信息不对称也使得集成合约更有效，因为很难对未来长期的设施管理服务做出明确的合同约定和达成一致理解（Robinson & Scott，2009；Lind & Mattsson，2009）[178, 179]。正是因为如此，Hart（2003）[180]针对 PPP 项目引入了不完全合同理论予以分析，并指出问题关键不是融资和产权而是合约总费用。

再者，建筑市场是买方市场，可以从业主视角分析为什么因为下游服务而选择建筑企业提供工程建造和设施管理的集成服务（Lind & Borg，2010）[11]。对此，主要有三方面吸引业主的因素。第一，财务方面。主要是对 PFI 项目，融资负担转移给私营企业，一次性项目投资转化为每年的租金。第二，风险分担。由于建筑合同是不完全合同，业主无法规避设施运行成本风险。通过签订集成服务合同，可以一定程度上避免未来技术和成本上的风险（Grimsey & Lewis，2002）[12]。第三，全寿命周期成本。

在建筑企业一并承担设施管理服务的情况下，会为了降低自身费用投入而考虑优化项目全寿命周期成本。

综上，对于下游服务化的边界问题研究应综合考虑业主、建筑企业等方面的影响，而其中非常重要的影响维度是知识，特别是信息不对称问题、工程建造知识向设施管理阶段的转移成本和其在设施管理阶段的外部性效益问题。

（2）数学建模研究

目前，对下游服务化边界问题的研究尚未有针对性的建模研究，但在理论探讨中一般引用近期 PPP 模式决策的数学建模研究（Lind & Borg，2010）[11]。早期 PPP 模式决策研究特别关注产权和融资问题（Hart，1995）[181]，并采用完全合同理论框架。Hart（2003）[180]认为 PPP 的关键特性是设施建造和服务的集成而不是产权与融资问题，并引入不完全合同理论对建造和运行服务是否集成进行了边界分析。进一步，Martimort & Pouyet（2008）[182]设计了一个包括了传统代理和产权问题的模型，进一步证明问题关键不是产权而是两阶段任务的集成或分离模式的选择。这些研究成果符合本书建筑企业下游服务化提升财务绩效前提的研究需要，因而可借鉴应用。

近年来，学者们基于 Hart 研究框架展开了深入讨论（Bennett & Iossa，2006；Martimort & Pouyet，2008；Iossa & Martimort，2009；Chen & Chiu，2010；Martimort & Straub，2012；Hoppe & Schmitz，2013；Iossa & Martimort，2014）[10][182-187]。进展是：学者们考虑不同的重点要素得出建造与运营是否打包集成的边界条件，但尚未考虑知识开发和知识利用对这一问题的影响。

2.3.3 建筑企业下游服务化财务绩效的提升路径研究

（1）服务化领域的相关理论研究

Kastalli & Van（2013）[46]将产品、服务作为一个整体来展开对服务化提升财务绩效的研究，他们基于研究对象 7 年的运营数据分析后认为：要使服务和产品形成互补才能形成销售利润的互动提高，特别是要通过服务与客户形成密切的联系，以确保战略未来潜在的市场份额。

Visnjic et al.（2012）[104]对 133 家服务化制造企业 2000～2008 年的数据分析后发现，提升服务化财务绩效首要措施就是要确保对服务业务的投入。这一措施提升企业财务绩效的路径主要有两方面：一是通过服务业务的增加扩张和稳定客户群，继而可以获得较大的发展机会；二是服务业务本身可以带来稳定的先进流量，可以抵御市场风险。

Sun & Jin（2012）[188]针对一家金融服务企业的实证研究表明，"知识利用（而非知识存量本身）——组织创造力——财务绩效"构成一条提升财务绩效的路径。其中，如果组织领导者具备系统认知思维或外部环境不确定性较高时，上述提升路径愈加明显。

Paolo et al.（2014）[189]实证研究了面临需求下降、竞争激烈和利润缩减的意大利卡车制造行业，该行业正在进行服务化转型，利润中心向服务业务领域移动，结果显示出一条提升财务绩效的基本路径："企业组织对服务化态度的积极程度——企业资源对产品服务系统的配置——财务绩效"。其中，这一路径中关键影响因素是服务支持网路。

Chatman et al.（2014）[190]针对学术界对组织文化是否会提升财务绩效的争论，将文化细分为准则内容、共识程度和规范强度三方面，进行实证研究后发现：对改进性（适应性）具有较高共识程度和规范强度的企业会取得较好的财务绩效。这一结论丰富和深化了人们对通过组织文化建设提高企业财务绩效路径的认识，解析了"组织文化—财务绩效"之间的内在联系。

Yu et al.（2014）[191]基于 186 家英国企业的调查数据，针对营销能力、运营能力提升财务绩效的路径关系进行了研究，结果表明：营销能力对运营能力产生显著影响，而运营能力则显著正向影响销售效益。也就是说，运营能力在营销能力提升财务绩效路径中起到完全中介作用。这一结果对企业服务化战略实施具有重要指导意义，必须认识到营销能力不能直接提升财务绩效，最终还是要依靠运营能力的建设。

Chris et al.（2014）[192]调查了 155 家英国制造商的数据，目的是为了分析到底是何种资源和能力对于制造商服务化取得成功最为关键。为此，研究者们设计了"成功服务"的标准，并划分了五类资源配置组合：企业的行业地位、服务方法和工具、企业领导者与服务员工、对外合作方式以及服务解决的方案方法。实证研究结果表明：服务方法和工具以及企业领导者和服务员工对成功服务的贡献最为独特和显著。

总的来说，现有对服务化提升财务绩效路径的研究已经强调"产品—服务系统"的整体视角、知识资源和企业运营能力的重要性。但是，现有研究依然处于较为宏观的层面，尚待从企业的具体执行行为层面展开分析，且应该基于路径分析进行进一步的提升策略研究。

（2）建筑业领域的最新相关研究

Han et al.（2010）[193]通过文献分析和对 80 位行业专家深度访谈的方式，总结了全球主要承包商在实现可持续发展方面的经验：这些建筑企业关注市场变化并积极回应，通过提供多样化产品来提升竞争力和稳定收益结构；特别是他们拓展上下游功能而成为综合实力强的服务提供者。

Bröchner（2008）[3]调查了 44 家瑞典最大的建筑企业，有 8 家从事设施管理业务；经比较发现，这 8 家企业提供的服务范围更广且更具有创新性和更高的员工教育水平。

Manley & Marceau（2012）[194]对澳大利亚建筑行业生产材料、产品、设备与机械的 18 家主要企业进行的调研结果显示：为确保复杂组件系统的设计、集成和运行，服务对业主越来越重要；在增长最快的服务项目里，下游设施管理、维修维护及电子监控已经与设计、安装业务持平；产品与服务的捆绑是关键竞争策略，可带来显著效经济效益。

总的来看，近期开展的几项大规模实证调查研究表明，建筑企业下游服务化对提升财务绩效有重要的战略意义。但对于提高下游服务化财务绩效的路径，学者们仅仅是从能力构建上进行了理论探讨，而并没有给出明确的路径解释。如 Brady et al. (2005)[26]认为服务化需要建筑企业开发新的商业模式，特别是系统集成的能力和对"价值"的挖掘；Straub (2010)[195]认为承包商需要额外的资源、技术和能力，包括有关全寿命周期成本、关键绩效指标和服务水平的知识，以及与客户沟通交流的技术等。而对基于明确中介作用因素的有关下游服务化提升财务绩效路径的实证研究仍较少，亟待展开。

2.3.4 建筑企业下游服务化财务绩效的提升策略研究

（1）服务化领域的相关理论研究

Visnjic et al. (2012)[104]基于实证研究认为：采取服务业务聚焦策略可以提升财务绩效；另外，发展复杂服务业务和产品创新之间存在互动影响关系，同时增加对两者的投入水平在一定范围内可以提升财务绩效，但当超过一定程度后反而会对财务绩效产生负面影响。沿着这一方向，Visnjic et al. (2014)[196]基于进一步的实证研究后提出：制造商服务化应将产品创新和服务化两者整体看作一项"长期游戏"，对长、短期效益进行平衡；制造商既想保持产品领域的创新投资，但却必须分配部分资源到服务业务领域，在短期利益受损的同时可能获得新知识积累带来的长期效益；进一步，制造商应分阶段采取正确的服务化实施策略，被调查企业普遍在初期采取产品主导商业模式以利用既有优势形成积累，后期采取客户主导模式进行高强度研发投入。

Baines et al. (2014)[197]认为制造商要成功提供高级服务必须要做到以下几方面：①服务设施布置要结合客户运营过程；②供应链要向前向后同时集成；③雇佣灵活、善于处理客户关系、以客户为中心、诚实、技术熟练和适应性强的员工；④服务过程要嵌入客户运营过程；⑤充分借助信息和通信技术进行远程监控；⑥整个服务体系要依据反映客户利益的指标进行控制，并将评价指标层层分解落实到整个服务体系中去。

服务化过程也可能会伴随着企业并购行为，Vanitha et al. (2014)[198]根据对 429 项并购案例的实证研究认为：并购方企业不能犯仅考虑当前财务利益获得的短视错误，应给同时关注提升客户满意度和运营效率以获取长期的企业市场价值提升。这一结论表明，客户满意在服务化过程中是否能提升财务绩效并非关键，关键是两者的这种关系在何种环境下得到强化和弱化。

Eggert et al. (2014)[199]基于德国 558 家工业企业的面板数据，分析了产品与服务创新对财务绩效的影响，结果发现：产品创新对收入和利润都存在正向影响，而服务创新对利润率去几乎没有影响；这说明在产品主导的环境下对服务创新的控制是企业的一项挑战。进一步的分析表明，市场供应的复杂性、金融创新障碍等隔离机制破坏了创新和利润率之间的联系；企业提高服务创新利润率的努力可能会有害于产品创新利润率，妨碍产品创新利润率的因素却有可能成为服务创新利润率的有效保障。

Vasileios et al.（2014）[200]实证研究了服务化过程中的企业利润变化，结果显示大型企业比小企业能更好地应对技术破坏和经济紊乱的影响，这意味着大型企业更具备实施服务化战略的条件。

此外，Rashid & Radiah（2012）[201]通过对遴选的全球 100 家可持续发展企业的数据分析发现，采取可持续发展战略的企业在销售额增长、资产收益率、税前利润和现金流方面要显著优于普通企业。

总体而言，服务化提升财务绩效策略的研究已经强调长期与短期利益的平衡、产品与服务领域的协同以及创新的驱动力。但是，现有研究依然缺少有力的理论视角的统一，且缺少以路径分析为前提的、有针对性的提升策略研究。

（2）建筑业领域的最新相关研究

一是重新进行企业定位。Alderman et al.（2005）[36]提出的服务导向项目概念意味着，目标驱动来自于下游服务交付而不是新技术或新的人工制品，这需要建筑企业重新定位自己。对此，Straub（2010）[195]也认为承包商发生的最大变化就是角色定位的转变。

二是组织体系的变革。Alderman & Ivory（2010）[202]认为取得服务导向项目成功已经超出了传统项目经理直接控制的范畴，涉及更多的相关利益者，需要各方建立广泛联系和共同愿景等。曾大林等（2013）[203]则基于建筑企业现行组织体系在应对服务型企业发展方面存在的问题，提出建设"服务中心体系"的组织变革设想。

三是新的合同治理机制。Roehrich & Lewis（2010）[204]认为合同和关系的管理能力是有效产品—服务交易的关键保证，继而构建了复杂产品—服务跨组织系统的治理机制。Hartmann et al.（2010）[205]认为 PFI 模式中必须掌握好利用性学习（利用标准化合同）和探索性学习（开发新的合同）模式，两种模式之间需进行顺畅的转化才能构建起良好的学习能力。

四是服务流程的标准化。Brady et al.（2005）[26]认为，服务化要求建筑企业能提供有效和高效的解决方案以满足业主需求，而集成解决方案的成效依赖于建筑企业如何快速和成功地形成可重复的解决方案；这意味要具备提供后续服务的能力，建筑企业必须持续扩展服务业务以实现活动常规化和流程标准化。

五是选择合适的行业领域。建筑业领域服务化更可能发生于公共领域的 PFI 项目或者有重复需求的大型私营业主（Brady et al.，2005；Lind & Borg，2010）的领域[26][11]。

综上，现有关于建筑企业下游服务化财务绩效提升策略的研究仍主要是从传统项目管理理论视角展开，既缺少对财务绩效提升机理的系统阐述，也缺少定量分析支持。

更重要的是，下游服务化是建筑企业在动态市场环境下进行的长期过程，企业财务绩效的提升策略需要基于时间维度的演化分析。

2.4　文献评述与研究方向

2.4.1　现有研究成果的评述

首先，现有研究多集中于服务化战略和财务绩效的相关性，少见服务化战略通过何种机制影响财务绩效的研究。自2008年以来，研究者们采用企业会计数据作为财务绩效指标，采用服务的种类与资源投入作为服务化指标，运用线性或非线性回归法进行实证分析，得出两者正、负或非线性相关的研究结论。过于局限在服务化与财务绩效的关系检验上，忽视了对服务化提升财务绩效内在机理的探究。特别是缺乏从组织行为视角解释服务化提升企业财务绩效的研究，未建立起"结构—行为—绩效"的研究范式。

其次，在研究服务化战略与财务绩效关系时，只关注于确定两者的相关性，忽略了什么条件下企业可以进行服务化这一重要前提，也忽视了动态环境下服务化战略提升企业财务绩效的策略研究。这不仅在理论上存在不足，在对企业实践的指导上也略显欠缺。特别地，现有研究内容上的单一性也就决定了研究结果的不系统性，不能很好地解释理论研究结论与企业服务化实际存在的差异。

再者，知识开发和知识利用的理论视角尚未应用于服务化战略提升财务绩效的研究中来。一方面，服务化战略影响财务绩效是不同经济特性的战略业务间的领域双元问题，为知识开发和知识利用的研究提供了新挑战和机会。另一方面，"知识开发和知识利用——企业绩效"的关系也似乎尚未完全理清，特别是缺少中介作用变量的引入，同时也需在更具体的行业背景下进行深入分析。

最后，目前有关建筑企业服务化的理论研究已经展开，但对于建筑企业下游服务化内涵的深入剖析、可用于指导下游服务化问题研究的分析框架、下游服务化财务绩效的提升路径与策略的结合研究比较少见。特别是，建筑企业是以项目为载体实现知识与利润的积累和持续发展的项目型企业，与生产型企业相比有自己的独特性，需要结合其特点进行有针对性的研究。

2.4.2　本书研究的主要方向

首先，针对现有研究的不足之处与可能的机会，对建筑企业下游服务化提升财务绩效的机理进行研究。主要是通过引入知识开发和知识利用的理视角建立分析框架，力求揭开下游服务化和财务绩效关系的"黑箱"。

其次，在研究建筑企业下游服务化财务绩效提升机理时，不仅研究提升的基本路径，还研究提升的前提条件和后续实施策略；对财务绩效结果的分析，也同时关注于近、远期利润实现上来，以确保问题分析的系统性。

最后，在研究中拟结合具体问题，分别运用文献综述、数学建模、问卷调查与结构方程、系统动力学与实验设计等方法，从多维度、多层次分析建筑企业下游服务化对财务绩效的提升机理，以确保问题分析的准确性和全面性。

2.5 小   结

本章从服务化及其对企业财务绩效的研究、知识开发和知识利用及其对企业财务绩效的研究、建筑企业下游服务化研究等方面对先前研究成果进行了系统梳理，对现有文献中存在的主要问题与不足进行了分析与评述，从而确定了本书的研究方向。

第3章 下游服务化财务绩效提升机理的基础理论

本章解析了建筑企业下游服务化的深层次成因，引入了知识开发和知识利用理论视角，厘清了下游服务化战略通过知识开发和知识利用提升企业财务绩效的逻辑关系，确定了建筑企业下游服务化提升财务绩效机理的分析框架。

3.1 建筑企业下游服务化的内涵解析

3.1.1 基于价值链微笑曲线的下游服务化概念分析

（1）建筑企业服务化路径划分

建筑业从事土木建筑工程活动，是全寿命周期的活动（关柯、李忠富，2009）[206]。基于价值链微笑曲线分析（简兆权、伍卓深，2011）[207]，着眼于建筑企业从设计、施工向两端的价值链延伸过程，建筑企业服务化路径可划分为四种，如图 3-1 所示。

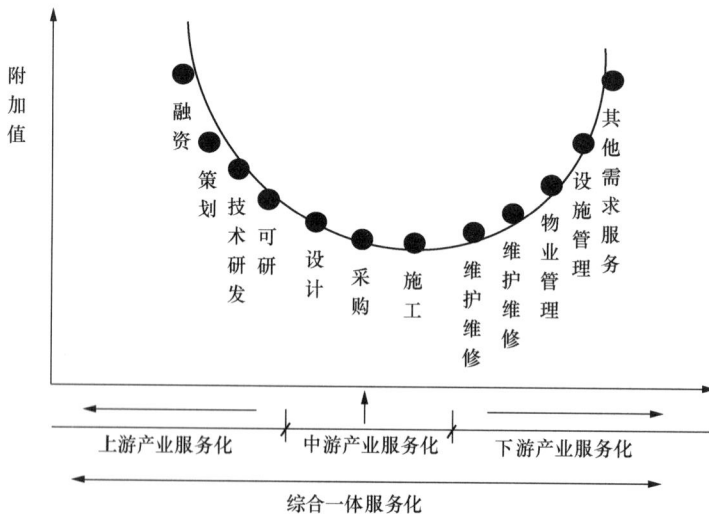

图 3-1 建筑企业的服务化路径

① 中游产业服务化。通过发展工程总承包管理、施工总承包管理、采购管理、工程管理咨询、建筑技术咨询等业务实现中游产业链服务化。中游产业链服务化门槛较低，是建筑企业服务化的初级阶段。

② 上游产业服务化。建筑企业介入项目融资、策划与前期研究、可研立项、建材与设备制造等业务实现上游产业链服务化。上游产业服务化门槛较高，因为该路径知识资源强度较高，要求企业必须拥有相关的专业人才和充足的资金。

③ 下游产业服务化。下游产业链服务化主要是建筑企业通过接入在产业链下游建筑设施维护维修、物业管理、设施管理等环节来实现。下游产业链服务化主要是基于建筑产品导向，可以充分利用已积累的资源、知识和客户关系。但在建筑产品复杂程度较高的情况下，服务定价以及服务实施过程中存在风险。

④ 综合一体服务化。对于大型基础设施建设项目，建筑企业可为业主提供建筑全寿命周期内的综合一体化服务。又如住宅工程项目，建筑企业可提供住宅小区工程建设与建成后小区运维的集成服务。综合一体服务化要求较高，是服务化的高级阶段，一般要求有前三种服务化路径的积累。

（2）建筑企业下游服务化的概念

在前述服务化路径中，下游服务服务化路径能有效克服建筑产品市场风险带来的资金流变化，稳定和提高企业绩效。同时，也只有实现了下游服务化发展，建筑企业才能构建全寿命周期一体化综合服务能力。根据建筑企业服务化路径的分析，本书将建筑企业下游服务化定义为：在服务经济背景下，建筑企业基于建筑设计、施工业务领域的发展基础和能力积累，沿建筑产业价值链向下游拓展，通过提供建筑物设施管理服务来创造新的价值增长点，增强自身一体化综合服务能力和提升企业核心竞争力，最终实现企业的可持续发展。

本书中的"服务"即指设施管理服务，"服务化"是属于"基于产品的服务化"（Product-centric Servitization）（Baines et al.，2009）[23]的类型。其中，由于维护维修、物业管理所涉及的内容、范围、知识都可以包含在设施管理的范畴中，对下游服务内容的讨论将主要基于设施管理范畴进行。关于下游服务化程度，可从下游服务业务资源投入占比、企业战略重视程度、新技能开发程度、服务业务盈利占比等多方面测量。

就下游服务化发展领域而言，包括城市公用设施、工业设施、商业设施、居住物业等。国外设施管理的客户对象主要集中在城市公用设施、工业设施及商业设施领域；而国内以居住物业、写字楼为主要对象（曹吉鸣等，2008）[208]。当前国内大量的工业设施、城市公共与基础设施和智能化高层、超高层商业大厦为我国建筑企业的下游服务化提供了广阔的舞台。

3.1.2　建筑企业下游服务化的表象分析与深层剖析

（1）下游服务化的表层现象分析——价值主导逻辑

如上对建筑企业下游服务化的概念分析，建筑企业向研发设计、设施管理等服务环节延伸，依靠服务获取竞争优势，从而产生服务化现象（谷奇峰等，2009）[209]。对此，Vandermerwe & Rada（1988）[18]认为这是企业开始将客户需求看作一个整体，从关注单一方面到把产品、服务集成为"包"。进一步，他们从价值中心角度将服务化分为三个阶段［图 3-2（a）］：企业仅提供产品，认为服务是成本；企业提供产品和附加服务，将服务作为差异化手段；企业提供产品服务包，服务成为创造价值的重要部分。

企业竞争战略的核心是建立市场竞争优势（罗珉，2001）[210]，以获取持续的利润增长和投资回报。由于"产品—服务"价值中心的变化，企业组织也相应进行战略演化。Oliva & Kallenberg（2003）[22]从企业战略视角将服务化表述为从纯产品提供商到纯服务提供商的连续性演化框架［图 3-2（b）］：传统制造商慢慢增加基于产品的附加服务，随着企业提供越来越多的相关服务，产品只占其价值主张的一小部分；制造商最后变为以服务为价值创造主体的服务商，最终发展成为一个服务型组织。当然，由于产品与服务具有能力互补性以及资源竞争性，这种连续性可能会被打破。

事实上，管理领域对制造商集成产品与服务的发展方向基本是达成一致的（Oliva & Kallenberg，2003）[22]。在日渐饱和的市场中，产品客户群对销售额增长的贡献已经很小，服务范围为企业竞争提供了能力源泉（Mont et al.，2006）[211]。例如，在美国汽车行业，已拥有汽车的客户和新增用户之比为 13：1（Wise & Baumgartner，1999）[19]。自然而然地，制造商将注意力转向售后服务以实现企业的持续生存和发展。然而，分析问题时不能只停留在表层现象上，还要充分剖析问题表象背后的深层次矛盾和机理，找准症结所在和抓住主要矛盾，才能更深刻准确地理解和解释问题。

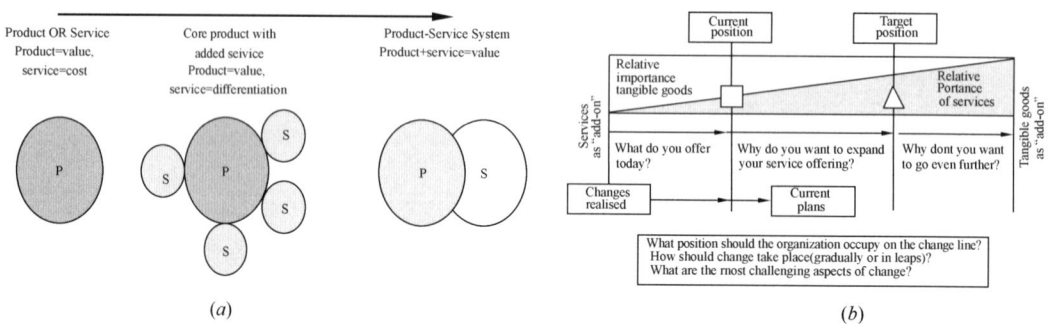

图 3-2 下游服务化的表层现象

（a）产品与服务的价值视角；（b）企业演化与定位视角

（来源：Pawar et al.，2009）

（2）下游服务化的深层机理分析——知识主导逻辑

全球竞争趋势使得权利从生产者转向购买者，单靠产品本身获得利润已十分困难，因而服务成为企业收益流的重要保证（Davis & Heineke，2005）[212]。产品质量和性能已不再是获得订单的决定性因素，而只是获得订单必须满足的基本前提条件（Hill & Hill，2009）[213]。服务被看作是差异化手段和新的价值增长点，能给制造商带来利润提升的机会（Mathe & Shapiro，1993）[214]，其利润潜力甚至要远大于产品创新（Gebauer & Friedli, 2005）[215]。不过，下游服务化表象的背后是知识主导逻辑在起作用。

制造企业拥有所制造产品的相关知识，这些知识可以用来为顾客提供服务（Chase & Garvin, 1989）[216]。通过提供服务，核心产品得到拓展，并被一层层服务所包围；相应的产品与服务的知识也层层集成在一起。Thoben et al.（2001）[217] 从知识密度与复杂程度解释服务化的演化［图 3-3（a）］：企业为客户提供服务，围绕核心产品不断增加层层相关服务，使得产品与服务体系的知识密度与复杂程度越来越大，最终客户需要企业提供产品服务的集成解决方案。有研究表明，技术密集度是影响制造业服务化的一个重要因素，高技术部门服务化程度要明显高于低技术部门，中高技术尤其是高技术产业的服务化趋势则更加明显（Kastalli & Van, 2013）[46]。这一深层机理最终反映在商业模式的变化上。Baines et al.（2007）[218] 从商业模式视角描述服务化过程［图 3-3（b）］：客户不通过再购买产品而获得功能效用，而是直接购买基于产品的服务，产品本身的维护和处理都由服务提供商来负责，客户根据所获价值支付费用，产品所有权甚至可以不发生转移。

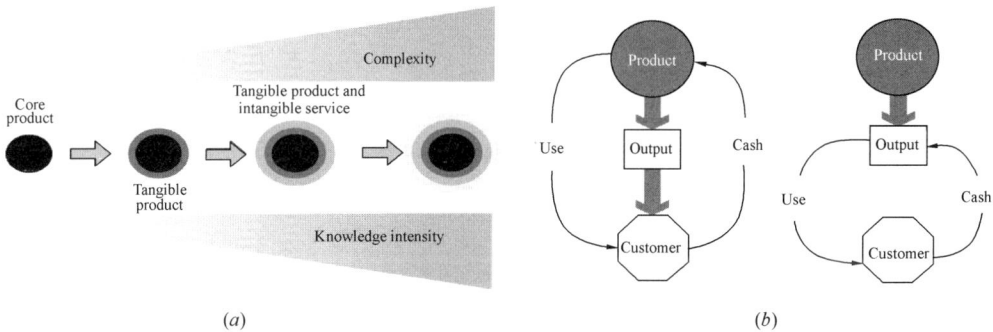

图 3-3　下游服务化的深层机理

（a）知识密度与复杂程度；（b）交易模式

（来源：Pawar et al., 2009）

可见，服务化过程外在的"产品—服务"价值中心、企业战略定位的演化最终是由内在的知识主导逻辑所驱动，最终整个商业模式的都要发生变化。知识是承载组织变革和组织柔性的基础，如何在不确定的环境中来整合知识和实现知识的价值是企业发展的根本（董保宝，2012）[219]。正如管理大师彼得·德鲁克（1994）所指出的："管理的本质不是技术和程序，而是使得知识富有成效"。所以，从一定意义上讲，正是由于"产品—服务"系统背后所蕴含的知识体系变化支撑了价值体系的变化，即"知识—利润"的内在逻辑关系。这也正是本书从知识视角引入知识开发和知识利用视角研究建筑企业下游服务化财务绩效提升的原因所在。

另外，Gebauer et al.（2008）[171]对服务化现象分析后认为，企业必须清楚地认识到自己在不同服务化水平上的机会和挑战，精心定位自己在这一发展过程中的战略位置。而 Pawar et al.（2009）[47]则进一步指出，服务化过程是动态的，企业需要在这一过程中不断地重新定位自己，逐步确立服务业务的主导地位。因此，在研究下游服务化问题时，需要特别注意动态视角下研究"知识—利润"的互动对财务绩效提升的影响。

3.1.3　知识开发和知识利用视角与下游服务化研究

（1）下游服务化与知识开发和知识利用

根据学者们的研究（Penrose，1959；Rumelt，1982；Teece，1980）[220-222]，企业进行下游服务化，主要是为了利用其多余的资源和能力容量，以获得范围经济效益，特别是当服务投入要素受限而又不存在这些要素的有效市场时（Kor & Leblebici，2005）[223]。企业资源论强调，企业未充分利用的资源主要包括无形的知识资源。例如，建筑企业由于专门承担某一类工程，随着新知识学习和经验积累而形成对某类未利用能力。特别地，相关实证研究表明，相关多元化能有效地利用积累的知识能力并提升财务绩效，而无关多元化则正好相反（Kor & Leblebici，2005）[223]。

事实上，建筑企业一直以来都是依赖于知识资产为业主提供服务的（Carrillo & Chinowsky，2006）[224]，而其创新发展过程实质上就是知识开发和利用行为的连续统一体（Lena & Malena，2014）[225]。对于下游服务化发展，建筑企业需要在获取新能力的同时充分利用他们现在的技能（Brady et al.，2005）[26]，即建筑企业必须在曾给他们带来成功的既有优势能力和需开发的新能力之间做出知识开发和知识利用的平衡（Leiringer & Bröchner，2010）[34]，尽管这种平衡将非常困难（Alderman & Ivory，2010）[202]。因此，知识开发和知识利用可用来分析建筑企业下游服务化的问题。

（2）知识开发和知识利用分析下游服务化财务绩效问题的可行性

知识开发和知识利用可成为分析下游服务化提升财务绩效前提的重要因素。Leiringer & Bröchner（2010）[34]指出，建筑企业能否进行下游产业链拓展，非常重要的是在于建造阶段与运行维护阶段之间的知识互动。如建造知识对设施管理服务所起的关联作用，包括是否会能为下游服务降低成本，知识转移成本是否能够节省等。

知识开发和知识利用可成为分析下游服务化提升财务绩效路径的中介机制。一方面，建筑企业下游服务化发展中的能力构建将基于知识开发和知识利用展开，包括自下而上的项目主导学习模式和自上而下的业务引导学习模式（Brady & Davies，2004）[226]。另一方面，建筑企业对下游服务业务的发展也主要分为知识开发和知识利用两种模式（Fischer et al.，2010）[75]。

知识开发和知识利用可成为分析下游服务化提升财务绩效策略的划分依据。实证研究表明，知识开发和知识利用对制造业务、服务业务的作用方式和效果是一致（Geerts et al.，2010）[76]。有鉴于此，本书将知识开发和知识利用维度与建筑企业业务维度相结合,可划分不同的下游服务化实施策略。这一划分方式更多的是反映了不同业务领域之间的知识开发和知识利用协同,而协同效果将影响企业财务绩效。

(3) 知识开发和知识利用分析视角引入的理论依据

企业对知识资源管理的根本目的是实现知识的创新和增值(杨俊祥,2013)[227],而企业正是通过对知识资源的开发和利用来实现企业的发展。同时,企业动态能力的核心是对知识的创造、吸收、整合以及配置(Verona & Ravasi,2003)[228],而这一过程也正是通过知识开发和知识利用机制来实现的。基于此,知识开发和知识利用分析视角的理论依据主要体现在以下两方面:

知识开发和知识利用是建筑企业利用知识创造利润的基本机制。知识是企业拥有的最重要资源,它决定了企业可持续的差异化和竞争优势(Dierickx & Cool,1989)[229],组织必须通过培育知识资产来获得企业长期可持续发展(Edvinnson,1997)[230]。因而,企业在不断变化的条件下创造、整合、转移和利用知识的水平决定了企业的能力和竞争优势(Teece,1998)[231]。为此,企业知识管理需要组织系统明确地对其知识资产(knowledge asset)进行充分的探索(explore)和运用(exploit),以提升组织内相关工作的绩效,并能达到报酬的极大化(Wiig,1997)[232]。

知识开发和知识利用是建筑企业构建动态能力的基本机制。动态能力是企业组织整合、建立、重组内外部竞争力以应对环境快速变化的能力(Teece et al.,1997)[233]。由于知识存量是学习过程中新知识流产生的基础,所以组织学习是动态能力产生的基本机制(Ambrosini et al.,2009;Lichtenthaler,2009)[234, 235]。组织学习的基本方式是知识开发和知识利用,动态能力继而可看作是知识开发和知识利用的学习机制协同产生的知识演化(Levinthal & March,1993)[112],其形成过程就是通过学习活动追求新知识的过程(Zollo & Nielsen,2006)[236]。Yacine Rezgui et al.(2010)[237]的研究发现,目前工程建设领域第三代知识管理正是基于能力观追求知识的价值创造。

综上,知识开发和知识利用为研究下游服务化影响企业财务绩效问题提供了可行的理论分析视角。

3.2　建筑企业下游服务化的主要特征

3.2.1　建筑企业下游服务化的动力因素

建筑企业向价值链下游拓展可带来稳定的、具有反经济周期的高利润回报(Windahl,2004)[238],可成为企业持续的竞争力优势源泉(Tukker & Tischner,2006)[239]。许多承包商已经意识到与"建完就走"(Build & Disappear)的方式相比,设施管理服务发展空间更大并能获取更多稳定的利润。建筑企业下游服务化的驱动因素主要包括四方面：

外部环境的影响。激烈的市场竞争压力推动了企业下游服务化的发展（Vandermerwe & Rada，1988）[18]，而信息技术的发展也为此提供了条件（Natalia Kryvinska et al.，2014）[240]。

下游服务的战略吸引。下游服务具有较高的边际利润、稳定的收入并有反经济周期性（Gebauer & Friedli，2005）[215]，在使企业获得竞争力优势（Mathieu，2001）[241]的同时，可间接增加业务量、产生客户忠诚度以及更好地了解客户需求（Correa et al.，2007）[242]。

建筑企业的自身优势。建筑企业提供下游服务具有优势：低客户获取成本、低知识获取成本以及低资本投入要求（Oliva & Kallenberg，2003）[22]。同时，研究表明大型企业更有条件实施服务化战略（Neely，2007）[243]，而建筑业领域的创新发展更可能发生在优秀大型企业身上（Green et al.，2004）[244]。

建筑产品的复杂性提高。研究表明，非连续过程生产的、高技术含量产品制造企业服务化趋势更为明显（Schmenner，2009）[88]。建筑产品复杂程度越来越高，设施集成管理的服务要求也越来越高。

这四个方面动力因素的特征，将反映到后续研究的假设条件和情景设计中去。

3.2.2 建筑企业下游服务化的服务范围

根据国际设施管理协会（IFMA）的定义，设施管理方需要负责组织内部所有与设施相关的业务，因此其所涉及的功能和职责非常的广泛和复杂。Sarich（2004）[245]综合不同学者的研究成果，列出了设施管理的一般服务范围。其中，不动产和资产管理、设施项目管理、维护维修、建筑服务和运行、空间规划和管理是与建筑生产知识紧密相关的领域，而办公服务、规划计划、办公行政管理、员工支持和服务则属于与建筑生产知识弱相关或无关的领域。

本书下游服务化的服务内容限定为：基于建筑产品的服务。非基于建筑产品的服务是无关多元化的研究领域，在知识利用、资源共享、市场竞争力方面已经与建筑产品生产不存在必然联系，不予考虑。具体来说，本书下游服务化研究涉及的服务主要包括两类：

（1）建筑维护维修服务。在建筑物使用运行过程中，基于建筑企业的承包范围向业主提供建筑物的维护维修服务。

（2）业主支持性服务。主要是针对复杂的建筑设施，为业主提供的高级的集成性设施管理服务，确保设施的正常运行和实现其运行效率的最优化。

需要注意的是，建筑企业下游服务化与PFI的背景并不一样。PFI主要是为了解决公共领域基础设施项目的融资、建设和运营管理问题，是政府采购政策变化而主导的，首要是融资问题。建筑企业下游服务化则更多地源于当前经济发展趋势、工程项目本身特点的变化以及业主对项目全寿命周期价值的关注，并不局限于特定项目领域，是建筑行业深层次的变革发展。因此，两者是有明显区别的（Govette et al.，2013）[17]。

以高速公路工程为例：PFI 范畴下，公路的养护、维修、监测、加固和服务区的商业服务都在讨论范围内；而本书所指的下游服务（或设施管理服务）则不包括商店、餐厅、加油站等商业服务，因为这些服务由专业的第三方服务商提供会更有效率。此外，本书也不涉及投融资和产权因素。

对于建筑企业下游服务化业务的开展，应注意产业价值链分解与非核心业务外包，避免"大而全、小而全"的现象。下游服务化经营范围广泛，低端到高端服务无所不包，将导致企业无法专注于维持和提升核心竞争力。对于非核心业务或低附加值业务可以外包或由业主另行委托。

3.2.3　建筑企业下游服务化的主要矛盾

建筑企业开展下游服务化面临的主要矛盾就是需要从组织、管理、技术、经济、文化等多方面对工程建造业务和下游服务业务进行资源平衡和协调，不断实现创新以建立竞争优势。这一问题的特质在于前述两者是既有联系又不相同的两项任务，具有不同的经济特性（Jensen，2012）[177]：前者是为了交付一项建筑产品，后者则是为了能更好地支持客户的核心业务。

Johnstone（2007）[246]将上述两者的关系形象比喻为"猎人与农夫"（Hunters & farmers）：工程建造像猎人一样通过签订合同来捕捉猎物并尽快完成以寻找下一个"牺牲品"，追逐短期胜利；而设施管理则像农夫一样通过培育来追求长期稳定的发展。特别是在资源约束条件下，"猎人与农夫"的资源冲突与平衡问题更为显著。

建筑企业下游服务化既要靠"猎人"，也要靠"农夫"，"猎人与农夫"的组合变化将演化产生不一样的综合效益。那么，要成功实施下游服务化战略就必须要提高企业财务绩效，因而必须回到第一章所提出的三个问题：

（1）提升前提，猎人在什么条件下可以去做农夫？

（2）提升路径，猎人、农夫通过什么机制路径来提升生产效益？

（3）提升策略，采取什么样的策略使得"猎人与农夫"组合实现最佳的近远期效益？

由于企业资源并不是实现竞争优势的主要和唯一方面，资源价值由其在资源配置效率中发挥的价值贡献决定，企业竞争优势实现的深层次因素是制定正确的战略并贯彻执行（王延树等，2008）[247]。因此，上述三个问题最终要落实到具体的组织行为及其执行上来分析和解决。

3.3 下游服务化财务绩效提升机理的分析框架

3.3.1 下游服务化财务绩效提升机理的分析模式

引入"知识开发和知识利用"的视角来分析下游服务化提升财务绩效的问题。其中，"知识开发"强调"建筑企业进入新项目领域以获取新的知识资源或竞争能力"；"知识利用"强调"建筑企业将既有知识资源应在项目上进行转移与共享以充分实现其价值和维持竞争能力"。

有学者认为，在项目早期阶段可以聚焦于知识开发活动而在项目后期可聚焦于知识利用活动，便可实现顺序双元（Raisch et al.，2009；Andriopoulos & Lewis，2010）[70, 115]。然而，研究表明：在建筑行业中，从结构和顺序上对设计、建造等阶段的分离造成时间拖延和较差的建筑效益（Elfving et al.，2005）[248]，问题解决缺乏各方合作努力而导致项目执行水平的降低（Korczynski，1996）[249]。建筑企业是项目型组织，以项目为中心和项目分散化的特点，阻碍了相互间的学习。

对此，Eriksson（2013）[250]指出，当前在其他行业适用的结构双元和顺序双元，由于缺乏集成机制而不能很好地解决上述问题，需要应用背景双元进行补充和完善；因为各参与者知识开发和知识利用活动之间存在相互依存关系，明确区分开发与利用活动是不合适的。背景双元（Contextual Ambidexterity）强调在同一业务部门或工作团队内，同时同步地进行知识开发和知识利用（Gibson & Birkinshaw，2004；Gupta et al.，2006）[113][132]。

对于建筑企业背景双元的研究层面，Eriksson（2013）[250]认为仅从战略业务单元、项目组合层面研究建筑企业的知识开发和知识利用问题是不够的，项目也是非常重要的层面。这是因为建筑企业日常运作和活动的知识掌握在项目成员脑中而不是企业的研发部门（Johansson & Louise，2013）[251]。所以，从组织多个层面相结合来研究知识开发和知识利用也是目前重要的研究方向（Cantarello et al.，2012）[252]。

同时，当建筑企业进行下游服务化时，由于增加了新的服务业务领域，建筑企业也要面临领域双元问题。领域双元是指在不同的领域（可以是业务、技术或管理领域）间进行知识开发和知识利用的协同（Lavie et al.，2010）[114]，其优势在于通过领域间协同降低单一领域内知识开发和知识利用的资源冲突性。

综上，建筑企业下游服务化中的知识开发和知识利用分析模式是：从实施策略和项目执行两个层面相结合，以背景双元为基础，展开领域双元问题研究。

3.3.2 下游服务化财务绩效提升前提的分析框架

（1）概念模型设计

　　建筑企业下游服务化提升财务绩效的前提是企业开展或提供了下游设施管理服务业务，实质是工程建造和运营阶段在什么条件下可以由建筑企业一同承担（Leiringer & Bröchner，2010）[34]。从一定意义上讲，它反映的是建筑企业边界的拓展，即将原本由市场治理的交易关系内部化为企业治理的过程（王成、余乐，2007）[253]，目的是为了追求市场中的权利与地位以及便于企业治理与降低交易成本（陈瑶、马晔华，2007）[254]。

　　然而，对这一问题的分析，现有针对大规模产品生产的企业边界理论模型并不完全适用。这是因为建筑产品生产特点与一般工业产品生产特点相比较具有自身的特殊性：①由于规模庞大、周期长、不完全信息造成不确定性大；②先交易后生产，是期货而不是现货；③合格建筑产品都一样，产品供给无差异；④单件定制，对于业主而言没有替代品。

　　由于上述特性的存在，使得分析建筑市场行为问题时必须考虑如下因素：①建筑市场是典型的买方市场，市场竞争表现为企业竞争而不是产品竞争，因而建筑产品市场价格是弱需求弹性；②建筑生产是项目式的，建筑生产不具有生产能力不变情况下的生产规模经济性；③承包合同为不完全契约，业主无法估算准确投资，承包商无法估算准确成本。基于上述考虑，本书将从项目任务委托模式出发，基于项目层面应用不完全合同理论框架进行分析模型的设计。

　　传统模式（模式一）下，业主委托建筑企业进行工程建造，工程建完后再委托第三方专业力量进行设施管理。建筑企业下游服务化模式（模式二）下，业主委托建筑企业承担工程建造和设施管理两阶段任务。模式二的特质是业主将工程建造与设施管理两大任务集成委托给了同一家建筑企业。

　　鉴于承担工程建造任务的建筑企业拥有更多的关于项目的知识、信息和与业主的客户关系基础，本书假设只在承担工程建造任务前提下，建筑企业才可能承担设施管理任务。

　　那么，只有当业主选用模式二时的净收益大于选用模式一的净收益时，建筑企业才可能提供下游服务，也即满足了下游服务化提升财务绩效的前提条件。下游服务化财务绩效提升前提的概念模型如图 3-4 所示。

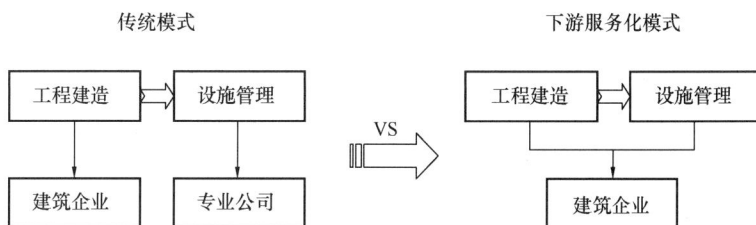

图 3-4　下游服务化财务绩效提升前提的概念模型

（2）知识开发和知识利用视角下的关键影响因素

信息租金。建筑企业掌握的建造知识在多个方面影响设施管理服务的成本和效益，如可以更好地估算运行成本、进行全寿命周期费用管理等。因此，建筑企业可获得一种信息租金，而这也是业主想分享的。

工程建造阶段的知识开发和知识利用产生的创新对设施管理成本存在"外部性"效应。如在工程建造阶段进行了设计或施工技术创新，节约了工程建造成本；然而在设施管理阶段，上述创新可能导致设施管理费用的上升或降低。因此，外部性的正负及其程度大小将影响到工程全寿命周期总成本，进而影响到业主和承包商各自的战略决策。

设施管理服务的提供需要工程建造知识的支持，工程建造知识向设施管理阶段转移时发生知识转移成本。知识转移指一个单位的知识与经验影响另一个单位的过程（Linda & Paul，2000）[255]。知识从一方转移到另一方并用于问题解决时需进行组织学习（Swee，2002）[256]，继而发生知识转移成本。传统模式下，工程建造和设施管理阶段之间相互学习的效果有限，存在割裂现象（Jensen，2012）[177]。由于工程建造与设施管理非一家单位承担，知识转移本身又是一个受多方面影响的复杂过程（Mark et al.，2008；Julien Pollack，2012）[257]，因此知识成本较高。但是，当建筑企业集成承担工程建造和设施管理任务时，由于知识转移发生在企业组织内部，一般认为知识转移成本相对较低。

3.3.3 下游服务化财务绩效提升路径的分析框架

（1）概念模型设计

建筑企业下游服务化战略须通过知识开发和知识利用的组织学习行为来实施。Penrose关于企业成长与能力构建的资源基础理论也被称为"企业学习理论"（Best，1990）[259]。Penrose（1959）[220]认为：企业在使用特定技术和开发不同市场过程中形成了专门资源和知识基础，由于资源本身不能创造价值，企业必须通过拥有的知识来发挥资源价值和执行组织活动，从而形成竞争优势。因此，当企业拥有很好的技术与市场基础时，它可充分利用现有能力实施可预知和常规化的活动；当企业进行战略转变时，它必须通过创新开发新的能力，利用学习积累的经验实施新的技术或市场开发活动。这一现象被March（1991）[66]拓展为知识开发和知识利用的概念。前者是利用现有的资源与能力进行渐进式创新（Incremental Innovation），后者是探索新机会进行激进式创新（Radical Innovation）（Andriopoulos & Lewis）[115]。企业正是通过知识开发和知识利用进行不同类型的创新来实现其收益的最大化。

建筑企业的知识开发和知识利用是通过具体的工程建造项目和下游服务项目的创新实践来实现的。建筑企业是项目型组织，通过项目实施来建立和积累企业知识、能力与资源（Hobday，2000）[48]，其学习过程也是通过项目来完成的（Prencipe & Tell，2001）[260]，这与大批量产品制造商是不一样的。权威学者早已阐述了通过项目来满足公司战略运营目标的意义（Middleton，1967）[261]。Brady & Davies （2004）[226]针对项目型组织能力构建进行了案例研究，提出了以知识开发为主的项目主导学习机制和以知识利用为主的业务主导学习机制，并提出了"先锋项目"（Vanguard Project）的概念以区别于成熟类项目。"先锋项目"是指为了探索进入新技术、新市场领域或适应市场环境变化的机会而进行的试验性项目，项目成员利用了原来的知识但获得了关于新型项目的新知识（Brady & Davies，2004）[226]。先锋项目对应于知识开发，而其他项目对应于知识利用。Garcia et al.（2003）[135]在研究技术导向型企业的知识开发和知识利用行为时，将两者分别对应于探索型项目（Exploartion Project）和利用型项目（Exploitation Project）。基于 Brady 和 Garcia 等学者的研究，本书将工程建造项目、下游服务项目都划分为探索型项目（Exploartion Project）和利用型项目（Exploitation Project）两类，作为知识开发和知识利用活动转化为企业利润的载体。工程建造项目和下游服务化项目都是复杂的系统，不可能是绝对的单一创新类型。因此，探索型项目以激进式创新为主，利用型项目分别以渐进式创新为主。根据 March（1991）[66]和（Levinthal & March，1993）[112]的研究，激进式创新是"对新知识的追求和对未知事物的追求"，可大大增加知识存量，但高风险、低成功率；渐进式创新是"对已知事物的利用和发展"，低风险、高成功率，但带来的知识存量较小。两者对企业财务近、远期绩效的影响是有区别的。探索型项目和利用型项目的对比分析如表 3-1 所示。

建筑企业下游服务化战略基于知识开发和知识利用的实施效果最终要体现为企业的近、远期财务绩效。通过知识利用获得的短期效益可能无法与通过知识开发获得的长期效益进行精确对比，但忽视任意一方而过度进行另一方都会将使企业陷入财务困境，企业的长期与近期绩效实现紧密相关。

探索型项目和利用型项目　　　　　　　　　　　　　　　　　　　表 3-1

项目类型		承担的 组织学习活动	承担的 创新类型	特点	绩效影响
工程建造	下游服务				
探索型 工程建造项目	探索型 下游服务项目	以知识开发为主，知识利用为辅	以激进式创新为主，渐进式创新为辅	产生新知识量多，项目风险高，不稳定利润率与高失败率	直接影响远期绩效，间接决定近期绩效
利用型 工程建造项目	利用型 下游服务项目	以知识利用为主，知识开发为辅	以渐进式创新为主，激进式创新为辅	产生新知识量少，项目风险低，稳定利润率与高成功率	直接影响近期绩效，间接决定远期绩效

综上，将实证研究的建筑企业下游服务化财务绩效提升路径设计为："下游服务化战略——知识开发和知识利用——探索性项目创新和利用型项目创新——短期和长期财务绩效"，如图 3-5 所示。

该提升路径将下游服务化战略对建筑企业财务绩效的影响进分解到企业层面的实

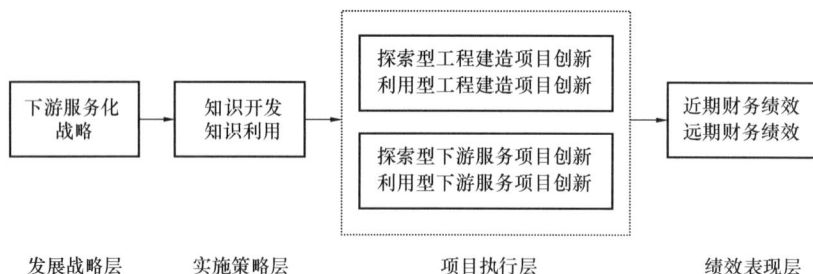

图 3-5　下游服务化财务绩效提升路径的概念模型

施策略和执行层面的项目能力两个层面。该提升路径设计的理论依据是：企业战略研究表明，组织需要从企业层、执行层等不同层面来实施战略（Nandakumar et al.，2010）[262]。当高层管理人员制定基本业务发展目标的时候，中层管理人员和员工则凭借组织能力从执行层面实施公司战略（Bodwell & Chermack，2010）[263]。

（2）关键影响因素

建筑市场环境变化。建筑市场环境主要是指工程建造市场环境。市场环境变化不仅影响建筑企业下游服务化战略决策，也影响企业在具体业务领域内的知识开发和知识利用策略。当建筑市场环境稳定、良好的情况下，建筑企业可能会维持既有的工程建造市场份额并偏重于知识利用，以便更好地依托已有优势获取企业利润。当建筑市场环境竞争加剧或者不稳定性增加时，企业可能更倾向于对下游服务业务的投入并加大知识开发力度，以便提升企业财务收益和构建新的企业竞争能力。

3.3.4　下游服务化财务绩效提升策略的分析框架

（1）概念模型设计

建筑企业下游服务化涉及工程建造和设施管理两大业务单元。企业任何的战略转变不仅需要从企业整体来分析，还要从构成的业务单元视角来研究（Leiringer & Schweber，2010）[264]。为便于分析，本书主要基于抽象的"工程建造业务"和"下游服务业务"概念展开讨论，前者主要指工程总承包，后者指设施管理。需要注意的是，按照前文对建筑企业下游服务提升财务绩效的前提分析，工程建造业务和下游服务业务具有前后制约关系。假设下游服务项目来源于建筑企业已完成的工程建造项目，因此下游服务化程度不能无限提高，建筑企业必须保持一定的工程建造业务份额，即建筑企业必须确保一定工程建造的市场份额和知识储备。

建筑企业下游服务化程度的提高意味着企业增加了对服务业务资源的投入。企业资源主要包括知识和资金两大类。其中，产品和过程所蕴含的知识被称作知识存量（Knowledge Stocks）（Garcia et al.，2003）[135]，它随知识创新活动而增加，也因管理不当、遗忘、人才流动或技术革新等而衰减。假设无论什么类型的创新，所产生的知识都增加同一知识存量（Li et al.，2008）[265]。企业资金分为"标准资源"和"冗余资源"。标准资源是指当期在标准运行策略下分配到项目运作中的资源（Garcia et al.，2003）[135]。冗余资源是扣除维持生产、创新活动成本后形成的资源池（Nohria & Gulati，1996）[266]。

建筑企业下游服务化战略成功需要正确的知识开发与知识利用实施策略。企业可获得的资源其竞争者也可获得（Barney，1991）[267]，资源共可获性无法解释企业间财务绩效差异。而真正原因在于企业分配和利用资源的实施策略，企业通过控制资源分配策略来应对市场变化和形成竞争优势（Dierickx & Cool，1989）[268]。从知识开发和知识利用的视角分析，下游服务化实施策略体现为对工程建造和下游服务间领域双元问题的解决，两大业务单元内知识开发与知识利用策略需要协同。

综上，基于业务维、服务化维以及组织学习维，构建建筑企业下游服务化提升财务绩效的策略研究模型，如图 3-6 所示。下游服务化知识开发和知识利用的实施策略可分为：

① 二元性策略（图 3-6 中的 a、b）。建筑企业在工程建造领域、下游服务领域内都同时进行知识开发和知识利用。该策略中，知识开发和知识利用的权衡问题和矛盾关系将特别突出（Gupta et al.，2006）[132]，因此其资源分配平衡机制是问题的关键。理论上二元性策略可达到良好的绩效结果，具有较好的环境变化适应性。

② 单一性策略（图 3-6 中的 c、d）。建筑企业在工程建造领域、下游服务领域内同时都只实施知识开发策略，或者只实施知识利用策略。理论上该策略不能避免企业近、远期绩效的失衡，对环境变化的适应性较差。

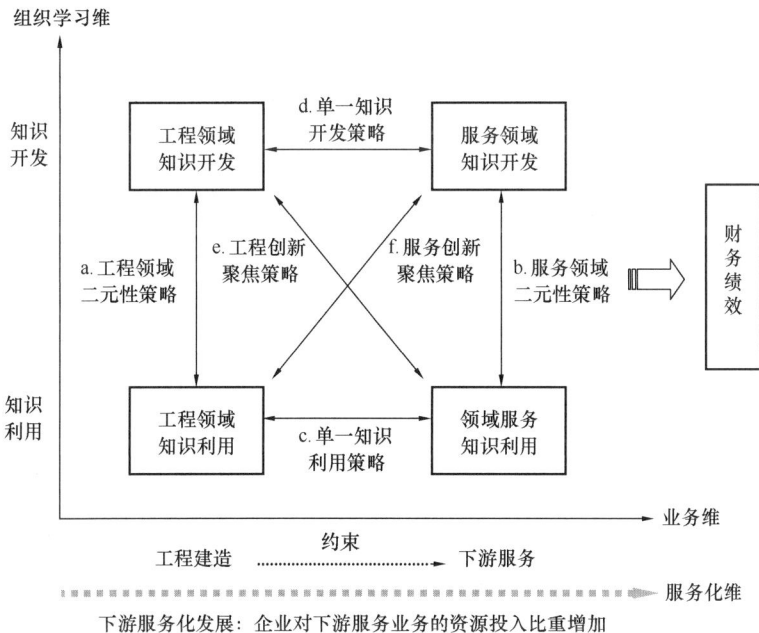

图 3-6　下游服务化财务绩效提升策略的概念模型

③ 交叉性策略（图 3-6 中的 e、f）。建筑企业在工程建造领域实施知识开发并同时在下游服务领域实施知识利用，即工程创新聚焦策略；建筑企业在工程建造领域实施知识利用并同时在下游服务领域实施知识开发，即服务创新聚焦策略。理论上交叉性策略使得战略业务领域之间能形成一定互补，对环境变化有一定适应性。

其中，单一性策略和交叉性策略可以看作二元性策略的特殊情况。

企业可在不同业务领域内的战略选择将集成为组织整体层面的战略导向（Abernathy & Clark，1985；Burgelman，2002）[269，270]。有关是否二元性策略比单一性策略更容易成功的问题（Van Looy et al.，2005）[271]，将在该部分研究中得到检验。

（2）关键影响因素

① 企业规模和年龄。一般来说，规模较大的成熟型企业由于拥有较多的资源、能力和经验积累而更可能成功实施服务化，而年轻的小型企业就缺乏必要的资源和能力（Siggelkow & Rivkin，2006）[272]；即便拥有了这样的资源和能力，实现其后续效益也需要时间（Van Looy et al.，2005）[271]。企业规模主要体现为企业每一分析周期可支配的资源规模，而企业年龄主要体现为企业分析期初始可支配的已积累的资源规模。

② 外部市场环境。市场扰动、技术变化以及竞争程度对企业产生重要的影响。市场扰动体现客户对产品的偏好变化，原有知识并非必然过时，但新产品更具有让客户重视的特质（Hanvanich et al.，2006）[273]，老产品盈利能力下降。技术波动是产品或过程的基础技术发生了变化（Hanvanich et al.，2006）[273]，使得现有技术过时而直接消减了企业知识存量。竞争强度是指组织与其他方在有限资源竞争方面维持零和关系的可能性程度（Barnett，1997）[274]，竞争增强导致价格下降、利润紧缩和组织冗余资源减少（Porter，1980）[275]。

③ 吸收能力。吸收能力（Absorptive Capability）是企业衡量、吸收和应用新知识的能力（Cohen & Levinthal，1990）[117]。它对企业创新和绩效直接或间接地产生重要影响（Zou Bo et al.，2013）[276]。吸收能力分为潜在吸收能力（Potential Absorptive Capacity）和实现吸收能力（Realized Absorptive Capacity）（Zahra & George，2002）[277]。前者是获取和吸收知识的能力，通过影响知识存量而间接影响财务绩效；后者是利用知识获利的能力，直接影响企业绩效。

④ 知识转移成本。知识转移是指一个单位（如群组，部门或分部）的知识与经验影响另一个单位的过程（Linda & Paul，2000）[255]。对于知识转移成本的构成，张喜征（2007）[278]基于认为主要包括：学习成本、搜索成本、转移双方的信任关系和知识距离。因此，项目建造阶段向运行使用阶段的知识转移，即便在同一企业内比在不同企业间进行更有效率，由于其需要组织学习（Swee，2002）[256]也会存在成本问题。

3.3.5 分析框架总结

旨在从知识开发和知识利用的视角考察建筑企业下游服务化提升企业财务绩效的

内在机理，分析框架设计总结如图 3-7 所示。

同时，本书采用了一套综合的方法体系：数学建模、结构方程与仿真模拟相结合。这种方式既可以提高实证研究的理论严谨性，又可以突破单一方法研究的局限性。特别是通过问卷实证分析与仿真模拟研究的结合，实现了"研究模式的匹配"（Campbell，1975）[279]——实证分析模式和仿真预测的对比与结合（Yin，1994）[280]，这是许多学者所支持的（Gulati et al.，2000）[281]。

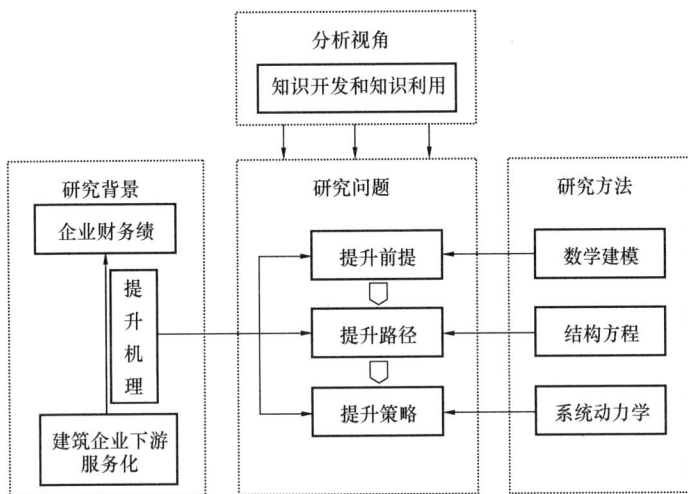

图 3-7　基于知识开发和知识利用的分析框架

3.4　小　　结

本章在分析建筑企业下游服务化内在机理的基础上，引入了知识开发和知识利用的理论分析视角，对建筑企业下游服务化提升财务绩效的前提、路径与策略进行了分析框架设计，总领后续研究。

第 4 章　下游服务化财务绩效的提升前提研究

建筑企业下游服务化提升财务绩效的前提是企业开展或提供了下游设施管理服务业务，只有满足这一前提才能探讨下游服务化对企业财务绩效的影响问题。而这一前提的实质是下游服务化的边界问题，即工程建造和设施管理在什么条件下可以由建筑企业一同承担 (Leiringer & Bröchner, 2010)[34]。当前学者的研究多以建筑业企业提供下游服务可改善企业财务绩效为假定前提，关注服务化实施所要解决的问题，对于什么条件下企业可以提供下游服务这一重要问题还缺少深入的理论研究予以证明 (Lind & Borg, 2010)[11]。对此，Hart (2003)[180]认为问题关键不是融资和产权而是合约总费用。基于此，本章以最小化任务成本为准则，基于顺序任务集成采购决策模型，以工程建造、设施管理两阶段间的知识开发和知识利用关系为主线，构建任务成本函数来分析建筑企业下游服务化提升财务绩效的前提。

4.1　模　型　建　立

Hart (2003)[180]的不完全合同理论为研究工程建造和设施管理两大任务分别委托和集成委托的模式比较提供了有效的数学建模分析框架。Hart 认为，集成模式下承包商在建造阶段更有增加改进投资的意愿，因为这样可以有效地降低运行阶段的成本费用；而传统模式下承包商则没有这种激励，因为后续运营是另外一家企业负责。本章基于 Hart (2003)[180]的不完全合同理论分析视角对下游服务化财务绩效的提升前提条件进行数学建模研究。

根据第 3 章设计的下游服务化财务绩效的提升前提分析框架，采用从知识开发和知识利用的视角，基于两阶段任务集成采购决策模型 (Li & Yu, 2010)[282]建模。其中，工程建造、设施管理两阶段间的知识开发和知识利用关系为：工程建造阶段的知识开发和知识利用创新，不仅降低建造成本，也将对设施管理成本产生外部性影响；设施管理服务需要工程建造知识的支持，工程建造知识转移至设施管理阶段发生知识转移成本。

4.1.1　模型假设

（1）模式选择

将项目任务抽象划分为顺序的两阶段任务：任务 1 是工程建造，包括了设计和施工；任务 2 是项目运行使用阶段的设施管理。基于此，业主可以选择两种模式进行项目任务的委托：传统模式和下游服务化模式。前者是业主委托建筑企业承担第一阶段任务，再委托另外一家企业承担第二阶段任务，业主需进行两次委托。后者是由一家建筑企业集成承担两阶段任务。关于委托方式，本书统一假设为第一价格密封招标。

为便于描述分析，将业主称为委托人，各阶段任务承担者称为代理人。另外，假设代理人任何知识创新活动不可观测和不可合同约定，这通常会存在道德风险的问题。

（2）时序信息

假设在第一阶段竞标时，代理人比委托人拥有更多的关于任务 1 成本的专业知识和私人信息，因而代理人将获得信息租金。但当任务 1 市场竞争加剧时，代理人在该阶段的信息租金将减少。

假设关于第二阶段任务 2 的成本只有在第二阶段时才知道，第一阶段的代理人仅知道任务 1 的成本，代理人只能在第二阶段观察到任务 2 的成本信息。那么，传统模式下任务 2 将会选到最有效率的代理人，而下游服务化模式下选出的代理人执行任务 2 只能实现平均水平，从而产生第二阶段的一种效率损失。然而，传统模式下代理人拥有更多的任务 2 私人信息，信息租金将属于中标者而对委托人不利。在任务 2 市场竞争程度较高的情况下，下游服务化模式的效率损失加剧，而传统模式下代理人可获得的信息租金减少，于是传统模式更具吸引力。时序信息的这种特点，使得在第二阶段有大量竞争者、竞争强度较高的情况下，委托人更倾向于传统模式；相反情况下，则倾向于下游服务化模式。

（3）外部性影响

假设任务 1 中的知识开发和知识利用产生的创新会影响到任务 2 的设施管理成本。那么，下游服务化模式可视为一种外部性的内部化机制：当存在正外部性时，第一阶段采取高创新努力可以有效降低第二阶段任务成本；当存在负外部效应时，代理人将不进行创新努力以规避第二阶段的内部化。外部性内部化是否影响下游服务化模式的选择，也取决于外部性是正向还是负向。

（4）创新激励

委托人可以在第一阶段、第二阶段都给予代理人激励，以刺激代理人进行创新来降低任务成本。在正外部性情况下，下游服务化模式与传统模式相比：①第一阶段的激励。委托人只需给第一阶段代理人较低的激励；这是因为，外部性内部化已给代理人进行了激励刺激。②第二阶段的激励。第二阶段发生的奖励，传统模式下仅能激励第二阶段，而下游服务模式下则能同时激励两阶段；正外部性效应越积极，第二阶段奖励在下游服务化模式下的作用强度更大。

（5）知识转移成本

承担第一阶段任务的代理人（建造方）对工程项目最了解，建造过程积累的知识对设施管理成本的影响体现在多方面：可以更好地估测运行中可能发生的问题以及维护费用，进行全生命周期的成本优化；更好地降低运行维护费用和减少不必要投资；当具体问题发生时，可高效率、低成本地解决。由于工程项目的复杂性、个性化等特点以及专业知识背景等，工程建造知识转移到第三方设施管理企业的成本是较高的。但是，当工程项目技术简单、同类项目较多、行业垄断性差和标准化程度高时，则知识转移成本会降低。在下游服务化模式下，建造知识在建筑企业内部转移时成本较小；在传统模式下，不同企业间转移时发生知识转移成本较大，此时设施管理方要通过学习有关建造过程的各种形式的资料。尽管可以通过信息技术的手段，如 BIM 等，可降低知识转移成本，但并不能完全解决该问题，特别是针对隐性知识。因此，当传统模式下知识转移成本很大时，任务 2 的实施成本增加，业主将倾向于下游服务化模式。

（6）市场竞争程度

假设 N_1 个建筑业企业可以承担建造任务，N_2 个专业服务企业可以承担设施管理任务，且 $N_1 < N_2$（即假设存在更多地可竞争提供运行阶段服务的企业）。在下游服务化模式下，可竞争的企业数量等于 N_1。这样，N_2 代表任务 2 市场竞争程度，N_1 代表了下游服务化模式下市场竞争程度。在下游服务化模式市场竞争强度较高的情况下，两种模式下第一阶段中标者的信息租金都会减少。随着激励强度的增加，可减少的信息租金越来越多，传统模式便更具优势。

4.1.2 模型设计

假设业主要委托一个包含工程建造（包括设计和施工）、设施管理两阶段任务的项目，该项目因有良好经济与社会效益而具有实施的必然性，那么业主的目标是要最小化支付给承包商的合同费用。模型设计的目的就是要回答在什么条件下选择下游服务化模式。

建筑行业市场上有 N_1 家企业可以竞争工程建造任务，N_2 家企业可以竞争设施管理任务，先假设 $N_1 < N_2$（$N_1 > N_2$ 的情况后面也会讨论）。在传统模式下，工程建造方和设施管理方是各自独立的实体。在下游服务化模式下，承担全部任务的建筑企业可看作是建造方和设施管理方的集成体，于是市场上可以竞争企业数量为 N_1。假设所有的代理人和业主都是风险中性的。

在第一阶段，代理人付出努力完成建造任务，其成本是式（4-1）。

$$c_1 = \theta_1 - e_1 \tag{4-1}$$

其中，θ_1 代表承担建造任务的代理人的成本，e_1 代表该代理人的成本节省创新努力。$\theta_1^{n_1}$ 代表代理人 $n_1 \in \{1,2,\cdots,N_1\}$ 的成本。假定 $\theta_1^{n_1}s$ 独立地来自于相同分布：在 $[\underline{\theta_1}, \overline{\theta_1}]$ 区间上的积累分布函数 $F_1(\cdot)$，可微密度函数 f_1。

在第二阶段，代理人付出努力完成设施管理任务，其成本是式（4-2）。

$$c_2 = \theta_2 - e_2 - \delta e_1 + TR \tag{4-2}$$

其中，θ_2 代表承担建造任务的代理人的成本，e_2 代表该代理人的成本节省创新努力。同样地，$\theta_2^{n_2}s$ 独立地来自于相同分布：在 $[\underline{\theta_2}, \overline{\theta_2}]$ 区间上的积累分布函数 $F_2(\cdot)$，可微密度函数 f_2。此外，$\theta_1^{n_1}s$ 和 $\theta_2^{n_2}s$ 是相互独立的。其中，$F_t(\theta_t^{n_t})$ 满足单调风险率性质：$\dfrac{F_t(\theta_t^{n_t})}{f_t(\theta_t^{n_t})}$ 是递增的，$t=1,2$。

创新努力 e_t 花费成本 $\psi(e_t)$，且 $\psi'(e_t)>0$，$\psi''(e_t)>0$，$\psi'''(e_t)\geqslant0$，对所有的 $e_t>0$ 和 $t=1,2$。假设 $\psi'(0)=0$，$\psi''(0)=0$，$\psi'''(0)=0$。在下游服务化模式下，这些负效用函数是可加的，即总创新努力成本为 $\psi(e_1)+\psi(e_2)$。

知识转移成本 $TR\geqslant0$。假设 $TR=tr(c_1)>0$，TR 是 c_1 的递增函数：$TR=q(\theta_1-e_1)$，即知识转移成本随着代理人建造成本与创新成本节约努力之差的增加而增加。假设在传统模式下有 $TR^u=q^u(\theta_1-e_1)$，在下游服务化模式下有 $TR^b=q^b(\theta_1-e_1)$；通常情况下有 $TR^u>TR^b$ 即 $q^u>q^b$，也就是说下游服务化模式下由于是由同一家企业承担两阶段任务，其知识转移应该比传统模式下更有效率，转移成本要低得多。

假设 $\theta_1^{n_1}s$ 和 $\theta_2^{n_2}s$ 分别代表代理人 n_1 和 n_2 的私人信息；e_t 是不可观测和不可合同约定的；c_t 是可观测和可合同约定的，$t=1,2$。

δ 代表第一阶段创新对第二阶段的外部性关系（虽然本书主要说的是成本节省活动，但另一面也可反映第一阶段的质量提升带来的效益）。正的 δ 代表正外部效应，负的 δ 代表负外部效应。正外部性的情况，例如建造阶段的创新活动（如某项创新技术或技术优化）降低了设施管理阶段的成本费用。负外部效应的情况，例如建造阶段代理人采用了某项技术创新能降低建造成本，但此项创新可能因需要第二阶段的代理人学习新的技能或掌握新的工艺过程或当初未曾发现的技术缺陷而导致成本的上升。又如工程建造过程追求建筑产品所谓档次过于先进和复杂的设计方案，导致运行成本的急剧上升。进一步，为了确保第一阶段的创新努力是符合社会期望的，δ 的负值不能取得过低，有如下假设：

假设 1：$\delta>-1$

假设代理人 n_1 在第一阶段观测到 $\theta_1^{n_1}$，$\theta_2^{n_2}$ 只能被代理人在第二阶段观测到。这是因为两种模式下，设施管理阶段的成本确定需要一些特定信息，如建筑物建成后的实际空间数据、物理特性、质量特征、运行投入以及建成后可获得的技术支持等。这些信息中很重要的一部分就是需要通过建造知识的转移而获得，而且这些信息是在工程建造初始阶段所得不到的。所以，假设第二阶段的成本只能当第一阶段完成后才能被估测。

委托人的委托方式有两种：下游服务化模式和传统模式。下游服务化模式下，委托人将两阶段任务委托给一家建筑企业；传统模式下，建筑企业承担第一阶段任务，第二阶段任务由另一家企业承担，委托人分两次独立委托。委托方式假设为第一价格密封招标，出价最低的竞标者获得委托合同。

（1）阶段划分

下游服务化模式和传统模式对比分析所依据的时序阶段划分如图 4-1 所示。

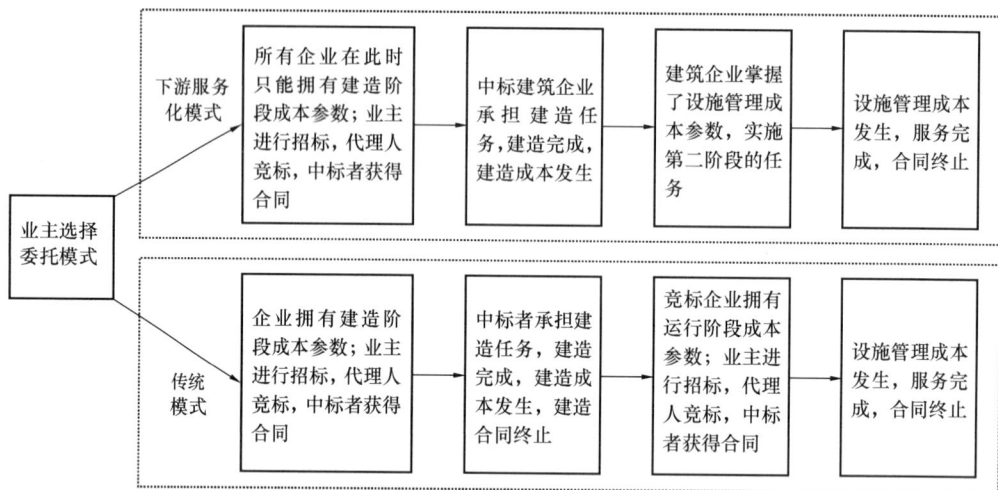

图 4-1　下游服务化模式和传统模式的阶段划分

（2）合同

基于 McAfee & McMillan（1986）[283] 合同表达，本书仅考虑最普通的线性合同（连续合同）。对于传统模式来说，t 阶段的合同为：

$$t(b_t, c_t) = b_t + \alpha_t c_t$$

b_t 是中标者的投标要价，c_t 是发生的事实成本，$t(b_t, c_t)$ 是 t 阶段支付给中标者的合同额（即最终付款总额），$t = 1,2$。也就说，除了中标者的投标要价，业主还会支付一定比例的事实成本：如果 $\alpha_t = 0$，签订的是固定价格合同；如果 $\alpha_t = 1$，签订的是成本加利润合同。$1 - \alpha_t$ 可看作是激励机制的刺激强度，因为代理人的努力程度随着刺激强度的增加而增加。将限定在 $\alpha_t \leqslant 1$ 的条件范围内；否则，代理人的净收益将随着事实成本的增加而增加，这样代理人将总是要扩大成本。另外，注意到允许 $\alpha_t < 0$，在这种情况下的合同即所谓的强权合同（Lewis & Sappington，1997）[284]。

对于下游服务化模式来说，合同为

$$t(b, c_1, c_2) = b + \alpha_1 c_1 + \alpha_2 c_2$$

b 是中标者的投标报价，c_t 是 t 阶段的事实成本，$t = 1,2$。

4.1.3　基准模型

假设创新努力程度 e_1、e_2 以及私人信息 θ_1、θ_2 可被观测和可以合同约定，知识转移成本 TR 为 0。也就是说，业主选择传统模式，在 t 阶段业主委托具有最低成本 θ_t 的代理人实施任务 t；业主使用强权合同得到最优努力投入。中标的代理人得到能补偿他们各自努力成本的固定报酬。最优创新努力 e_1^* 和 e_2^* 等于努力的边际成本和边际效益为式（4-3）和式（4-4）。

$$\psi'(e_1^*) = 1 + \delta \tag{4-3}$$

和

$$\psi'(e_2^*) = 1 \tag{4-4}$$

在完全信息下，业主永远不会选择下游服务化模式。这是因为存在效率损失，因为有关 θ_2 的信息依然不能获得，业主不可能在第一阶段就选出最优的设施管理承担方。接下来，分别讨论采用两种模式下代理人的最优策略和委托人的预期支付总费用，然后通过两种模式比较得出结论。

4.2　传统模式分析

4.2.1　传统模式下代理人最优策略

（1）第 1 阶段代理人的最优策略

选中完成任务 1 的具有成本参数 θ_1 的代理人，其效用函数可表述为式（4-5）。

$$\begin{aligned}
\pi_1(\theta_1, b_1) &= b_1 + \alpha_1 c_1 - c_1 - \psi(e_1) \\
&= b_1 - (1 - \alpha_1)\theta_1 + (1 - \alpha_1)e_1 - \psi(e_1)
\end{aligned} \tag{4-5}$$

求最大值得出 $\psi'(e_1) = 1 - \alpha_1$，并由此得出 $e_1 = \psi'^{-1}(1 - \alpha_1)$。因此，委托人对分配比率 α 的选择决定了代理人成本节约活动的选择。由委托人支付的费用份额越大，用于追求更低成本的努力越小。

合同获得的方式为第一价格密封拍卖。我们假设这一竞标博弈的对称纳什均衡存在，每一个代理人的投标函数为 $B_1(\cdot)$，且是严格单调的。代理人具有成本参数 θ_1，并做出投标 b_1。假定所有其他投标人都使用投标函数 $B_1(\cdot)$ 的情况下，该投标人提交最低标底的可能性等于 $[1 - F_1(B_1^{-1}(b_1))]^{N_1-1}$。因此，该代理人的事前期望效用为：

$$E\pi_1(\theta_1, b_1) = [1 - F_1(B_1^{-1}(b_1))]^{N_1-1}\pi_1(\theta_1, b_1)$$

代理人的问题是选择 b_1 最大化上述期望效用，一阶求导得出：

$$(N_1 - 1)f_1(B_1^{-1}(b_1))\frac{\pi_1(\theta_1, b_1)}{B'(B_1^{-1}(b_1))} = [1 - F_1(B_2^{-1}(b_1))]$$

在均衡点，我们有 $b_1 = B_1(\theta_1)$；令 $\pi_1(\theta_1) = \pi_1(\theta_1, B_1(\theta_1))$，将它们带入上述一阶条件得出：

$$\frac{B'_1(\theta_1)}{\pi_1(\theta_1)} = \frac{(N_1 - 1)f_1(\theta_1)}{1 - F_1(\theta_1)}, \quad \theta_1 \in [\underline{\theta_1}, \overline{\theta_1}] \tag{4-6}$$

结合式（4-5）和式（4-6），我们得出：

$$\frac{d\pi_1(\theta_1)}{d\theta_1} = \frac{(N_1 - 1)f_1(\theta_1)}{1 - F_1(\theta_1)}\pi_1(\theta_1) - (1 - \alpha_1)$$

解微分方程，得：

$$\pi_1(\theta_1) = (1 - F_1(\theta_1))^{-(N_1-1)}\left(K + (1-\alpha_1)\int_{\theta_1}^{\overline{\theta_1}}(1-F_1(s))^{(N_1-1)}ds\right) \quad (4\text{-}7)$$

其中，K 为常数项。因为 $\pi_1|_{\theta=\overline{\theta}}=0$，所以 $K=0$。π_1 表示信息租金，代表中标者从信息优势中获取的收益。

注意到 $\pi_1(\theta_1)$ 随着激励 $1-\alpha_1$ 递增。从代理人的视角，委托人承受了一定份额的实际成本等于说是所有的代理人具有成本 $(1-\alpha_1)\theta_1$。低的激励意味着每个代理人的成本具有更加集中的分布，于是信息租金也就更少。在 $(1-\alpha_1)$ 趋近于 0 的极端情况下，所有代理人几乎拥有相同的成本，因此获取的信息租金趋向于 0。

综合式（4-7）和式（4-5），我们得到投标的策略如式（4-8）。

$$B_1(\theta_1) = (1-\alpha_1)\left((1-F_1(\theta_1))^{-(N_1-1)}\int_{\theta_1}^{\overline{\theta_1}}(1-F_1(s))^{(N_1-1)}ds + \theta_1\right)$$
$$+ (\psi(e_1) - (1-\alpha_1)e_1) \quad (4\text{-}8)$$

其中，$e_1 = \psi'^{-1}(1-\alpha_1)$。

式（4-8）所给出的投标函数是关于 θ_1 严格单调的，符合模型设计期望。投标策略的第一项反映了逆向选择效应，随着 α_1 增大而递减：委托人承担更多的成本费用额度，投标人的投标策略就更具冒险性。第二项反应的是投标人从成本节约活动中获得的收益；这是所有投标者所期望的，竞争使委托人能够充分地从中获益。

（2）第 2 阶段代理人的最优策略

第二阶段与第一阶段的情况重复。因此，使用与第 1 阶段相同的技术推导过程，得到期望效用与投标函数的均衡点如式（4-9）、式（4-10）。

$$\pi_2(\theta_2) = (1-\alpha_2)(1-F_2(\theta_2))^{-(N_2-1)}\int_{\theta_2}^{\overline{\theta_2}}(1-F_2(s))^{(N_2-1)}ds \quad (4\text{-}9)$$

$$B_2(\theta_2) = (1-\alpha_2)\left((1-F_2(\theta_2))^{-(N_2-1)}\int_{\theta_2}^{\overline{\theta_2}}(1-F_2(s))^{(N_2-1)}ds + \theta_2\right)$$
$$+ (\psi(e_2) - (1-\alpha_2)e_2) - \delta(1-\alpha_2)e_1 + (1-\alpha_2)TR^u \quad (4\text{-}10)$$

其中 $e_1 = \psi'^{-1}(1-\alpha_1)$，$e_2 = \psi'^{-1}(1-\alpha_2)$。

证明过程： 与第一阶段的情形相类似，成本为 θ_2 且承担任务 2 的代理人的效用函数为：

$$\pi_2(\theta_2, b_2) = b_2 + \alpha_2 c_2 - c_2 - \psi(e_2)$$
$$= b_2 - (1-\alpha_2)\theta_2 + (1-\alpha_2)e_2 + \delta(1-\alpha_2)e_1 - \psi(e_2)$$

其中，我们应用了式（4-2）的结论。以 $\pi_2(\theta_2, b_2)$ 最大化对 e_2 求导，可得 $\psi'(e_2) = 1-\alpha_2$，则 $e_2 = \psi'^{-1}(1-\alpha_2)$。

第二阶段的合同通过第一价格密封竞标的方式获得。同样，考虑对称纳什均衡中，每一个代理人的标的由一个严格单调的函数 $B_2(\bullet)$ 给出。假设其他所有的代理人均遵循同样的标的函数 $B_2(\bullet)$，成本为 θ_2、标的为 b_2 的代理人所获得事前预期效用为：

$$E\pi_2(\theta_2, b_2) = [1 - F_2(b_2^{-1}(b_2))]^{N_2-1}\pi_2(\theta_2, b_2)$$

最大化上述表达式的最优标的 b_2 为 $b_2 = B_2(\theta_2)$，将此代入上式得出的一阶条件并将 $\pi_2(\theta_2)$ 表示为 $\pi_2(\theta_2) = \pi_2(\theta_2, B_2(\theta_2))$，那么可得：

$$\frac{B'_2(\theta_2)}{\pi_2(\theta_2)} = \frac{(N_2-1)f_2(\theta_2)}{1-F_2(\theta_2)}, \theta_2 \in [\underline{\theta}_2, \bar{\theta}_2]$$

求解上述微分方程，与第一阶段的情形相类似，可以得到每个投标人期望效用函数 $\pi_2(\cdot)$ 和均衡报价函数 $B_2(\cdot)$：

$$\pi_2(\theta_2) = (1-\alpha_2)(1-F_2(\theta_2))^{-(N_2-1)}\int_{\theta_2}^{\bar{\theta}_2}((1-F_2(s))^{(N_2-1)})ds$$

$$B_2(\theta_2) = (1-\alpha_2)\Big((1-F_2(\theta_2))^{-(N_2-1)}\int_{\theta_2}^{\bar{\theta}_2}((1-F_2(s))^{(N_2-1)})ds + \theta_2\Big)$$
$$+ (\psi(e_2)-(1-\alpha_2)e_2) - \delta(1-\alpha_2)e_1 + (1-\alpha_2)TR^u$$

其中，$e_1 = \psi'^{-1}(1-\alpha_1)$、$e_2 = \psi'^{-1}(1-\alpha_2)$。

证毕。

$B_2(\theta_2)$ 表达式中除了积分项以外有三部分：

第一项 $\psi(e_2)-(1-\alpha_2)e_2$ 表示：随着 α_2 的减小，委托人的激励程度降低带来代理人的成本压力上升，继而导致报价的提高。

第二项 $\delta(1-\alpha_2)e_1$ 表明：第一阶段努力对第二阶段的费用具有外部性影响。注意到 e_1 完全是由第一阶段的合同所决定，因为合同是公开的，所以每一个投标人都能够正确推断出 e_1，即使它是不可直接观察到的。因此，他们将因该固定部分而降低标价，以至于具有成本参数 θ_2 的代理人也只能获得 0 收益。

第三项 $(1-\alpha_2)TR^u$ 表明：知识转移成本也是代理人必然考虑的重点，但委托人可以通过提高激励程度来相应抵消知识转移成本的影响。总之，从 $B_2(\theta_2)$ 表达式可以看出，委托人的激励程度直接影响了代理人的报价。

4.2.2 传统模式下的期望付款总额

如果具有成本参数 θ_t 的代理人中标，委托人给出的报酬为 $(b_t(\theta_t)+\alpha_t c_t)$，$t$ 阶段的期望付款总额为：

$$\tau_t = N_t\int_{\underline{\theta}_t}^{\bar{\theta}_t}(b_t(\theta_t)+\alpha_t c_t)(1-F_t(\theta_t))^{(N_t-1)}f_t(\theta_t)d\theta_t, t=1,2 \tag{4-11}$$

引理 1　传统模式下的付款总额表示为

$$\tau^u \equiv \tau_1 + \tau_2$$
$$= \sum_{t=1}^{2}E\theta_{t\min} + \sum_{t=1}^{2}(1-\alpha_t)E\frac{F_t}{f_t}(\theta_{t\min}) -$$
$$\{(N_1+N_2\delta)e_1 - N_1\psi(e_1) + N_2[e_2-\psi(e_2)]\} + N_2 TR^u \tag{4-12}$$

其中 $\theta_{t\min} = \min(\theta_t^1\cdots\theta_t^N)$，$t=1,2$，$e_1 = \psi'^{-1}(1-\alpha_1)$，$e_2 = \psi'^{-1}(1-\alpha_2)$

证明过程： 将 $B_1(\theta_1)$、$B_2(\theta_2)$、c_1 以及 c_2 的表达式代入式（4-11），可得

$$\tau^u \equiv \tau_1 + \tau_2$$

$$= \sum_{t=1}^{2} N_t \int_{\underline{\theta}_t}^{\bar{\theta}_t} (b_t(\theta_t) + \alpha_t c_t)(1-F_t(\theta_t))^{(N_t-1)} f_t(\theta_t) d\theta_t$$

$$= \sum_{t=1}^{2} (1-\alpha_t) N_t \int_{\underline{\theta}_t}^{\bar{\theta}_t} \int_{\theta_t}^{\bar{\theta}_t} (1-F_t(s))^{(N_t-1)} ds f_t(\theta_t) d\theta_t$$

$$+ \sum_{t=1}^{2} N_t \int_{\underline{\theta}_t}^{\bar{\theta}_t} \theta_t (1-F_t(\theta_t))^{(N_t-1)} f_t(\theta_t) d\theta_t$$

$$+ N_1 \psi(e_1) - N_1 e_1 + N_2 \psi(e_2) - N_2 e_2 - N_2 \delta e_1 + N_2 TR^u$$

注意：$\theta_{t\min}$ 的概率密度函数是 $N_t(1-F_t(\theta_t))^{(N_t-1)} f_t(\theta_t)$，则有

$$N_t \int_{\underline{\theta}_t}^{\bar{\theta}_t} \theta_t (1-F_t(\theta_t))^{(N_t-1)} f_t(\theta_t) d\theta_t = E\theta_{t\min}$$

另外，分部积分可得

$$N_t \int_{\underline{\theta}_t}^{\bar{\theta}_t} \int_{\theta_t}^{\bar{\theta}_t} (1-F_t(S))^{(N_t-1)} ds f_t(\theta_t) d\theta_t$$

$$= N_t \int_{\underline{\theta}_t}^{\bar{\theta}_t} F_t(\theta_t)(1-F_t(\theta_t))^{(N_t-1)} d\theta_t$$

$$= E\frac{F_t}{f_t}(\theta_{t\min})$$

这样，总的支付函数可以重新表述为：

$$\tau^u = \sum_{t=1}^{2} E\theta_{t\min} + \sum_{t=1}^{2} (1-\alpha_t) E\frac{F_t}{f_t}(\theta_{t\min})$$

$$- \{(N_1+N_2\delta)e_1 - N_1\psi(e_1) + N_2[e_2-\psi(e_2)]\} + N_2 TR^u$$

证毕。

总付款包括三部分。第一部分是中标者的期望外生费用；第二部分是获胜者的期望信息租金，由于代理人具有私人信息，这部分应是严格正向的；第三部分是从成本节约活动中的获益，随着 N_2 的增大投标人间的竞争能够使委托人充分地从中获益。第四项说明知识转移成本越大，委托人支付的成本越高；特别的，随着 N_2 的增加，投标者们更愿意把知识转移成本外化给委托人。

4.2.3 传统模式总结分析

假设折现系数为零，非零折现系数不会影响分析结果。委托人的问题是：

$$\min_{\{\alpha_1 \leqslant 1, \alpha_2 \leqslant 1\}} \tau^u$$

设 α_1^u 和 α_2^u 成为上述最小化问题的解，容易验证存在唯一内部解，其一阶条件如式（4-13）和式（4-14）。

$$0 = \frac{\alpha_1^u + \delta}{\psi''(\psi'^{-1}(1-\alpha_1^u))} - E\frac{F_1}{f_1}(\theta_{1\min}) + \frac{q^u}{\psi''(\psi'^{-1}(1-\alpha_1^u))} \tag{4-13}$$

$$0 = \frac{\alpha_2^u + \delta}{\psi''(\psi'^{-1}(1-\alpha_2^u))} - E\frac{F_2}{f_2}(\theta_{2\min}) \tag{4-14}$$

对于式（4-13）和式（4-14）的 RHS（右侧项）：第一项是道德风险效应。为了理解道德风险效应，注意到代理人活动 e_1 的社会回报为 $(1+\delta)e_1 - \psi(e_1)$。对社会回报求 α_1 的微分（注意 $e_1 = \psi'^{-1}(1-\alpha_1)$），得到式（4-13）的 RHS 的第一项。因为该部分对所有的代理人都是一致的，不管其成本如何，委托人都能获取其全部。第二项是信息租金效应。信息租金效应是指所有其他条件都一样的前提下，如果委托人支付大多数的事实费用份额，中标者的信息租金将更少。因此，要在提供激励（需要 α_t 尽可能小）和减少信息租金（需要 α_t 尽可能大）之间寻找均衡。式（4-13）中第三项是指，由于第 1 阶段代理人成本节约活动 e_1 所导致的知识转移成本 TR^u 的缩减，其推导过程同道德风险效应。总结如下命题：

命题 1　在传统模式下，随着 q^u 的增大，第 1 阶段向第 2 阶段的知识转移成本增大，委托人需提高激励程度 $(1-\alpha_1)$，以刺激代理人提高成本缩减的努力程度 e_1 来降低知识转移成本 TR。

证明　由式（4-13）变换得：

$$\frac{\alpha_1^u + \delta + q^u}{\psi''(\psi'^{-1}(1-\alpha_1^u))} = E\frac{F_1}{f_1}(\theta_{1\min})$$

$$\alpha_1^u + \delta + q^u = E\frac{F_1}{f_1}(\theta_{1\min})\psi''(\psi'^{-1}(1-\alpha_1^u))$$

$$E\frac{F_1}{f_1}(\theta_{1\min})\psi''(\psi'^{-1}(1-\alpha_1^u)) - \alpha_1^u - \delta = q^u$$

观察上面等式的两侧，很容易得出，随着 q^u 的增大，α_1 将减小。

4.3　下游服务化模式分析

4.3.1　下游服务化模式下代理人最优策略

成本参数为 θ_1 的中标代理人的期望效用：

$$\begin{aligned}
\pi^b(\theta_1, b) &= E[t(b,c_1,c_2) - c_1 - c_2 - \psi(e_1) - \psi(e_2)] \\
&= b - (1-\alpha_1)\theta_1 + [(1-\alpha_1) + (1-\alpha_2)\delta e_1 - \psi(e_1)] \\
&\quad - (1-\alpha_2)E\theta_2 + [(1-\alpha_2)e_2 - \psi(e_2)] - (1-\alpha_2)TR^b
\end{aligned}$$

期望值要依据 θ_2 而定，因为代理人在竞标过程中没有 θ_2 的相关信息。对 e_1 和 e_2 求 $\pi^b(\theta_1, b)$ 的最大值，得：$e_2 = \psi'^{-1}(1-\alpha_2)$，$e_1 = \psi'^{-1}(1-\alpha_1 + \delta(1-\alpha_2))$。注意到合同一旦提供，$e_2$ 的选择便不再依靠 θ_2。因此，在中标者获得 θ_2 的附加信息后，第 2 阶

段的最优努力保持不变。

类似传统模式的情况，下游服务化模式的合同在 N_1 个代理人中通过第一价格密封竞标的方式签订。应用相同的技术，期望效用和投标函数如下：

$$\pi^b(\theta_1) \equiv \pi^b(\theta_1, B(\theta_1))$$

$$= (1-F_1(\theta_1))^{-(N_1-1)}(1-\alpha_1)\int_{\theta_1}^{\overline{\theta}_1}(1-F_1(s))^{(N_1-1)}ds$$

$$B(\theta_1) = (1-\alpha_1)\left((1-F_1(\theta_1))^{-(N_1-1)}\int_{\theta_1}^{\overline{\theta}_1}(1-F_1(s))^{(N_1-1)}ds + \theta_1\right)$$

$$+ \psi(e_1) - [1-\alpha_1+\delta(1-\alpha_2)e_1+\psi(e_2)-(1-\alpha_2)e_2$$

$$+ (1-\alpha_2)E\theta_2 + (1-\alpha_2)TR^b$$

其中，$e_1 = \psi'^{-1}(1-\alpha_1+\delta(1-\alpha_2))$，$e_2 = \psi'^{-1}(1-\alpha_2)$。

证明过程： 假设 $B(\cdot)$ 是对称纳什均衡的最优报价策略。同样，首先假定 $B(\cdot)$ 是 θ_1 的严格单调函数，并在后文予以证明。由于其他竞标者同样遵循这一投标策略，成本为 θ_1、标的为 b 的组合的事前期望效用为：

$$E\pi^b(\theta_1, b) = [1-F_1(B^{-1}(b))]^{N_1-1}\pi^b(\theta_1, b)$$

同样，对 b 求导最大化上述期望效用函数，得到一阶条件为：

$$(N_1-1)f_1(B^{-1}(b))\frac{\pi^b(\theta_1, b)}{B'(B^{-1}(b))} = [1-F_1(B^{-1}(b))]$$

令 $\pi^b(\theta_1) = \pi^b(\theta_1, B(\theta_1))$，将其与 $b = B(\theta_1)$ 代入一阶条件，整理发现，对于所有的 $\theta_1 \in [\underline{\theta}_1, \overline{\theta}_1]$，

$$\frac{B'(\theta_1)}{\pi^b(\theta_1)} = \frac{(N_1-1)f_1(\theta_1)}{1-F_1(\theta_1)}$$

求解上述差分方程，可以得到每一种组合的期望效用函数 $\pi^b(\cdot)$ 以及均衡报价函数 $B(\cdot)$：

$$\pi^b(\theta_1) = (1-F_1(\theta_1))^{-(N_1-1)}(1-\alpha_1)\int_{\theta_1}^{\overline{\theta}_1}(1-F_1(s))^{N_1-1}ds$$

$$B(\theta_1) = (1-\alpha_1)\left((1-F_1(\theta_1))^{(N_1-1)}\int_{\theta_1}^{\overline{\theta}_1}(1-F_1(s))^{N_1-1}ds + \theta_1\right)$$

$$+ \psi(e_1) - [1-\alpha_1+\delta(1-\alpha_2)]e_1 + \psi(e_2) - (1-\alpha_2)e_2$$

$$+ (1-\alpha_2)E\theta_2 + (1-\alpha_2)TR^b$$

其中，$e_1 = \psi'^{-1}(1-\alpha_1+\delta(1-\alpha_2))$、$e_2 = \psi'^{-1}(1-\alpha_2)$。
证毕。

4.3.2 下游服务化模式下的期望付款总额

如果具有费用参数 θ_t 的代理人中标，代理人给出的报酬为 $B(\theta_1) + \alpha_1c_1 + \alpha_2c_2$；

因此，期望付款总额为：

$$\tau^b = N_1 \int_{\underline{\theta}_1}^{\overline{\theta}_1} B(\theta_1) + \alpha_1 c_1 + \alpha_2 c_2 ((1 - F_1(\theta_1))^{-(N_1-1)} f_1(\theta_1) d\theta_1 \tag{4-15}$$

引理 2　下游服务化模式下的总支出表示为

$$\tau^b = E\theta_{1\min} + E\theta_2 + (1 - \alpha_1) E \frac{F_1}{f_1}(\theta_{1\min})$$
$$+ N_1 \psi(e_1) - N_1(1 + \delta)e_1 + N_1 \psi(e_2) - N_1 e_2 + N_1 TR^b \tag{4-16}$$

其中，$e_1 = \psi'^{-1}(1 - \alpha_1 + \delta(1 - \alpha_2))$，$e_2 = \psi'^{-1}(1 - \alpha_2)$。

证明过程：将 $B(\theta_1)$、c_1、c_2 的表达式带入式（4-15）式中得到：

$$\tau^b = N_1 \int_{\underline{\theta}_1}^{\overline{\theta}_1} (B(\theta_1) + \alpha_1 c_1 + \alpha_2 c_2) (1 - F_1(\theta_1))^{N_1-1} f_1(\theta_1) d\theta_1$$

$$= (1 - \alpha_1) N_1 \int_{\underline{\theta}_1}^{\overline{\theta}_1} \int_{\theta_1}^{\overline{\theta}_1} (1 - F_1(s))^{N_1-1} ds f_1(\theta_1) d\theta_1$$

$$+ N_1 \int_{\underline{\theta}_1}^{\overline{\theta}_1} \theta_1 (1 - F_1(\theta_1))^{N_1-1} f_1(\theta_1) d\theta_1$$

$$+ E\theta_2 + N_1 \psi(e_1) - N_1(1 + \delta)e_1 + N_1 \psi(e_2) - N_1 e_2 + N_1 TR^b$$

由引理 1 可知：

$$N_1 \int_{\underline{\theta}_1}^{\overline{\theta}_1} \theta_1 (1 - F_1(\theta_1))^{N_1-1} f_1(\theta_1) d\theta_1 = E\theta_{1\min}$$

$$且\ N_1 \int_{\underline{\theta}_1}^{\overline{\theta}_1} \int_{\theta_1}^{\overline{\theta}_1} (1 - F_1(s))^{N_1-1} ds f_1(\theta_1) d\theta_1 = E \frac{F_1}{f_1}(\theta_{1\min})$$

这样，总的支付函数可以重新表述为：

$$\tau^b = E\theta_{1\min} + E\theta_2 + (1 - \alpha_1) E \frac{F_1}{f_1}(\theta_{1\min})$$
$$+ N_1 \psi(e_1) - N_1(1 + \delta)e_1 + N_1 \psi(e_2) - N_1 e_2 + N_1 TR^b$$

证毕。

4.3.3　下游服务化模式总结分析

委托人选择 α_1 与 α_2 最小化其总支出 τ^b，设 α_1^u 与 α_2^u 是实现最小化问题的解。一阶条件如式（4-17）和式（4-18）。

$$0 = \frac{\alpha_1^b + \delta\alpha_2^b}{\psi''(\psi'^{-1}(1 - \alpha_1^b + \delta(1 - \alpha_2^b)))} - E \frac{F_1}{f_1}(\theta_{1\min})$$

$$+ \frac{N_1 q^b}{\psi''(\psi'^{-1}(1-\alpha_1^b + \delta(1-\alpha_2^b)))} \tag{4-17}$$

$$0 = \frac{\alpha_2^b}{\psi''(\psi'^{-1}(1-\alpha_2^b))} + \frac{(\alpha_1^b + \delta\alpha_2^b)\delta}{\psi''(\psi'^{-1}(1-\alpha_1^b + \delta(1-\alpha_2^b)))}$$

$$= \frac{\alpha_2^b}{\psi''(\psi'^{-1}(1-\alpha_2^b))} + \delta E \frac{F_1}{f_1}(\theta_{1\min}) - \frac{\delta N_1 q^b}{\psi''(\psi'^{-1}(1-\alpha_1^b + \delta(1-\alpha_2^b)))} \tag{4-18}$$

同传统模式一样，式（4-17）的 RHS 包括道德风险效应、信息租金效应和知识转移成本的影响。不同之处在于努力 e_1 的激励程度（$1-\alpha_1$）增加的边际效应现在取决于第 2 阶段的激励程度，这是因为代理人内部化了两阶段任务间的外部性。这一不同之处反映在道德风险效应和知识转移成本上。同时，还可以注意到知识转移成本对激励程度的影响会因竞争程度 N_1 的增加而减小。式（4-18）的 RHS 没有包含信息租金效应。这是因为，在签订合同时代理人没有建造费用的信息，因此也就没有相应的信息租金。在第二阶段的激励程度的增加将提高第一、第二阶段的努力程度，这反映在式（4-18）的 RHS 的第一项和第二项。

命题 2　与传统模式相比

命题 2-1　第一阶段的激励程度更小（更大），如果外部性是正的（负的）：

$$1-\alpha_1^b \leqslant 1-\alpha_1^u \, iff \, \delta \geqslant 0$$

命题 2-2　在第二阶段的激励程度更小（更大），如果外部性是不太负（足够负）：

$$1-\alpha_1^b \geqslant 1-\alpha_1^u \, iff \, \delta \geqslant \hat{\delta}, 其中, \hat{\delta} = -\frac{E\dfrac{F_2}{f_2}(\theta_{2\min})}{E\dfrac{F_1}{f_1}(\theta_{1\min})} < 0$$

命题 2-3　①在两种模式下的第一阶段中的最优努力是相等并且向下弯曲的：$e_1^u = e_1^b < e_1^*$；②第二阶段的最优努力是更大（更小），如果外部性是不太负（足够负）：$e_2^b \geqslant e_2^u \, iff \, \delta \geqslant \hat{\delta}$；③第二阶段的最优努力是向上（向下）弯曲的，如果外部性是正（负）：$e_2^b \geqslant e_2^* \, iff \, \delta \geqslant 0$。

命题 2-4　下游服务化模式下，当 q^b 增大即知识转移成本增大时：若外部性为正，应提高两阶段的激励程度即（$1-\alpha_1^b$）和（$1-\alpha_2^b$）；若外部性为负，应提高第一阶段的激励程度（$1-\alpha_1^b$），降低第二阶段的激励程度（$1-\alpha_2^b$）。

证明过程：

命题 2-1 的证明可以通过式（4-14）和式（4-18）的比较而得。

根据式（4-13）和式（4-17）可以得出

$$\frac{\alpha_1^u + \delta}{\psi''(\psi'^{-1}(1-\alpha_1^u))} = \frac{\alpha_1^b + \delta\alpha_2^b}{\psi''(\psi'^{-1}(1-\alpha_1^b + \delta(1-\alpha_2^b)))} \tag{4-19}$$

令 $h(x) = \dfrac{x}{\psi''(\psi'^{-1}(1+\delta-x))}$，则上述公式可以表述为：

$$h(\alpha_1^u + \delta) = h(\alpha_1^b + \delta\alpha_2^b)$$

因为 ψ'' 和 ψ'^{-1} 都是增函数，$h(x)$ 是单调递增的，这样有：

$$\alpha_1^u + \delta = \alpha_1^b + \delta\alpha_2^b \tag{4-20}$$

由式（4-35）可得：$\alpha_1^b = \alpha_1^u + \delta(1 - \alpha_2^b)$。又由于 $(1 - \alpha_2^b) > 0$，命题 2-2 得证。

注意 $e_1^u = \psi'^{-1}(1 - \alpha_1^u)$、$e_1^b = \psi'^{-1}(1 - \alpha_1^b + \delta(1 - \alpha_2^b))$，因此式（4-19）、式（4-20）解释了命题 2-3 中的①。

对命题 2-4 的证明，由式（4-17）得：

$$E\frac{F_1}{f_1}(\theta_{1min})\psi''(\psi'^{-1}(1 - \alpha_1^b + \delta(1 - \alpha_2^b))) - (\alpha_1^b + \delta\alpha_2^b) = N_2 q^b$$

根据上式可解释命题 2-4 关于知识转移成本和两阶段激励程度的关系。

证毕。

对命题 2-1 的理解。两种模式下第一阶段存在正外部性和相同的激励程度时，下游服务化模式下第一阶段的努力更高，这是因为两任务间外部性的内部化。集成减轻了第一阶段的代理问题，因此委托人不必提供第一阶段的高激励程度。从技术上讲，要考虑激励的边际增加：$d(1 - \alpha_1)$。边际收益，即在第一阶段努力程度的增加所带来的功效增加，在下游服务化模式下更小，原因有两方面：一是下游服务化模式下增加的努力更小，因为下式

$$de_1 = \frac{1}{\psi''(e_1)}d(1 - \alpha_1)$$

是关于 e_1 递减；二是努力 e_1 的边际增加，所导致的边际效用在集成时更小，因为功效 $(1 + \delta)e_1 - \psi(e_1)$ 是关于 e_1 的凹函数。另一方面，边际成本即导致增加的信息租金，在两种模式下是相同的。在最优的情况下，委托人选择使边际效用等于边际成本的激励程度。因此，下游服务化模式下的最优激励效果更小。在负外部性的情况下，结果相反。

对命题 2-2 的逻辑理解。传统模式下，由于需要在激励费用和减少中标人信息租金之间做出均衡，委托人不得不承担 c_2 的一定严格正的份额，这不受外部性 δ 的影响。在捆绑模式下，代理人仍不了解相关信息，因此在他们第二阶段的竞标时成本中没有信息租金。如果没有外部性（比如 δ 为 0），最优策略是让代理人承担所有的份额 c_2（例如，$1 - \alpha_2 = 1$）。正向外部性存在的时候，不是让代理人承担所有的 c_2，委托人更倾向于稍微增加 $1 - \alpha_2 : d(1 - \alpha_2)$，并同时减少 $1 - \alpha_1 : \delta d(1 - \alpha_2)$。这样做，第一阶段的激励效果将不会改变；第二阶段的效用仅仅减少二阶项 $\psi''(e_2)(d(1 - \alpha_2))^2$，而 1 是使第二阶段效用最大化的激励效果水平。因此，效用的总损失将仅仅是一个二阶项。然而，缩减的 $(1 - \alpha_1)$ 将第一阶段留给代理人的期望信息租金节约至一阶项：

$$\delta E\frac{F_1}{f_1}(\theta_{1min})d(1 - \alpha_2)$$

在最优情况下，代理人在存在正外部性的前提下，在第二阶段提供超强激励效果

（比如，$1-\alpha_2 > 1$，意味着委托人承受负的费用份额）。对于负外部性结果相反，委托人将分担一定比例的严格正的 c_2，并随着外部性程度的增加而增加。如果该程度不是很大，捆绑时的份额仍比传统模式下小。当程度非常大时，下游服务化模式下承担的份额就会比传统模式下大。上述论点也解释了命题 2-3 中的②、③，因为两种模式下第二阶段努力都仅由第二阶段激励程度决定。

对命题 2-4 的逻辑理解。在下游服务化模式下，委托人可先后在两个阶段激励代理人进行削弱知识转移成本影响的努力。以信息化为例：委托人第一阶段的激励可使代理人采用 BIM 技术体系，缩减建造成本和知识转移成本。由于知识转移包含搜索、学习等多个部分，并非限制在阶段间的交接范围，在运行使用阶段围绕着设施管理服务的仍将第一阶段向第二阶段的知识转移行为。因此，委托人第一阶段的激励可使代理人继续加大设施管理服务成本缩减的努力，可进一步降低知识转移的影响。另外，这一命题同时表明：两种模式下代理人在第一和第二阶段的努力是一样的。尽管传统模式下，代理人没有在第一阶段内部化两任务间的外部性，委托人却能够通过让其承担一个大份额 c_1 来进行纠正。

4.4 两种模式的对比分析

当 $\tau^u \geqslant \tau^b$ 时，委托人将选择下游服务化模式，也即满足了下游服务化提升财务绩效的前提条件。结合式（4-12）和式（4-16），得到：

$$\tau^u - \tau^b = \underbrace{\{E\theta_{2\min} - E\theta_2\}}_{-} + \underbrace{\{(\alpha_1^b - \alpha_1^u)E\frac{F_1}{f_1}(\theta_{1\min})}_{+/-} + \underbrace{(1-\alpha_2^u)E\frac{F_2}{f_2}(\theta_{2\min})\}}_{+}$$

$$- \underbrace{\{(N_2 - N_1)e_1\delta\}}_{+/-} - \underbrace{\{N_2(e_2^u - \psi(e_2^u)) - N_1(e_2^b - \psi(e_2^b))\}}_{+/-}$$

$$+ \underbrace{\{N_2 TR^u - N_1 TR^b\}}_{+/-} \tag{4-21}$$

上述等式的 RHS 包括三部分，代表了两种模式的三个不同之处。第一是配置效率。传统模式能够使委托人以最低的 θ_2 选择代理人，而下游服务化模式则不能，因为竞标时代理人没有 θ_2 的信息。第二是代理人得到的信息租金。两种模式下，委托人都得支付中标者信息租金因为代理人具有关于 θ_1 的私人信息。这部分的不同在于委托人在两种情况下提供不同的份额 c_1。而且，在传统模式下委托人需要支付 θ_2 的信息租金；下游服务化模式下就不需要，因为在竞标时 θ_2 是未知的。第三部分是外部效应的差别。这一项的正负与绝对值大小直接影响外部性的效果。当 $\delta > 0$ 时，$N_2e_1^u - N_1e_1^b$ 越大使得委托人更倾向于传统模式；反之，则正好相反。第四部分是由代理人缩减成本活动所带来的收益。由定理 2，代理人在两种情况下的第一阶段表现出相同的努力，而第二阶段的努力却是不同的，如在命题 2。第五部分是知识转移成本的影响。可以看出，当 TR^u 远大于 TR^b 时，委托人倾向于采用下游服务化模式。

从式（4-21），我们可以看出，在传统模式下总期望支出可比下游服务化模式的大或者小。下述命题告诉我们外部性和市场竞争性如何影响两种模式的选择。

命题 3

命题 3-1　如果外部性是正的（负的），增加外部性程度将使委托人的选择倾向于下游服务化模式（传统模式）；工程建造知识转移成本对这一关系起到强化作用。

命题 3-2　第 1 阶段任务市场竞争性增加使委托人选择倾向于传统模式；这一关系的约束条件是传统模式下工程建造知识转移成本、第 2 阶段成本节约活动总投入足够小。

命题 3-3　如果外部性是正的（负的），可提供两阶段任务集成服务的竞争者数量增加，使委托人的选择倾向于传统模式（下游服务化模式）；这一关系的约束条件是下游服务化模式下工程建造知识转移成本、第 2 阶段成本节约活动总投入足够小。

命题 3-4　传统模式下知识转移成本远大于下游服务化模式下的知识转移成本使得委托人的选择倾向于下游服务化模式。

证明过程：

命题 3-4 可以通过式（4-21）的分析比较方便地得出

我们只需要分析 $\dfrac{\partial(\tau^u-\tau^b)}{\partial\delta}>0$、$\dfrac{\partial(\tau^u-\tau^b)}{\partial N_2}<0$ 以及 $\dfrac{\partial(\tau^u-\tau^b)}{\partial N_1}\leqslant 0\Leftrightarrow\delta\geqslant 0$ 的情况，来证明命题 3-1、命题 3-2、命题 3-3。

使用包络定理，可得：

$$\frac{\partial(\tau^u-\tau^b)}{\partial\delta}=-e_1^u+e_1^b-\left(\psi'(e_1^b)-(1+\delta)\frac{\partial e_1^b}{\partial\delta}\right)-(N_2-N_1)e_1$$

$$=(\alpha_1^b+\delta\alpha_2^b)\frac{\partial e_1^b}{\partial\delta}-(N_2-N_1)e_1$$

$$=(1-\alpha_2^b)E\frac{F_1}{f_1}(\theta_{1\min})-(N_2-N_1)e_1$$

第二个等式是因为存在：$e_1^u=e_1^b$ 和 $\psi'(e_1^b)=1-\alpha_1^b+\delta(1-\alpha_2^b)$，最后一个等式是因为式（4-17）。

进一步，$(1-\alpha_2^b)E\dfrac{F_1}{f_1}(\theta_{1\min})>0$，而 $N_1<N_2$，但 $(1-\alpha_2^b)E\dfrac{F_1}{f_1}(\theta_{1\min})$ 的绝对值远大于 $(N_2-N_1)e_1$；当 e_1 越小时，即知识转移成本越大时，$\dfrac{\partial(\tau^u-\tau^b)}{\partial\delta}>0$ 的程度更高。

现在，我们分析 $\dfrac{\partial(\tau^u-\tau^b)}{\partial N_2}<0$ 的条件，在此使用包络定理，可得：

$$\frac{\partial(\tau^u-\tau^b)}{\partial N_2}=\frac{\partial E\theta_{2\min}}{\partial N_2}+(1-\alpha_2^u)\frac{\partial}{\partial N_2}E\frac{F_2}{f_2}(\theta_{2\min})+(e_2^u-\delta e_1)+TR^u$$

注意到 $E\theta_{2\min}$ 是关于 N_2 的递减，因为 $\theta_{2\min}^{N_2+1} \overset{FOS}{\preceq} \theta_{2\min}^{N_2}$。进一步，因为 $\frac{F_2}{f_2}$ 是一个递增函数，$E\frac{F_2}{f_2}(\theta_{2\min})$ 也是关于 N_2 递减。因此，当 $e_2^u - \delta e_1$ 以及 TR^u 足够小时，$\frac{\partial(\tau^u-\tau^b)}{\partial N_2}<0$。

接下来，需要分析 $\frac{\partial(\tau^u-\tau^b)}{\partial N_1}\leqslant 0\Leftrightarrow\delta\geqslant 0$ 的情况。我们有：

$$\frac{\partial(\tau^u-\tau^b)}{\partial N_1}=(\alpha_1^b-\alpha_1^u)\frac{\partial}{\partial N_1}E\frac{F_1}{f_1}(\theta_{1\min})+(e_2^b-\delta e_1)+TR^b$$

由于 $\theta_{2\min}^{N_2+1}\overset{FOS}{\preceq}\theta_{2\min}^{N_2}$ 和 $\frac{F_1}{f_1}$ 是增函数，则有 $\frac{\partial}{\partial N_1}E\frac{F_1}{f_1}(\theta_{1\min})<0$。此时，当 $e_2^b-\delta e_1$ 及 TR^b 足够小时，根据命题 2 有：$\frac{\partial(\tau^u-\tau^b)}{\partial N_1}\leqslant 0\Leftrightarrow\alpha_1^b\geqslant\alpha_1^u\Leftrightarrow\delta\geqslant 0$。

证毕。

命题 3-1 反映了 Bennett & Iossa（2006）[10] 与 Martimort & Pouyet（2008）[182] 的研究成果。命题 3-2 是显而易见的。因为随着工程建造市场的竞争加剧，委托人的支付成本在下游服务化模式下不变而在传统模式下增加。命题 3-3 的逻辑如下：两种模式下 N_1 的数量增加都使委托人获益增加。首先，它增加了配置效率，比如 $\theta_{1\min}$ 就一阶随机占优而言是递减的。然而，就此收益而言两种模式是没有区别的，不能更改委托人的选择决策。其次，它减少了中标人的信息租金：

$$(1-\alpha_1)E\frac{F_1}{f_1}(\theta_{1\min})$$

而这项信息租金是随着中标者所承受的建造费用份额 $(1-\alpha_1)$ 的增加而增加。如前所述，存在正外部性的前提下，下游服务化模式中的负担份额更少。于是，下游服务化模式因从信息租金减少中的获益变少而变得相对没有吸引力。相同的分析逻辑，如果外部性是负的，其结果则相反。

补充说明 1：$N_2 < N_1$ 的情况

如果 $N_2 < N_1$，下游服务化模式竞标中的投标者数量是 N_2。显然，委托人的支出在下游服务化模式时不受 N_1 的影响，并且在分离是关于 N_1 严格递增的。而且容易得出：

$$\frac{\partial\tau^u-\tau^b}{\partial N_2}=\frac{\partial}{\partial N_2}\{(E\theta_{2\min}^{N_2}-E\theta_{1\min}^{N_2})+(1-\alpha_2^u)E\frac{F_2}{f_2}(\theta_{2\min}^{N_2})-(1-\alpha_1^b)E\frac{F_1}{f_1}(\theta_{1\min}^{N_2})\}$$

其中，$\theta_{1\min}^{N_2}=\min(\theta_1^1,\cdots,\theta_2^{N_2})$，$\theta_{2\min}^{N_2}=\min(\theta_2^1,\cdots,\theta_2^{N_2})$，计算得：

$$\frac{\partial^2\tau^u-\tau^b}{\partial N_2\,\partial\delta}=\frac{\partial}{\partial N_2}E\frac{F_1}{f_1}(\theta_{1\min}^{N_2})\frac{\partial\alpha_1^b}{\partial\delta}<0$$

假设 $\theta_2 s$ 和 $\theta_1 s$ 是 $i.i.d$（独立同分布），得出：

（1）当 δ 较小时，$\dfrac{\partial \tau^u - \tau^b}{\partial N_2} < 0$；

（2）当 δ 较大时，$\dfrac{\partial \tau^u - \tau^b}{\partial N_2} > 0$。

较大的正（负）外部性决定了委托人更可能选择传统模式如果 N_2 更大（更小）。这样，我们的结果对于任何 N_1 和 N_2 都是稳健的。

补充说明 2：模型的改进

本文模式是在 Li & Yu（2010）[282] 的顺序任务集成采购决策模型的基础上，考虑了知识转移成本的影响而进行了模型改进。当不考虑知识转移成本退回到原模型时，命题 2 的 2-1、2-2、2-3 和命题 3 的 3-1、3-2、3-3 将相应退化至原模型命题。因此，本书研究模型扩展具有良好的稳健性。

4.5　下游服务化财务绩效的提升前提分析

当建筑企业集成提供工程建造和设施管理模式下业主总支出小于传统模式时，建筑企业就具备了提供下游设施管理服务的条件，即可认为满足了下游服务化提升财务绩效的前提条件。在研究假设前提下，当式（4-21）小于 0 时，即对于 $\tau^u \geqslant \tau^b$ 的工程项目，可由承担工程建造任务的建筑企业继续承担下游服务任务。研究表明，外部性、知识转移成本、市场竞争程度、委托人激励对下游服务化实现产生重要影响。其中，前两者起到关键作用，后两者起到一定的调节作用。

总体上来看，知识开发和知识利用视角下，建筑企业下游服务化财务绩效提升的前提条件是：**工程建造阶段的知识开发和知识利用对设施管理阶段存在足够大外部性效益以及建筑企业具有工程建造知识转移的相对高效率。**根据式（4-21），该前提条件可表达为式（4-22）：

$$\{N_2 TR^u - N_1 TR^b\} - ((N_2 - N_1)e_1\delta) \geqslant \{N_2(e_2^u - \psi(e_2^u)) - N_1(e_2^b - \psi(e_2^b))\}$$

$$- \{(\alpha_1^b - \alpha_1^u)E\frac{F_1}{f_1}(\theta_{1\min}) + (1 - \alpha_2^u)E\frac{F_2}{f_2}(\theta_{2\min})\} - \{E\theta_{2\min} - E\theta_2\} \tag{4-22}$$

此外，市场竞争程度较低以及业主在设施管理阶段愿意给予更多激励对上述前提条件有强化作用。

4.6　小　　　结

本章构建了工程建造和设施管理两阶段任务集成决策模型，对传统模式和下游服务化两种模式下的任务总成本并进行了比较，从而确定了建筑企业下游服务化提升财务绩效的前提条件。本章研究为后文研究的开展提供了分析前提和研究基础。

第5章　下游服务化财务绩效的提升路径研究

第4章主要是针对建筑企业的下游服务化的前提条件，解释了在什么情况下建筑企业可以承担下游服务继而对企业财务绩效产生影响；进一步，下游服务化战略是如何提升财务绩效的内在路径尚未揭示。根据第3章的分析，建筑企业下游服务化战略本身并不能直接对财务绩效产生提升作用，需要通过知识开发和知识利用策略并落实到具体的项目创新行为才能实现。这里面的因果影响关系路径应该有多条，影响作用和效果也不一样。而提升路径是指可以将各类系统要素耦合起来而形成内在推动力的路径，可以实现不同的企业财务绩效提升战略目的。基于此，本章在理论归纳推理的基础上提出概念模型假设，评价指标进行进一步提炼和简化，通过问卷调查收集数据，采用结构方程模型、层次回归等方法，对下游服务化战略通过知识开发和知识利用策略、探索型和利用性项目创新提升企业近期、远期财务绩效之间的路径进行了分析。

5.1　研究假设与模型构建

结构方程（Structural equation modeling，SEM）是一种因果建模方法，能够分析潜变量、显变量之间复杂的相互关系。它是一种验证性技术，集成了验证性因子分析（CFA）、路径分析（PA）和多元回归分析（MRA），可以用来构建复杂因果模型、进行假设检验和预估（Molenaar et al.，2000；Kline，2005）[285, 286]。因此，SEM具有高度的灵活性，能在估测变量直接、间接或交互关系的同时，确定潜、显变量之间的深层结构（Byrne，2006；Ullman，2006）[287, 288]。

本书应用结构方程方法来构建建筑企业下游服务化提升财务绩效的路径模型，进而确定下游服务化提升财务绩效的基本路径。根据第3章建筑企业下游服务化财务绩效的提升路径分析框架设计，在理论分析基础上，针对服务化战略、知识开发和知识利用策略、探索型和利用型项目创新（又细分为工程建造和设施管理两个领域）、近期和远期财务绩效四个层面，提出相关潜变量之间的关系假设，建立结构方程模型，选择适用的分析软件。

5.1.1　研究假设

（1）相关性假设
服务化转型使得企业的全面提供（Total Offering）更加独特和难于模仿，为顾客带来更多价值，从而使企业获得更高、更稳定的现金流和利润（Vargo & Lusch，2004）[72]。特别是当行业成熟度较高时，与产品相关的服务成为企业的重要收入来源（Cusumano et al.，2014）[37]。研究表明，建筑物全寿命周期内建设成本、20 年内运营维护费用和建筑物内人员发生费用比率一般为 1∶5∶200（Evans et al.，1998）[2]。当前，设施管理已成为发达国家增长最快的行业之一（Shah，2007）[289]，而在我国其前景也十分广阔（曹吉鸣等，2008）[208]。建筑企业实施下游服务化战略对企业的近、远期财务绩效都有正向影响。当然，设施管理内容广泛，低利润业务同时并存，但可以通过专业化外包方式予以解决，建筑企业则聚焦于高集成度、高知识含量的业务工作。因此，提出如下假设：

H1-1：下游服务化战略对企业近期财务绩效有显著的正向影响。

H1-2：下游服务化战略对企业远期财务绩效有显著的正向影响。

建筑企业下游服务化意味着既要维持工程建造领域的创新，又要开拓新的服务业务领域，是一个复杂而艰巨的创新发展过程。研究表明，建筑企业创新发展过程实是知识开发和利用行为的连续统一体（Lena & Malena，2014）[225]。在下游服务化过程中，建筑企业需要在获取新能力的同时充分发展他们现在的技能（Brady et al.，2005）[26]，建筑企业必须既要强化知识开发又要增强知识利用（Leiringer & Bröchner，2010）[34]。因此，提出如下假设：

H1-3：下游服务化战略对企业知识开发策略有显著的正向影响。

H1-4：下游服务化战略对企业知识利用策略有显著的正向影响。

根据 March's（1991）[66]关于知识开发和知识利用的最初定义可知，虽然两者具有不同经济收益与风险特性，对企业近、远期绩效有不同的影响表现。但本书文献综述研究已表明，两者之间可相互转化，更宜看作连续的统一体。两者对财务绩效影响是相对的不同，一定程度上是受资源约束和外部市场环境条件的影响。而许多实证研究已经表明，两者对企业财务绩效都同等重要（He & Wong，2004；Jansen et al.，2006；Uotila et al.，2009）[126][141][143]。因此，两者对企业近、远期绩效都有正向影响，继而提出如下假设：

H1-5：知识开发策略对企业近期财务绩效有显著的正向影响。

H1-6：知识开发策略对企业远期财务绩效有显著的正向影响。

H1-7：知识利用策略对企业近期财务绩效有显著的正向影响。

H1-8：知识利用策略对企业远期财务绩效有显著的正向影响。

知识开发策略是企业着重于识别和开拓新的市场机会，通过提供差异化优势的新产品或服务来满足客户需求；知识利用策略着重于满足现有市场需求，通过对先前产品的改进来建立竞争优势（Sirén et al.，2012）[290]。然而，新产品或新服务与企业现有的技术、工作流程等并不能完全匹配（Harmancioglu et al.，2009）[291]，实施知识开发和知识利用策略时可能缺乏相应必需的能力。对此，建筑企业作为项目型组织，主要通过探索型和利用型项目创新解决上述问题。其中，探索型项目以激进式创新为主、渐进式创新为辅，利用型项目以渐进式创新为主、激进式创新为辅。因此，知识开发或知识利用策略的实施都会对上述两类项目创新产生正向影响。据此，提出如下假设：

H1-9：知识开发策略对探索型工程建造项目创新有显著的正向影响。

H1-10：知识开发策略对利用型工程建造项目创新有显著的正向影响。

H1-11：知识开发策略对探索型下游服务项目创新有显著的正向影响。

H1-12：知识开发策略对利用型下游服务项目创新有显著的正向影响。

H1-13：知识利用策略对探索型工程建造项目创新有显著的正向影响。

H1-14：知识利用策略对利用型工程建造项目创新有显著的正向影响。

H1-15：知识利用策略对探索型下游服务项目创新有显著的正向影响。

H1-16：知识利用策略对利用型下游服务项目创新有显著的正向影响。

探索型项目创新以激进式创新为主，主要指企业制造新产品或提供新服务而产生新的设计、技术与工艺、例程与方法等（Greve，2007）[146]，以此建立竞争优势而获得高于竞争对手的财务绩效。而利用型项目创新以渐进式创新为主，主要谋求提升生产效率，通过对现有技术与管理体系的改进来提供新产品或新服务（Lisboa et al.，2011）[292]；它通过提高工程或服务质量和降低成本与风险来实现财务绩效目标。两者对企业近、远期财务绩效都产生重要影响。因此，提出如下假设：

H1-17：探索型工程项目创新对企业近期财务绩效有显著的正向影响。

H1-18：探索型工程项目创新对企业远期财务绩效有显著的正向影响。

H1-19：利用型工程项目创新对企业近期财务绩效有显著的正向影响。

H1-20：利用型工程项目创新对企业远期财务绩效有显著的正向影响。

H1-21：探索型下游服务项目创新对企业近期财务绩效有显著的正向影响。

H1-22：探索型下游服务项目创新对企业远期财务绩效有显著的正向影响。

H1-23：利用型下游服务项目创新对企业近期财务绩效有显著的正向影响。

H1-24：利用型下游服务项目创新对企业远期财务绩效有显著的正向影响。

另外，由于下游服务业务的开展需要工程建造知识的支持（Leiringer & Bröchner，2010）[34]，工程建造阶段创新与设施管理阶段的创新关系密切（Lind & Borg，2010）[11]。因此，提出如下假设：

H1-25：探索型工程项目创新对探索型下游服务项目创新有显著的正向影响。

H1-26：探索型工程项目创新对利用型下游服务项目创新有显著的正向影响。

H1-27：利用型工程项目创新对探索型下游服务项目创新有显著的正向影响。

H1-28：利用型工程项目创新对利用型下游服务项目创新有显著的正向影响。

（2）中介效应假设

企业的竞争战略最后要落实到具体实施策略上来（Bowman & Ambrosini，

2003)[293]。知识开发和知识利用作为最基本的两类组织活动，可作为解释企业战略与
财务绩效的中介变量。对此，有关实证研究表明知识开发和知识利用是组织创业导向
转化为财务绩效的重要路径（张玉利，李乾文，2009)[158]。建筑企业基于知识为业主
提供服务（Carrillo & Chinowsky，2006)[224]，其创新发展过程是知识开发和利用行
为的连续统一体（Lena & Malena，2014)[225]。结合前述相关性假设的阐述，建筑企
业下游服务化战略要通过具体的知识开发和知识利用策略实施来最终实现近、远期财
务绩效。因此，提出如下假设：

H2-1：知识开发策略在建筑企业下游服务化战略影响近期绩效关系中起到中介
作用。

H2-2：知识开发策略在建筑企业下游服务化战略影响远期绩效关系中起到中介
作用。

H2-3：知识利用策略在建筑企业下游服务化战略影响近期绩效关系中起到中介
作用。

H2-4：知识利用策略在建筑企业下游服务化战略影响远期绩效关系中起到中介
作用。

进一步，企业实施策略实施最终要落实到具体的执行与操作层面（Bodwell &
Chermack，2010)[263]。如前所述，建筑企业的知识开发和知识利用策略实施要通过
探索型和利用型项目创新来实现。其中，探索型项目创新以激进式创新为主，其创新
成果使得建筑企业具备相关能力，可提供满足业主需求的创新性产品或服务（Morgan
& Berthon，2008；Peng et al.，2008)[294, 295]。利用型项目创新以渐进式创新为主，
其改进成果能提高组织资源利用效率并降低时间与经济成本（Jansen et al.，2006；
Morgan & Berthon，2008)[141, 294]。所以，建筑企业的知识开发和知识利用策略正是
通过探索型项目创新以激进式创新实现企业竞争优势，继而获得财务收益。因此，提
出如下假设：

H2-5：探索型工程项目创新在知识开发策略影响近期财务绩效的关系中起到中介
作用。

H2-6：探索型工程项目创新在知识开发策略影响远期财务绩效的关系中起到中介
作用。

H2-7：探索型工程项目创新在知识利用策略影响近期财务绩效的关系中起到中介
作用。

H2-8：探索型工程项目创新在知识利用策略影响远期财务绩效的关系中起到中介
作用。

H2-9：利用型工程项目创新在知识开发策略影响近期财务绩效的关系中起到中介
作用。

H2-10：利用型工程项目创新在知识开发策略影响远期财务绩效的关系中起到中

介作用。

H2-11：利用型工程项目创新在知识利用策略影响近期财务绩效的关系中起到中介作用。

H2-12：利用型工程项目创新在知识利用策略影响远期财务绩效的关系中起到中介作用。

H2-13：探索型下游服务项目创新在知识开发策略影响近期财务绩效的关系中起到中介作用。

H2-14：探索型下游服务项目创新在知识开发策略影响远期财务绩效的关系中起到中介作用。

H2-15：探索型下游服务项目创新在知识利用策略影响近期财务绩效的关系中起到中介作用。

H2-16：探索型下游服务项目创新在知识利用策略影响远期财务绩效的关系中起到中介作用。

H2-17：利用型下游服务项目创新在知识开发策略影响近期财务绩效的关系中起到中介作用。

H2-18：利用型下游服务项目创新在知识开发策略影响远期财务绩效的关系中起到中介作用。

H2-19：利用型下游服务项目创新在知识利用策略影响近期财务绩效的关系中起到中介作用。

H2-20：利用型下游服务项目创新在知识利用策略影响远期财务绩效的关系中起到中介作用。

（3）调节效应假设

市场环境影响一直扮演着重要角色，对企业战略、资源、能力与绩效的关系起着关键影响作用（杨兴夏，2009）[296]。本书研究的建筑市场环境主要是指建筑业产业链中、上游的工程建造市场环境。选取建筑市场环境作为调节变量，试图在更为复杂的环境状态下对建筑企业下游服务化与企业近、远期财务绩效的关系进行深入的探讨。建筑市场环境变化必然然会对企业总体财务绩效产生负向影响，因此，提出如下假设：

H3-1：建筑市场环境变化负向调节下游服务化战略与企业近期财务绩效的关系。

H3-2：建筑市场环境变化负向调节下游服务化战略与企业远期财务绩效的关系。

同时，建筑市场环境也影响建筑企业知识开发和知识利用的财务绩效实现。当市场环境压力增大时，企业更倾向于知识开发以尽快摆脱困境（Garcia et al.，2003）[135]；当外部市场环境稳定时，企业则倾向于知识利用策略以获取稳定收益（Kim & Atuahene-Gima，2010）[297]。因此，提出如下假设：

H3-3：建筑市场环境变化正向调节知识开发策略与企业近期财务绩效的关系。

H3-4：建筑市场环境变化正向调节知识开发策略与企业远期财务绩效的关系。

H3-5：建筑市场环境变化负向调节知识利用策略与企业近期财务绩效的关系。

H3-6：建筑市场环境变化负向调节知识利用策略与企业远期财务绩效的关系。

5.1.2　模型构建

本章通过以上理论分析和假设，使第 3.3.2 节中的研究思路得到了进一步深化，并构建了理论模型，如图 5-1 所示。

根据理论分析和研究假设，建立起"下游服务化战略——知识开发和知识利用策略——探索型和利用型项目创新（分工程建造和设施管理两个业务领域）——企业近、远期财务绩效"的研究路径，以期通过进一步的实证分析获得下游服务化战略提升企业财务绩效的基本路径。

其中，研究变量分为①~④类：①自变量，下游服务化战略；②中介变量，包括知识开发策略、知识利用策略、探索型工程项目创新、利用型工程项目创新、探索型下游服务项目创新和利用型下游服务项目创新；③因变量，包括企业近期财务绩效、远期财务绩效；④调节变量，建筑市场环境。

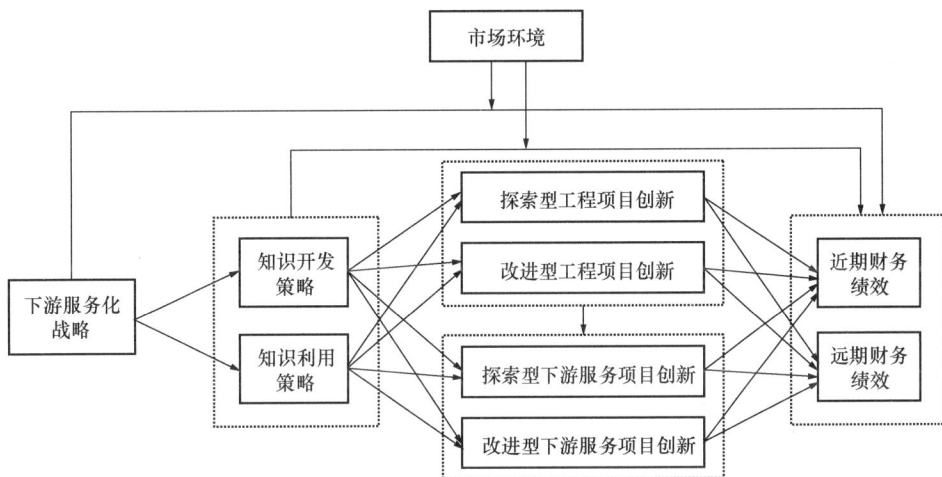

图 5-1　下游服务化战略提升企业财务绩效路径的理论模型

5.2　问卷设计与预测试

5.2.1　问卷设计与测量

科学规范的研究方法是保证研究质量的重要环节。目前，较多学者采用主观测量来衡量组织绩效，而研究中也发现主观自评方法不会扩大因变量和自变量之间的关系，可以提供和客观资料评估方式相同的结果（陈宁，2013）[298]。研究表明（Dawes，1999）[299]，主观评估和客观评估间具有显著的关联性，虽然主观评测存在不足，但在下列情况时具有优势：因商业秘密或敏感问题而不能获得真实数据；情况比较复杂，主观判断更能相对准确地表达实际；具体数据指标并不能准确反映客观状况。

在当前我国建筑业发展背景下，针对本章研究所涉及的大多数测度变量，难以从公开资料中直接获得真实、准确和充足的数据信息，这是因为我国建筑企业下游服务化发展尚处在初期阶段。因而，本章采用大样本问卷调查方式进行数据收集，即采用主观测量法（Levrat et al.，1997）[300]。采用该方法时，问卷数据分析的前提是研究者和被调查者对题项理解保持一致，且问卷答案是被调查者真实准确的表达。因此，问卷设计直接关系到调查质量以及所获数据的可靠性与真实性（粟斌，2012）[301]，是保证数据分析信度和效度的重要前提。问卷设计需综合考虑主题定位、指导语、问题安排与描述等（Lietz，2010）[302]，是一项复杂、系统的工作。为做好本书研究，本章问卷设计选择合适的量表开发方法，遵守严格的设计步骤，合理确定量表应答等级并选择合适的软件分析工具。

（1）量表开发方法

学者 Farh et al.（2006）[303]认为中国管理研究中可以有四种基本的量表开发方法：①将国外成熟量表直接翻译成中文；②翻译国外成熟量表，并基于中国情景进行修改完善，使之符合研究需要；③开发出能适用于多种文化情景下的量表；④开发出能够准确反映和描述中国情景特殊性的量表。考虑到研究主题在理论和实践方面，在国内都尚处于初级探索阶段，因而确定如下量表开发方法：基于国外成熟量表的翻译和整合，坚持严谨性、开放性和系统性的原则，通过深入访谈和各界专业人士参与的手段控制量表修改，并进行预测试校正完善。

（2）问卷设计步骤

根据 Churchill（1979）[304]、Hinkin（1995）[305]等学者的建议，问卷设计分多阶段征询各方相关利益者的意见和建议，对题项表述进行了很好的行业背景化，并进行了预测试检验，力求问卷设计符合研究规范要求。实施步骤主要包括以下四个阶段：

第一阶段，提取初步测项。在文献梳理、理论分析的基础上，初步确定问卷需要涉及的变量；基于有关参考文献的成熟量表，和相关专业博士生进行归类和多次讨论，确定变量的测度题项；进一步，结合对熟悉的建筑企业的实地调研所得启示以及导师研究团队的意见，形成问卷初稿。

第二阶段，专家研讨。问卷初稿请同济大学工程管理研究所、山东建筑大学工程管理研究所的两位教授和两位副教授，上海市建筑科学研究院一位了解建筑设施运维业务的中层管理人员，以及擅长数据统计分析的同学阅读并提出修改建议，主要是评价测度题项是否严谨、变量之间的逻辑关系是否合理以及题项表述是否准确，修正后形成问卷二稿。

第三阶段，行业征询。问卷二稿向与研究课题相关的20多位建筑企业界人士、高校及科研机构的学者、政府建设投资公司主管、中国建筑业协会专家征求意见，主要是评价变量之间的逻辑关系是否与建筑业发展的实际情况相吻合、题项措辞是否易于理解、答案区分度是否明显，修正后形成问卷三稿。

第四阶段，预测试。问卷三稿完善以后，选择了 180 位建筑企业管理层人员、高校学者与科研人员、地方政府建筑行业主管部门人士，发放问卷进行预测试，回收有效问卷 129 份。通过探索性因子分析，对内部一致性较差的题项进行删除或做修改，从而形成问卷最终稿。

（3）量表应答等级

Likert 量表是一种等级加和量表，测量调查对象态度的方向和强度。最初应答选项为 5 级，目前应用的包括 3、5、7、9、11 等多个等级。然而，应该设置几级才能使量表具有最佳特性，至今未有定论。量表分级太少，其敏感性不好，造成对调查对象特征的低辨别力。反之，量表分级过多，造成调查对象疲劳，使其失去应有分辨力而产生较大误差。不过，相关研究（Preston & Colman，2000；Lozano et al.，2008；Weijters et al.，2008）[306-308]表明，量表等级适当增加，其特性会随之改善并能传达更多信息。

美国学者 Cox（1980）[309]对大量文献总结后认为：没有任何一种分级是适合所有情况的；2～3 级量表不能充分反映调查对象的信息，9 级以上几乎不再改善量表特性；如果调查对象能够合理选择中性中间点，奇数等级量表更恰当；5～9 级的应答选项可以应用于大多数特定的情况。李育辉等（2006）[310]针对满意度调查量表的研究表明，当进行在线调查或面对面调查时，10、7 级量表优于 5 级量表。而关于中国人意向表达倾向于保守和折中的问题，Wong（2009）[311]的研究表明可不必考虑中性中间点对量表的影响，但当调查个人信仰或对其他人评价时宜选用偶数等级的量表。吴永泽、王文绢（2010）[312]梳理有关量表等级的大量研究文献后认为：7 级 Likert 量表比较理想，只有当调查对象分辨能力有限时应适当减少应答等级。

综上，本书问卷题项采用 Likert 七级量表。1 代表"非常不同意"，2 代表"不同意"，3 代表"比较不同意"，4 代表"一般"，5 代表"比较同意"，6 代表"同意"，7 代表"非常同意"。

（4）软件选择

本章使用 SPSS 20.0 for windows 版和 AMOS 21.0 版统计分析软件对问卷调查数据进行描述性统计分析、信度与效度分析、层次回归分析和路径分析等，其中，SPSS 20.0 软件用于信度、效度、描述性统计分析和层次回归分析，AMOS 21.0 软件用于效度分析和路径分析。

5.2.2　预测试量表确定

变量测量量表均来源于现有权威学者的成熟量表，这些量表均已在相关实证研究中得到了检验。进一步，按照 Ngo & O'Cass(2009)[313]提出的量表开发程序，通过与相关专家、学者的多阶段讨论对量表进行了修改，并进行了如下完善工作：题项描述避免敏感性与暗示性词汇、学术语言、歧义问题与复合性问题；题项内容前后呼应，充分考虑问题间的逻辑关联；简单问题在前，需要思考的问题或敏感性问题在后；突出关键测项以节约时间，同时保留足够信息以全面反映实际情况。

（1）建筑市场环境

对建筑市场环境的测量题项来源于 Yang et al.（2011）[314] 和 Jansen et al.（2006）[141] 的实证研究，主要包括环境动态性和环境竞争性两个维度。前者是指环境的不稳定性程度和变化率，反映了变化的量以及不确定性（Dess & Beard，1984）[315]，可表现为技术、市场需求、客户偏好和原材料供应的变化。后者指市场环境的竞争程度，它导致效率提升和价格降低（Matusik & Hill，1998）[316]，可表现为竞争者数量和竞争区域数量（Miller，1987）[317]。其中，为了确保答题者对建筑行业背景理解的一致性，设置逆题项 ME3，通过正反向问题互相验证，以鉴别由于态度掩饰等原因造成的不合格问卷，如表 5-1 所示。

建筑市场环境的预测试量表   表 5-1

变量	编号	题项	来源
市场环境 （ME）	ME1	建筑市场环境具有不确定性，新变化不断发生	Yang et al.（2011）[314] Jansen et al.（2006）[141]
	ME2	项目业主常常有新的需求	
	ME3	近一年内，市场上没什么新变化	
	ME4	建筑市场需求量不稳定且变化较快	
	ME5	建筑市场竞争激烈，竞争强度高	
	ME6	价格竞争是建筑市场上的明显特征	

（2）下游服务化战略

对下游服务化战略的测量题项来源于 Gebauer et al.（2010）[318] 和李海涛等（2013）[319] 的实证研究，主要包括下游服务化战略的管理价值观和行为两个维度。前者体现了下游服务是否引起企业管理层的战略关注，因为企业管理层是推进服务化发展的重要因素（Vargo & Lusch，2008）[320]，管理层价值观对服务的认可是企业进行服务化发展的重要前提（Gebauer et al.，2005）[215]。后者体现了企业管理层实施下游服务化战略的行为，包括为发展服务业而进行的授权、建立组织部门和给予人力资源、技术等多方面的支持（Neu & Brown，2005；Johnestone et al.，2008）[321, 322]，如表 5-2 所示。

下游服务化战略的预测试量表   表 5-2

变量	编号	题项	来源
下游服务化 战略 （DS）	DS1	从战略上将下游服务作为差异化策略	Gebauer et al.（2010）[318] 李海涛等（2013）[319]
	DS2	通过下游服务来提高整体利润水平，抵消建筑市场的波动	
	DS3	企业建立了独立的下游服务部门并构建了相关合作关系	

变量	编号	题项	来源
下游服务化战略（DS）	DS4	改进建造过程以使得建筑设施更加容易维护和管理	Gebauer et al. (2010)[318] 李海涛等（2013）[319]
	DS5	积极发展相关下游服务技能	
	DS6	企业调度资源支持下游服务业务的开展	

（3）知识开发策略和知识利用策略

对知识开发和知识利用策略的测量题项来源于 Jansen et al.（2006）[141]、Cass et al（2014）[323] 和 Sirén et al.（2012）[149] 的实证研究，其中，知识开发策略反映了企业将资源用于获得全新的知识、技术和过程，从而提升在创新多样化、柔性和新颖性方面的潜力（Raisch & Birkinshaw，2008）[137]，表现为提供新的产品、进入新市场和建立新渠道等。因此，对知识开发策略的测量主要涉及创造力开发和市场开发两个维度（Sirén et al.，2012）[149]。知识利用策略反映了企业将资源用于强化现有发展轨道下的知识、技术和过程，从而获得更好的创新效率和可靠性（O'Reilly & Tushman，2008）[123]，表现为提高现有产品生产、市场拓展的规模与效率等。因此，对知识利用策略的测量主要涉及内部导向利用和市场导向利用两个维度（Sirén et al.，2012）[149]，如表 5-3 所示。

知识开发策略和知识利用策略的预测试量表　　　　表 5-3

变量	编号	题项	来源
知识开发（KR）	KR1	发现新的市场和新的目标客户	Cass et al.（2014）[323] Jansen et al.（2006）[141] Sirén et al.（2012）[149]
	KR2	提供独特的新工程或服务，明显优于竞争者	
	KR3	开发新的满足客户需求的技术、方法或模式	
	KR4	获取企业原来不具备的新的知识、技术和过程	
知识利用（KT）	KT1	强化和提升企业现有市场的地位	
	KT2	提高企业现有市场中的项目运作效率	
	KT3	提高企业现有市场中的项目质量	
	KT4	提升和改进企业的技术或过程	

（4）探索型项目创新和利用型项目创新

对知识开发和知识利用策略的测量题项来源于 Cass et al.（2014）[323]、Zhou et al.（2010）[324]、Atuahene-Gima（2005）[325] 和（Morgan & Berthon，2008）[294] 的实证研究。探索型项目创新主要是进行知识开发，以激进式创新为主；利用型项目创新主要是进行知识利用，以渐进式创新为主。利用型项目创新可能会意志激进式创新，因为它聚焦于减少变化和提高效率（Christensen & Bower 1996；Danneels，2002）[326，327]。

所以，本部分测量题项主要反映企业在项目实施过程中利用现有知识或探索新知识的程度，体现了企业在项目实施过程中改进或创新的行为。由于建筑生产和工业生产存在区别，本部分测量题项在现有成熟量表基础上，按照项目生产特点进行了行业背景化修改，如表 5-4 所示。

探索型项目创新和利用型项目创新的预测试量表 表 5-4

变量	编号	题项	来源
探索型工程项目的创新（RC）	RC1	获得企业没用过的新的工程实施过程或模式	
	RC2	获得企业没用过的新的工程技术或工艺	
	RC3	建立了新的工程项目操作规程	
	RC4	建立了新的工程项目参与方合作关系	
	RC5	获得了新的投标报价技术与知识	
利用型工程项目的创新（TC）	TC1	改进现有的技术和过程从而提高了工程质量	
	TC2	改进现有的技术和过程以降低工程项目成本	
	TC3	改进现有的技术和过程以节约工程项目工期	
	TC4	改进了现有的工程项目参与方合作关系	Cass et al.（2014）[323] Zhou et al.（2010）[324] Atuahene-Gima（2005）[325]（Morgan & Berthon, 2008）[294]
	TC5	改进了现有的投标报价技术	
探索型下游服务项目的创新（RS）	RS1	获得企业没用过的新的服务实施过程或模式	
	RS2	获得企业没用过的新的服务技术或工艺	
	RS3	建立新的服务操作规程	
	RS4	建立了新的服务提供参与方合作关系	
	RS5	获得了新的投标报价技术与知识	
利用型下游服务项目的创新（TS）	TS1	改进现有的技术和过程从而提高了服务质量	
	TS2	改进现有的技术和过程以降低服务成本	
	TS3	改进现有的技术和过程以提高服务效率	
	TS4	改进了现有的服务提供参与方合作关系	
	TS5	改进了现有的投标报价技术	

（5）近期财务绩效和远期财务绩效

对近期和远期财务绩效指标的测量题项来源于 Vorhies & Morgan（2005）[328]、Auh et al.（2005）[329] 和 Ben-Oz & Greve（2012）[330] 的实证研究。对近期财务绩效的度量主要包括反映年度利润回报的指标，它们被经常用来表示企业短期绩效（Fiegenbaum & Thomas，1988；Greve，2008）[331, 332]，体现的是企业财务绩效的短期效率（Efficiency）。对远期财务绩效的度量主要包括反映利润与市场增长的指标，它们更多地影响企业的长期战略决策（Amit & Zott，2001）[333]，体现的是企业财务绩效的长期效益（Effectiveness），如表 5-5 所示。

近期财务绩效和远期财务绩效的预测试量表　　　　　　表 5-5

变量	编号	题项	来源
企业近期财务绩效（RP）	RP1	企业年产值增长	Vorhies & Morgan（2005）[328]　Auh et al.（2005）[329]　Ben-Oz & Greve（2012）[330]
	RP2	企业年利润率提高	
	RP3	企业年产值利润率增加	
	RP4	企业年度财务目标得到实现	
企业远期财务绩效（FP）	FP1	企业整体利润率稳定性增加	
	FP2	企业现金流得到改善	
	FP3	市场份额增长	
	FP4	客户群增加	

5.2.3　预测试样本分析

这样，个人基本信息、表 5-1～表 5-5 中的测试量表以及问卷指导语综合在一起，形成了本书的预测试问卷。本章问卷设计，围绕建筑企业下游服务化提升企业绩效的路径展开，问卷包括四方面内容，即样本信息、战略定位、策略实施、企业财务绩效，详见附录 A。

预测试质量的高低直接决定了正式调查的质量和结果。对此，本章预测试调查主要做好三方面保障措施：一是预测试开始前专门组织了专家研讨会进行评估；二是预测试对象主要包括关注该问题领域的高校教授和大型建筑企业的高管；三是密切跟踪答卷过程，及时沟通并淡化对答题时间的要求。最终，预测试共发放 190 份问卷，回收 160 份，回收率为 84.21%（问卷回收率＝问卷回收数量/问卷发放数量）。对回收问卷进行有效问卷的甄选中，剔除的无效问卷主要包括三类情况：一是答题有遗漏的问卷；二是逆题项 ME3 答案与正常题项答案存在明显冲突的问卷；三是 50% 及以上的题项答案选择为"一般"的问卷。剔除上述问卷后，回收问卷中的有效问卷共 129 份，有效问卷率为 67.89%（有效率＝有效问卷数量/问卷发放数量）。

在进行因子分析之前，首先检查指标间的相关性。各变量的 KMO 样本测度和 Bartlett 球体检验结果如表 5-6 所示，其中，各变量的 KMO 值均大于 0.7，且 Bartlett 统计值显著，因此适合进一步做因子分析。

预测试样本的 KMO 和 Bartlett 球体检验（N＝109）　　　　　　表 5-6

变量	检验指标		数值
建筑市场环境（ME）	取样足够度的 Kaiser-Meyer-Olkin 度量		0.708
	Bartlett 的球形度检验	近似卡方	163.758
		df	15
		Sig.	0.000

73

续表

变量	检验指标		数值
下游服务化战略 （DS）	取样足够度的 Kaiser-Meyer-Olkin 度量		0.887
	Bartlett 的球形度检验	近似卡方	389.102
		df	15
		Sig.	0.000
知识开发策略 （KR）	取样足够度的 Kaiser-Meyer-Olkin 度量		0.785
	Bartlett 的球形度检验	近似卡方	209.032
		df	6
		Sig.	0.000
知识利用策略 （KT）	取样足够度的 Kaiser-Meyer-Olkin 度量		0.824
	Bartlett 的球形度检验	近似卡方	283.009
		df	6
		Sig.	0.000
探索型工程项目创新 （RC）	取样足够度的 Kaiser-Meyer-Olkin 度量		0.851
	Bartlett 的球形度检验	近似卡方	281.729
		df	10
		Sig.	0.000
利用型工程项目创新 （TC）	取样足够度的 Kaiser-Meyer-Olkin 度量		0.829
	Bartlett 的球形度检验	近似卡方	323.150
		df	10
		Sig.	0.000
探索型下游服务项目 创新 （RS）	取样足够度的 Kaiser-Meyer-Olkin 度量		0.861
	Bartlett 的球形度检验	近似卡方	353.048
		df	10
		Sig.	0.000
利用型下游服务项目 创新 （TS）	取样足够度的 Kaiser-Meyer-Olkin 度量		0.838
	Bartlett 的球形度检验	近似卡方	371.718
		df	10
		Sig.	0.000
企业近期财务绩效 （RP）	取样足够度的 Kaiser-Meyer-Olkin 度量		0.843
	Bartlett 的球形度检验	近似卡方	351.416
		df	6
		Sig.	0.000
企业远期财务绩效 （FP）	取样足够度的 Kaiser-Meyer-Olkin 度量		0.725
	Bartlett 的球形度检验	近似卡方	274.466
		df	6
		Sig.	0.000

对构建的包括 42 个题项的 129 份问卷进行探索性因子分析（EFA）。首先，按照特征根大于 1、最大因子载荷大于 0.5 的方式提取因子，因子提取法采用主成分法，旋转方法为最大方差法。经统计分析，剔除题项 ME2："项目业主常常有新的需求"和 ME3："近一年内，市场上没什么新变化"，问卷处理过程如附录 B 所示。其次，对于剔除题项后各变量以及总体变量进行一致性指数（Cronbach's α）检验，均在 0.7 以上；同时，各变量的 KMO 值均大于 0.7，且 Bartlett 统计值显著。因此，经修正后的量表可用于进一步的调查和验证性分析，从而形成正式的测度量表。

同时，通过电话、邮件以及当面交谈等方式收集预测试人员对问卷的修改建议，在指导语中进一步明确下游服务化战略的定义，增加笔者的联系邮箱以便有兴趣的个人询问调查结果。这样，个人基本信息、修改后的测试量表以及修改后问卷指导语综合在一起，形成正式测试问卷，详见附录 C。

5.3　正式调查数据分析

5.3.1　样本数据的收集

（1）样本总量

正式问卷调查工作自 2014 年 7 月 10 开始，至 2014 年 8 月 15 日结束。为切实达到满足数量和条件的样本，保证正式调查的质量和效果，主要保障措施包括：一是样本来源主要依托中国建筑学会施工分会的企业平台和同济大学工程管理研究所的科研平台；二是样本范围以东部经济发达地区为主，适当覆盖其他地区；三是样本信息填写人落实到具体的专家或行业资深人士；四是企业样本选择范围是全国的特、一级建筑企业，行业类型主要定位于房建、公路、市政和电力；五是大型建筑企业，按照每家发放问卷 1～2 份的原则进行总体控制。最终，通过现场发放、传真和在线问卷向受访者发放了 515 份问卷，共回收 447 份，回收率为 86.80%；有效问卷 378 份，有效率为 84.56%。回收问卷的甄选、回收率和有效率的计算与预测试阶段方式相同，有效问卷数据可参考附录 C 说明进行在线查询。设计量表中所需处理的潜变量总数为 10，题项总数为 46，样本量为题项总数的 8.2 倍。按照最低样本容量应为变量数的 5～10 倍或样本量达到变量中题项数 5～10 倍的要求（郑素丽，2008；章威，2009)[334, 335]，正式测量样本容量符合要求。

（2）调研对象

为保证样本质量，问卷发放时调查对象明确为"建筑企业管理层人员、建筑行业政府主管部门工作人员、高校或科研机构的相关学者、行业协会管理人员以及建设投资公司的管理人员"。这些专家、学者或行业资深人士熟悉建筑业背景，也十分了解建筑业未来发展趋势。

其中，建筑企业样本部分得到中国建筑学会、中国建筑学会施工分会的帮助和支持，主要选择"北京、上海、广州"一线城市的大型建筑企业；建设投资企业、管理咨询公司样本部分主要借助 2013 年同济大学校友大会平台、同济大学 RICS（Royal Institution of Chartered Surveyor，英国皇家特许测量师学会）认证培训班、山东建筑大学上海校友会平台完成；政府部门样本主要来自于上海、武汉、济南三地建筑主管部门；行业协会主要来自北京、上海、太原、济南四地的协会组织；高校或科研机构样本部分主要来自同济大学、东南大学、西安科技大学、宁波大学、沈阳建筑大学和山东建筑大学。

（3）样本分布

调查对象主要来自于北上广一线城市、华东和华中等发达地区，占总量的84.4%。这些地区建筑行业比较发达，调研对象对建筑企业的下游服务化发展理解更全面。同时，调查范围以房建行业为主并有效地覆盖了其他建筑业子行业，其中，房建占72.8%，市政公用、机电安装、电力工程、公路占比都不小于 4%，如表 5-7所示。

样本分布   表 5-7

区域分布			行业分布		
地区	样本数	所占百分比	行业	样本数	所占百分比
北上广一线城市	150	39.7%	房建	275	72.8%
华东地区	163	43.1%	公路	15	4.0%
华南地区	6	1.6%	铁路	5	1.3%
华中地区	25	6.6%	水利水电	3	0.8%
华北地区	11	2.9%	港口航道	4	1.1%
西北地区	5	1.3%	机电安装	20	5.3%
西南地区	9	2.4%	市政公用	25	6.6%
东北地区	7	1.9%	化工石油	4	1.1%
港澳台地区	2	0.5%	电力工程	19	5.0%
—	—	—	矿山工程	8	2.1%

（4）样本对建筑企业下游服务业务的感知情况

首先，调查对象所在或所熟悉的建筑企业近三年平均年产值规模来看，样本总量的 53.2% 给出了答案。这其中，"<15 亿元"的占 33.8%，"15 亿～50 亿元"的占22.4%，"50 亿～100 亿元"的占 17.4%，"100 亿～200 亿元"的占 12.0%，">200亿元"的占 14.4%，各规模级别的建筑企业基本已合理覆盖。其次，对于调查对象所在或所熟悉的建筑企业是否开展下游服务业务的统计中，"企业尚未考虑"的占42.3%，"在准备阶段"（占 17.7%）、"刚刚开展"（占 23.0%）和"已形成规模的"

（占 17.0%）共计 57.7%。可见，建筑企业下游服务业务开展在行业内已形成初步规模，在很大程度上保证了调研目标的实现。

5.3.2　描述性统计分析

（1）样本的基本特征

样本基本特征的分布情况统计如表 5-8 所示，其中，就性别而言，男性受访者占到 69.3%，基本是女性受访者的两倍；就工作年限而言，5 年以内、5～10 年和 10 年以上的维持 1∶1∶1 的比例；就最高学历而言，研究生学历者占到 51.3%，本科学历占到 43.9%，而大专及以下学历者很少，这与所调查的样本企业层次相一致；就单位类型而言，建筑企业占 65.6%，高校或科研机构占 21.4%，政府部门和行业协会的比重是 13.0%，较好地覆盖了建筑行业发展的相关利益主体。

样本基本特征的分布情况统计（N＝378）　　　　　　　　表 5-8

序号	项目	选项	人数	百分比
1	性别	男	262	69.3%
		女	116	30.7%
2	工作年限	5 年以下	120	31.7%
		5～10 年	130	34.4%
		11～15 年	76	20.1%
		15～20 年	23	6.1%
		20 年以上	29	7.7%
3	最高学历	研究生及以上	194	51.3%
		本科	166	43.9%
		大专	17	4.5%
		其他	1	0.3%
4	单位类型	政府部门	42	11.1%
		建筑企业	109	28.8%
		建设投资企业	84	22.2%
		行业协会	7	1.9%
		高校或科研机构	81	21.4%
		管理咨询公司	55	14.6%

（2）样本质量评估

同时，为测试数据是否满足结构方程模型分析要求，使用 SPSS 软件对正式调研数据进行描述性统计处理，计算各测试题项的最小值、最大值、平均值、标准差、偏度和峰度，得到相关数据的统计描述如表 5-9 所示。从表 5-8 可以看出，各测试题项的样本数据均符合偏度小于 2、峰度小于 5 的要求（Ghiselli et al.，1981）[336]，数据样本满足正态分布的参数估计要求，可以进行结构方程模型分析。

描述性统计分析（$N=378$）　　　　　　　　　　　　表 5-9

测量变量	极小值	极大值	均值	标准差	偏度	峰度
ME1	1.00	7.00	5.177	1.322	−0.835	0.502
ME2	1.00	7.00	4.902	1.429	−0.540	−0.373
ME3	1.00	7.00	5.608	1.214	−1.161	1.703
ME4	1.00	7.00	5.312	1.404	−0.770	0.211
DS1	1.00	7.00	5.045	1.323	−0.670	0.162
DS2	2.00	7.00	5.048	1.318	−0.423	−0.521
DS3	1.00	7.00	4.963	1.372	−0.695	0.038
DS4	1.00	7.00	5.283	1.239	−0.719	0.514
DS5	1.00	7.00	5.172	1.286	−0.738	0.288
DS6	1.00	7.00	5.116	1.275	−0.544	−0.066
KR1	1.00	7.00	5.315	1.183	−0.843	0.998
KR2	1.00	7.00	5.460	1.158	−0.922	1.327
KR3	1.00	7.00	5.548	1.133	−0.917	1.232
KR4	1.00	7.00	5.518	1.119	−0.839	0.712
KT1	1.00	7.00	5.482	1.081	−0.960	1.744
KT2	1.00	7.00	5.609	1.058	−0.990	1.635
KT3	1.00	7.00	5.669	1.104	−0.993	1.370
KT4	1.00	7.00	5.661	1.023	−1.032	2.220
RC1	1.00	7.00	5.124	1.113	−0.433	0.285
RC2	1.00	7.00	5.180	1.123	−0.449	0.048
RC3	1.00	7.00	5.193	1.122	−0.613	0.660
RC4	1.00	7.00	5.355	1.098	−0.762	1.148
RC5	1.00	7.00	5.077	1.200	−0.500	0.005
TC1	1.00	7.00	5.376	1.141	−0.763	0.991
TC2	1.00	7.00	5.397	1.129	−0.904	1.195
TC3	1.00	7.00	5.352	1.145	−0.848	0.890
TC4	1.00	7.00	5.265	1.106	−0.644	0.735
TC5	1.00	7.00	4.997	1.189	−0.471	0.085
RS1	1.00	7.00	5.217	1.131	−0.689	0.698
RS2	1.00	7.00	5.140	1.172	−0.573	0.284
RS3	1.00	7.00	5.257	1.136	−0.571	0.288
RS4	1.00	7.00	5.405	1.079	−0.732	0.875
RS5	1.00	7.00	5.069	1.190	−0.646	0.628
TS1	1.00	7.00	5.368	1.112	−0.601	0.470
TS2	1.00	7.00	5.294	1.154	−0.695	0.727
TS3	1.00	7.00	5.378	1.108	−0.884	1.356
TS4	1.00	7.00	5.304	1.030	−0.622	0.834

续表

测量变量	极小值	极大值	均值	标准差	偏度	峰度
TS5	1.00	7.00	5.048	1.185	−0.458	0.162
RP1	1.00	7.00	5.034	1.152	−0.538	0.535
RP2	1.00	7.00	4.899	1.195	−0.415	0.444
RP3	1.00	7.00	4.942	1.189	−0.497	0.305
RP4	1.00	7.00	4.955	1.17471	−0.396	0.310
FP1	1.00	7.00	5.362	1.118	−0.911	1.851
FP2	1.00	7.00	5.180	1.197	−0.799	1.110
FP3	1.00	7.00	5.418	1.107	−1.036	2.169
FP4	1.00	7.00	5.500	1.145	−1.129	2.226

5.3.3　验证性因子分析

探索性因子分析在未知构思结构时适用，而验证性因子分析（CFA）则可以提供进一步的检验，并为结构方程模型检验提供基础（Church & Burke，1994）[337]。一般来说，在进行验证性因子分析之前，都要先进行信度（Reliability）和效度（Validity）检验。

（1）信度检验

本章通过计算每个变量的一致性指数（Cronbach's α）来评价量表测度的信度。同时，观测删除每一个题项后一致性指数（Cronbach's α）的变化方向（Alpha if item deleted），以确定是否可以删除某些题项以提高整体信度。对量表 46 个题项进行信度检验，结果如表 5-10 所示：所有变量的一致性指数（Cronbach's α）都大于 0.7，且除了"市场环境"变量外，其他变量的一致性指数都大于 0.8，说明本量表的各题项之间具有较好的内部一致性。

正式测试量表的信度检验（N＝378）　　　　表 5-10

变量	Cronbach's α 系数	指标	项已删除的 Cronbach's α 值	变量	Cronbach's α 系数	指标	项已删除的 Cronbach's α 值
建筑市场环境（ME）	0.712	ME1	0.633	利用型工程项目创新（TC）	0.871	TC1	0.835
		ME2	0.640			TC2	0.839
		ME3	0.629			TC3	0.824
		ME4	0.694			TC4	0.863
下游服务化战略（DS）	0.887	DS1	0.879			TC5	0.858
		DS2	0.872	探索型下游服务项目创新（RS）	0.897	RS1	0.863
		DS3	0.874			RS2	0.866
		DS4	0.873			RS3	0.870
		DS5	0.851			RS4	0.883
		DS6	0.855			RS5	0.888

续表

变量	Cronbach's α系数	指标	项已删除的Cronbach's α值	变量	Cronbach's α系数	指标	项已删除的Cronbach's α值
知识开发策略（KR）	0.831	KR1	0.808	利用型下游服务项目创新（TS）	0.899	TS1	0.867
		KR2	0.781			TS2	0.865
		KR3	0.751			TS3	0.864
		KR4	0.804			TS4	0.889
知识利用策略（KT）	0.897	KT1	0.889			TS5	0.897
		KT2	0.855	企业近期财务绩效（RP）	0.930	RP1	0.920
		KT3	0.856			RP2	0.899
		KT4	0.868			RP3	0.902
探索型工程项目创新（RC）	0.853	RC1	0.822			RP4	0.911
		RC2	0.822	企业远期财务绩效（FP）	0.894	FP1	0.855
		RC3	0.803			FP2	0.882
		RC4	0.841			FP3	0.849
		RC5	0.824			FP4	0.868

（2）效度检验

效度是用来反映测量结果与期望效果之间差距的指标，分为内容效度（content validity）和结构效度（construct validity）两个主要类型。通过效度分析可以得知问卷是否符合我们期望进行的研究。由于在设计问卷之前，整理分析了大量服务化研究资料，并结合建筑产业特点实地调研了大量的下游服务化相关利益方，量表的形成基于大量文献和专家及行业人员评估，因此认为已经符合变量的内容效度要求。同时，结构效度检验主要通过验证性因子分析的模型拟合指数来评价。

（3）验证性因子分析

在探索性因子分析对测试题项修正以及正式测试信度检验的基础上，对46个题项的量表进行验证性因子分析，旨在验证潜变量与观测变量之间的关系。利用A-MOS 21.0软件对验证性因子分析模型的参数进行估计与效果检验，得出各参数估计值。依据数据处理的结果，验证性因子分析的各指标如表5-11所示：绝对拟合度指数的各指标符合标准，说明样本数据与模型拟合度较高；简约拟合指数的各指标符合标准，说明模型比较简约；增值拟合度指数符合标准。总体来看，该模型具有较好的拟合度。

验证性因子分析（CFA）指标表　　　　　　　　表 5-11

指数	指标	理想值	模型结果	是否符合标准
绝对拟合度指数	χ^2/df	$X<5$	3.2	符合
	GFI	$0.9<X<1$	0.902	符合
	RMSEA	$X<0.08$	0.078	符合

续表

指数	指标	理想值	模型结果	是否符合标准
简约拟合 指数	PNFI	$0.5 < X < 1$	0.87	符合
	PGFI	$0.5 < X < 1$	0.64	符合
增值拟合度 指数	NFI	$0.9 < X < 1$	0.96	符合
	CFI	$0.9 < X < 1$	0.97	符合

5.4　模型假设检验分析

5.4.1　相关性分析

相关变量的平均值、标准差和相关系数的分析结果如表 5-12 所示。

变量间的相关性分析　　　　　　　　表 5-12

变量	平均值	标准差	1	2	3	4	5	6	7	8	9	10
ME	5.25	0.98	1									
DS	5.10	1.04	0.41**	1								
KR	5.46	0.94	0.46**	0.57**	1							
KT	5.61	0.93	0.47**	0.53**	0.75**	1						
RC	5.19	0.90	0.38**	0.45**	0.63**	0.61**	1					
TC	5.28	0.93	0.36**	0.46**	0.56**	0.66**	0.71**	1				
RS	5.22	0.96	0.33**	0.50**	0.61**	0.60**	0.72**	0.71**	1			
TS	5.28	0.94	0.38**	0.47**	0.60**	0.67**	0.69**	0.77**	0.78**	1		
RP	4.96	1.07	0.18**	0.46**	0.44**	0.56**	0.44**	0.47**	0.45**	0.51**	1	
FP	5.37	0.99	0.25**	0.53**	0.56**	0.55**	0.49**	0.46**	0.50**	0.49**	0.70**	1

注：$n = 378$，$^{*} p < 0.05$，$^{**} p < 0.01$。

（1）相关关系分析

下游服务化战略与知识开发策略（0.57，$p < 0.01$）、知识利用策略（0.53，$p < 0.01$）、企业近期财务绩效（0.46，$p < 0.01$）、企业远期财务绩效（0.53，$p < 0.01$）显著正相关。因此，H1-1～H1-4 假设得到验证。

知识开发策略与探索型工程项目创新（0.63，$p < 0.01$）、利用型工程项目的创新（0.56，$p < 0.01$）、探索型下游服务项目创新（0.61，$p < 0.01$）、利用型下游服务项目创新（0.62，$p < 0.01$）、企业近期财务绩效（0.44，$p < 0.01$）、企业远期财务绩效（0.56，$p < 0.01$）显著正相关。知识利用策略与探索型工程项目创新（0.61，$p < 0.01$）、利用型工程项目创新（0.66，$p < 0.01$）、探索型下游服务项目创新（0.60，$p <$

0.01）、利用型下游服务项目创新（0.67，p＜0.01）、企业近期财务绩效（0.50，p＜0.01）、企业远期财务绩效（0.55，p＜0.01）显著正相关。因此，H1-5～H1-16假设得到验证。

探索型工程项目的创新与企业近期财务绩效（0.44，p＜0.01）、企业远期财务绩效（0.49，p＜0.01）、探索型下游服务项目创新（0.72，p＜0.01）、利用型下游服务项目创新（0.69，p＜0.01）显著正相关。利用型工程项目创新与企业近期财务绩效（0.47，p＜0.01）、企业远期财务绩效（0.46，p＜0.01）、探索型下游服务项目创新（0.71，p＜0.01）、利用型下游服务项目创新（0.77，p＜0.01）显著正相关。因此，H1-17～H1-24假设得到验证。

探索型下游服务项目创新与企业近期财务绩效（0.45，p＜0.01）、企业远期财务绩效（0.50，p＜0.01）显著正相关。利用型下游服务项目创新与企业近期财务绩效（0.51，p＜0.01）、企业远期财务绩效（0.54，p＜0.01）显著正相关。因此，H1-25～H1-28假设得到验证。

另外，虽然未作出假设，但相关性检验结果表明：知识开发与知识利用之间（0.75，p＜0.01）、探索型工程项目创新和利用型工程项目创新之间（0.71，p＜0.01）、探索型下游服务项目创新和利用型下游服务项目创新之间（0.78，p＜0.01）、近期与远期财务绩效之间（0.07，p＜0.01），都存在显著的正相关关系，这也验证了上述变量之间的理论逻辑关系。

（2）相对相关程度分析

进一步对比分析发现：①下游服务化战略对企业长期财务绩效的影响更大（0.53＞0.46）；②下游服务化战略使企业更倾向于知识开发策略（0.57＞0.53）；③知识开发策略与探索型项目创新、企业远期财务绩效关系更为密切（0.63＞0.56，0.61＞0.60，0.56＞0.44）；④而知识利用策略与利用型项目创新、企业近期财务绩效关系更为密切（0.66＞0.61，0.67＞0.60，0.56＞0.55）；⑤探索型项目创新与企业远期绩效关系更为密切（0.49＞0.44，0.50＞0.45）；⑥而利用型项目创新与企业近期绩效关系更为密切（0.47＞0.46，0.51＞0.49）；⑦探索型工程项目创新与探索型下游服务项目创新关系更为密切（0.72＞0.69），利用型工程项目创新与利用型下游服务项目创新关系更为密切（0.77＞0.71），即工程项目创新与下游服务项目创新存在协同关联关系。这些相对相关程度对比分析结果，进一步支持和证明了变量间的理论逻辑关系。

综上，相关性检验结果为中介效应的检验提供了必要的前提，也为下一步系统动力学建模中对各主体特性的参数设置提供了依据。

5.4.2　中介效应分析

（1）知识开发策略的中介作用分析

表5-13中建立了6组回归模型，检验了知识开发在下游服务化战略和企业近期、

远期财务绩效关系中的中介作用。模型 1-2 仅含控制变量和下游服务化战略，模型 1-3 在此基础上加入中介变量知识开发，即为了检验知识开发在下游服务化战略和近期财务绩效关系中的中介作用。结果显示，模型 1-3 在模型 1-2 的基础上加入中介变量 KR 后，下游服务化战略的回归系数减小（从 0.47 减为 0.33），但显著性水平并没有改变，说明知识开发在下游服务化战略和近期财务绩效关系中发挥了部分中介作用。因此，假设 H2-1 得到支持。模型 1-5 仅含控制变量和下游服务化战略，模型 1-6 在此基础上加入中介变量知识开发，即为了检验知识开发在下游服务化战略和远期财务绩效关系中的中介作用。结果显示，模型 1-6 在模型 1-5 的基础上加入中介变量 KR 后，下游服务化战略的回归系数减小（从 0.54 减为 0.32），但显著性水平并没有改变，说明知识开发在下游服务化战略和远期财务绩效关系中发挥了部分中介作用。因此，假设 H2-2 得到支持。

知识开发在下游服务化战略和财务绩效间的中介作用分析　　　　　表 5-13

	近期财务绩效			远期财务绩效		
	模型 1-1	模型 1-2	模型 1-3	模型 1-4	模型 1-5	模型 1-6
控制变量						
性别	0.020	−0.081	−0.058	−0.014	−0.116	−0.086
年龄	−0.030	−0.084	−0.085	0.029	−0.026	−0.028
学历	0.110	0.098	0.136	−0.066	−0.077	−0.027
单位类型	−0.037	−0.018	−0.017	−0.025	−0.005	−0.004
自变量						
DS		0.47**	0.33**		0.54**	0.32*
中介变量						
KR			0.26**			0.38**
$\triangle R^2$	0.09	0.22	0.05	0.04	0.28**	0.10**
$\triangle F$	0.85	105.74**	23.86**	0.38	145.54**	57.12**

注：*** 表示显著性水平 $p<0.001$，** 表示显著性水平 $p<0.01$，* 表示显著性水平 $p<0.05$。

（2）知识利用策略的中介作用分析

表 5-14 中建立了 6 组回归模型，检验了知识利用在下游服务化战略和企业近期、远期财务绩效关系中的中介作用。模型 2-2 仅含控制变量和下游服务化战略，模型 2-3 在此基础上加入中介变量知识利用，即为了检验知识利用在下游服务化战略和近期财务绩效关系中的中介作用。结果显示，模型 2-3 在模型 2-2 的基础上加入中介变量知识利用后，下游服务化战略的回归系数减小（从 0.54 减为 0.34），但显著性水平并没有改变，说明知识利用在下游服务化战略和近期财务绩效关系中发挥了部分中介作用。因此，H2-3 得到支持。模型 2-5 仅含控制变量和下游服务化战略，模型 2-6 在此

基础上加入中介变量知识利用，即为了检验知识利用在下游服务化战略和企业远期绩效关系中的中介作用。结果显示，模型 2-6 在模型 2-5 的基础上加入中介变量知识利用后，下游服务化战略的回归系数减小（从 0.47 减为 0.29），但显著性水平并没有改变，说明知识利用在下游服务化战略和远期财务绩效关系中发挥了部分中介作用。因此，H2-4 得到支持。

知识利用在下游服务化战略和财务绩效间的中介作用分析 表 5-14

	近期财务绩效			远期财务绩效		
	模型 2-1	模型 2-2	模型 2-3	模型 2-4	模型 2-5	模型 2-6
控制变量						
性别	−0.014	−0.116	−0.086	−0.014	−0.116	−0.099
年龄	0.029	−0.026	−0.028	0.029	−0.026	−0.014
学历	−0.066	−0.077	−0.027	−0.066	−0.077	−0.085
单位类型	−0.025	−0.005	−0.004	−0.025	−0.005	−0.004
自变量						
DS		0.47**	0.29**		0.54**	0.34**
中介变量						
KT			0.34**			0.37**
△R²	0.09	0.22	0.09	0.04	0.28	0.10
△F	0.85	105.74**	45.43**	0.38	145.54**	59.53*

注：***表示显著性水平 $p < 0.001$，**表示显著性水平 $p < 0.01$，*表示显著性水平 $p < 0.05$。

（3）探索型工程项目创新在的中介作用分析

表 5-15 中建立了 12 组回归模型，检验了探索型工程项目创新在知识开发、知识利用和企业财务绩效关系中的中介作用。模型 3-3 在模型 3-2 的基础上加入中介变量 RC 后，知识开发回归系数减小（从 0.45 减为 0.28），但显著性水平并没有改变，说明探索型工程项目创新在知识开发和近期财务绩效间发挥了部分中介作用。因此，H2-5 得到支持。模型 3-6 在模型 3-5 的基础上加入中介变量 RC 后，知识开发回归系数减小（从 0.56 减为 0.41），但显著性水平并没有改变，说明探索型工程项目创新在知识开发和远期财务绩效间发挥了部分中介作用。因此，H2-6 得到支持。模型 4-3 在模型 4-2 的基础上加入中介变量 RC 后，知识开发回归系数减小（从 0.45 减为 0.24），但显著性水平并没有改变，说明探索型工程项目创新在知识利用和企业近期绩效间发挥了部分中介作用。因此，H2-7 得到支持。模型 4-6 在模型 4-5 的基础上加入中介变量 RC 后，知识利用回归系数减小（从 0.48 减为 0.24），但显著性水平并没有改变，说明探索型工程项目创新在知识利用和远期财务绩效间发挥了部分中介作用。因此，H2-8 得到支持。

探索型工程项目创新的中介作用分析　　　　　　　　　　表 5-15

在知识开发与财务绩效间的中介作用					
	近期绩效			远期绩效	
	模型 3-1	模型 3-2	模型 3-3	模型 3-4	模型 3-5	模型 3-6
控制变量						
性别	0.016	0.003	0.027	−0.014	−0.116	−0.099
年龄	−0.032	−0.062	−0.063	0.029	−0.026	−0.014
学历	0.110	0.167	0.168	−0.066	−0.077	−0.085
单位类型	−0.037	−0.026	−0.025	−0.025	−0.005	−0.004
自变量						
KR		0.45**	0.28**		0.56**	0.41**
中介变量						
RC			0.28**			0.23**
$\triangle R^2$	0.01	0.20	0.05	0.004	0.31	0.03
$\triangle F$	0.85	91.55**	24.37**	0.38	165.38**	17.73**

在知识利用与财务绩效间的中介作用					
	近期绩效			远期绩效	
	模型 4-1	模型 4-2	模型 4-3	模型 4-4	模型 4-5	模型 4-6
控制变量						
性别	0.016	0.045	0.010	−0.014	0.015	−0.023
年龄	−0.032	−0.053	−0.052	0.029	0.007	0.009
学历	0.110	0.147	0.117	−0.066	−0.028	−0.060
单位类型	−0.037	−0.029	−0.024	−0.025	−0.018	−0.012
自变量						
KC		0.45**	0.24**		0.48**	0.24**
中介变量						
RC			0.35**			0.40**
$\triangle R^2$	0.01	0.20	0.08	0.004	0.23	0.10
$\triangle F$	0.85	95.08**	39.77**	0.38	114.51**	56.11**

注：***表示显著性水平 $p<0.001$，**表示显著性水平 $p<0.01$， *表示显著性水平 $p<0.05$。

（4）利用型工程项目创新的中介作用分析

表 5-16 中建立了 12 组回归模型，检验了利用型工程项目创新在知识开发、知识利用和企业财务绩效关系中的中介作用。模型 5-3 在模型 5-2 的基础上加入中介变量 TC 后，知识开发回归系数减小（从 0.45 减为 0.26），但显著性水平并没有改变，说明利用型工程项目创新在知识开发和近期财务绩效间发挥了部分中介作用。因此，H2-9 得到支持。模型 5-6 在模型 5-5 的基础上加入中介变量 TC 后，知识开发回归系数减小（从 0.56 减为 0.43），但显著性水平并没有改变，说明利用型工程项目创新在

知识开发和远期财务绩效间发挥了部分中介作用。因此，H2-10 得到支持。模型 6-3 在模型 6-2 的基础上加入中介变量 TC 后，知识利用回归系数减小（从 0.50 减为 0.33），但显著性水平并没有改变，说明利用型工程项目创新在知识利用和近期财务绩效间发挥了部分中介作用。因此，H2-11 得到支持。模型 6-6 在模型 6-5 的基础上加入中介变量 TC 后，知识利用回归系数减小（从 0.55 减为 0.43），但显著性水平并没有改变，说明利用型工程项目创新在知识利用和远期财务绩效间关发挥了部分中介作用。因此，H2-12 得到支持。

利用型工程项目创新的中介作用分析 表 5-16

	在知识开发与财务绩效间的中介作用					
	近期绩效			远期绩效		
	模型 5-1	模型 5-2	模型 5-3	模型 5-4	模型 5-5	模型 5-6
控制变量						
性别	0.016	0.003	0.008	−0.014	−0.030	−0.026
年龄	−0.032	−0.062	−0.076	0.029	−0.006	−0.016
学历	0.110	0.167	0.135	−0.066	0.001	−0.019
单位类型	−0.037	−0.026	−0.014	−0.025	−0.012	−0.004
自变量						
KR		0.45**	0.26**		0.56**	0.43**
中介变量						
TC			0.33**			0.23**
$\triangle R^2$	0.01	0.20	0.07	0.004	0.31	0.03
$\triangle F$	0.85	91.55**	37.15**	0.38	165.38**	19.49**
	在知识利用与财务绩效间的中介作用					
	近期绩效			远期绩效		
	模型 6-1	模型 6-2	模型 6-3	模型 6-4	模型 6-5	模型 6-6
控制变量						
性别	0.016	−0.014	−0.004	−0.014	−0045	−0.039
年龄	−0.032	−0.045	−0.062	0.029	0.016	0.004
学历	0.110	0.092	0.092	−0.066	−0.084	−0.084
单位类型	−0.037	−0.024	−0.016	−0.025	−0.012	−0.006
自变量						
KC		0.50**	0.33**		0.55**	0.43**
中介变量						
TC			0.26**			0.19**
$\triangle R^2$	0.01	0.24	0.04	0.004	0.30	0.02
$\triangle F$	0.85	121.58**	19.76**	0.38	159.81**	10.61**

注：***表示显著性水平 $p < 0.001$，**表示显著性水平 $p < 0.01$，*表示显著性水平 $p < 0.05$。

（5）探索型下游服务项目创新的中介作用分析

表 5-17 中建立了 12 组回归模型，检验了探索型下游服务项目创新在知识开发、知识利用和企业财务绩效关系中的中介作用。模型 7-3 在模型 7-2 的基础上加入中介变量 RS 后，知识开发回归系数减小（从 0.45 减为 0.26），但显著性水平并没有改变，说明探索型下游服务项目创新在知识开发和近期财务绩效间发挥了部分中介作用。因此，H2-13 得到支持。模型 7-6 在模型 7-5 的基础上加入中介变量 RS 后，知识开发回归系数减小（从 0.56 减为 0.40），但显著性水平并没有改变，说明探索型下游服务项目创新在知识开发和远期财务绩效间发挥了部分中介作用。因此，H2-14 得到支持。模型 8-3 在模型 8-2 的基础上加入中介变量 RS 后，知识开发回归系数减小（从 0.47 减为 0.32），但显著性水平并没有改变，说明探索型下游服务项目创新在知识利用和企业近期绩效间发挥了部分中介作用。因此，H2-15 得到支持。模型 8-6 在模型 8-5 的基础上加入中介变量 RS 后，知识利用的回归系数减小（从 0.54 减为 0.38），但显著性水平并没有改变，说明探索型下游服务项目创新在知识利用和远期财务绩效间发挥了部分中介作用。因此，H2-16 得到支持。

探索型下游服务项目创新的中介作用分析　　　　　　　　　　　**表 5-17**

在知识开发与财务绩效间的中介作用					
	近期绩效			远期绩效		
	模型 7-1	模型 7-2	模型 7-3	模型 7-4	模型 7-5	模型 7-6
控制变量						
性别	0.016	0.003	0.030	−0.014	−0.030	−0.008
年龄	−0.032	−0.062	−0.090	0.029	−0.006	−0.029
学历	0.110	0.167	0.167	−0.066	0.001	0.001
单位类型	−0.037	−0.026	−0.032	−0.025	−0.012	−0.017
自变量						
KR		0.45**	0.26**		0.56**	0.40**
中介变量						
RS			0.31**			0.26**
△R²	0.01	0.20	0.06	0.004	0.31	0.04
△F	0.85	91.55**	29.22**	0.38	165.38**	24.41**

在知识利用与财务绩效间的中介作用					
	近期绩效			远期绩效		
	模型 8-1	模型 8-2	模型 8-3	模型 8-4	模型 8-5	模型 8-6
控制变量						
性别	0.016	−0.081	−0.028	−0.014	−0.116	−0.065
年龄	−0.032	−0.084	−0.108	0.029	−0.026	−0.049
学历	0.110	0.098	0.126	−0.066	−0.077	−0.051
单位类型	−0.037	−0.018	−0.026	−0.025	−0.005	−0.013

续表

在知识利用与财务绩效间的中介作用						
	近期绩效			远期绩效		
	模型 8-1	模型 8-2	模型 8-3	模型 8-4	模型 8-5	模型 8-6
自变量						
KC		0.47**	0.32**		0.54**	0.38**
中介变量						
RS			0.31**			0.32**
△R²	0.01	0.22	0.07	0.004	0.28	0.08
△F	0.85	105.75**	36.47**	0.38	145.54**	43.52**

注：***表示显著性水平 $p < 0.001$，**表示显著性水平 $p < 0.01$，*表示显著性水平 $p < 0.05$。

（6）利用型下游服务项目创新的中介作用分析

表5-18 中建立了 12 组回归模型，检验了利用型下游服务项目创新在知识开发、知识利用和企业财务绩效关系中的中介作用。模型 9-3 在模型 9-2 的基础上加入中介变量 TS 后，知识开发回归系数减小（从 0.45 减为 0.20），但显著性水平并没有改变，说明利用型下游服务项目创新在知识开发和近期财务绩效间发挥了部分中介作用。因此，H2-17 得到支持。模型 9-6 在模型 9-5 的基础上加入中介变量 TS 后，知识开发回归系数减小（从 0.56 减为 0.36），但显著性水平并没有改变，说明利用型下游服务项目创新在知识开发和远期财务绩效间发挥了部分中介作用。因此，H2-18 得到支持。模型 10-3 在模型 10-2 的基础上加入中介变量 TS 后，知识利用回归系数减小（从 0.50 减为 0.27），但显著性水平并没有改变，说明利用型下游服务项目创新在知识利用和近期财务绩效间发挥了部分中介作用。因此，H2-19 得到支持。模型 10-6 在模型 10-5 的基础上加入中介变量 TS 后，知识利用的回归系数减小（从 0.55 减为 0.34），但显著性水平并没有改变，说明利用型下游服务项目创新在知识利用和远期财务绩效间发挥了部分中介作用。因此，H2-20 得到支持。

利用型下游服务项目创新的中介作用分析 表 5-18

在知识开发与财务绩效间的中介作用						
	近期绩效			远期绩效		
	模型 9-1	模型 9-2	模型 9-3	模型 9-4	模型 9-5	模型 9-6
控制变量						
性别	0.016	0.003	0.037	−0.014	−0.030	−0.004
年龄	−0.032	−0.062	−0.081	0.029	−0.006	−0.020
学历	0.110	0.167	0.127	−0.066	0.001	−0.028
单位类型	−0.037	−0.026	−0.036	−0.025	−0.012	−0.020
自变量						
KR		0.45**	0.20**		0.56**	0.36**

续表

在知识开发与财务绩效间的中介作用					
	近期绩效			远期绩效		
	模型 9-1	模型 9-2	模型 9-3	模型 9-4	模型 9-5	模型 9-6
中介变量						
TS			0.39**			0.32**
$\triangle R^2$	0.01	0.20	0.10	0.004	0.31	0.06
$\triangle F$	0.85	91.55**	5.38**	0.38	165.38**	36.43**

在知识利用与财务绩效间的中介作用					
	近期绩效			远期绩效		
	模型 10-1	模型 10-2	模型 10-3	模型 10-4	模型 10-5	模型 10-6
控制变量						
性别	0.016	−0.014	0.023	−0.014	−0.045	−0.014
年龄	−0.032	−0.045	−0.069	0.029	0.016	−0.005
学历	0.110	0.092	0.093	−0.066	−0.084	−0.083
单位类型	−0.037	−0.024	−0.034	−0.025	−0.012	−0.020
自变量						
KC		0.50**	0.27**		0.55**	0.34**
中介变量						
TS			0.34**			0.31**
$\triangle R^2$	0.01	0.24	0.06	0.004	0.30	0.05
$\triangle F$	0.85	121.58**	32.78**	0.38	159.81**	29.47**

注：***表示显著性水平 $p<0.001$，**表示显著性水平 $p<0.01$，*表示显著性水平 $p<0.05$。

5.4.3　调节效应分析

在管理、心理和行为等研究领域的多变量分析时，除了自变量和因变量外，经常会遇到调节变量（moderator）。尽管近年来国内对调节效应（moderating effect）模型有了一些介绍和研究，但有关调节效应模型的标准化估计问题的探讨仍较少。能否科学地对调节效应模型进行标准化估计，直接关系到能否正确地对调节效应进行分析。

对于有交互效应项的回归模型见式（5-1）。

$$Y = b_0 + b_1 X_1 + b_2 X_2 + b_3 X_1 X_2 + e \tag{5-1}$$

应该采用标准化估计的方法进行调节效应的分析。即首先将 Y，X_1，X_2 标准化（即计算各变量的标准分数，也称为 Z 分数），变成 Z_Y，Z_{X_1}，Z_{X_2}；然后构造乘积项 $Z_{X_1} Z_{X_2}$，方程的原始估计（不再要求标准化估计）如式（5-2）。

$$Z_Y = c_0 + c_1 Z_{X_1} + c_2 Z_{X_2} + c_3 Z_{X_1} Z_{X_2} + e \tag{5-2}$$

就作为交互效应模型（6-1）的标准化估计（Friedrich，1982）[338]。由于模型（5-

2）中的 $Z_{X_1} Z_{X_2}$ 是 Z_{X_1} 和 Z_{X_2} 的乘积项，因而是 X_1 和 X_2 标准化后的交互作用项，所以这样定义的标准化估计是合适的（温忠麟等，2008）[339]。调节效应分析采用这种标准化估计的思路。

调节作用的检验分为三个步骤：第一步，先把自变量引入回归方程；第二步，再把调节变量引入回归方程；第三步，最后把自变量和调节变量的交互项引入回归方程。当交互项的回归系数显著不为 0 时，表明存在调节效应。为减少变量间的多重共线性问题，在进行调节效应检验之前，首先对所有变量进行中心化处理。根据上述调节作用的检验步骤，对每一个待检验的调节变量构建了 8 个模型。

（1）建筑市场环境调节下游服务化战略与财务绩效间关系的效应分析

如表 5-19 所示，建筑市场环境变化与下游服务化战略的交互项对近期财务绩效不产生显著的影响（模型 11-4，$\beta_1 = -0.04$，$p > 0.05$）；对企业远期绩效不产生显著影响（模型 12-8，$\beta_2 = -0.08$，$p > 0.05$）。因此，假设 H3-1、H3-2 未得到支持。这是因为，由于服务业务的稳定性，建筑企业实施下游服务化战略能在有效抵御建筑市场环境波动（Oliva & Kallenberg，2003）[22]，对上游建筑市场环境变化影响企业总体财务绩效具备了一定的缓冲能力。

市场环境变化调节下游服务化与企业绩效间关系的效应分析　　　　表 5-19

	近期绩效				远期绩效			
	模型 11-1	模型 11-2	模型 11-3	模型 11-4	模型 11-5	模型 11-6	模型 11-7	模型 11-8
控制变量								
性别	0.016	−0.081	−0.083	−0.082	−0.014	−0.116	−0.110	−0.107
年龄	−0.032	−0.084	−0.084	−0.081	0.029	−0.026	−0.025	−0.020
学历	0.110	0.098	0.097	0.097	−0.066	−0.077	−0.074	−0.074
单位类型	−0.037	−0.018	−0.018	−0.018	−0.025	−0.005	−0.006	−0.004
自变量								
DS		0.47**	0.48**	0.48**		0.53**	0.52**	0.51**
调节变量								
ME		−0.01	−0.02				0.03	0.01
交互项								
DS×ME				−0.04				−0.08
△R²	0.01	0.22	0.00	0.00	0.04	0.28	0.00	0.01
△F	0.85	105.74**	0.07	0.65	0.38	145.54**	0.47	3.70

注：***表示显著性水平 $p < 0.001$，**表示显著性水平 $p < 0.01$，* 表示显著性水平 $p < 0.05$。

（2）建筑市场环境变化调节知识开发与企业绩效间关系的效应分析

如表 5-20 所示，建筑市场环境变化与知识开发的交互项对企业近期财务绩效产生显著的正向影响（模型 16-4，$\beta_1 = 0.11$，$p < 0.01$），对企业远期财务绩效产生显著的

正向影响（模型 16-8，$\beta_2 = 0.13$，p＜0.01）。因此，假设 H3-3、H3-4 得到支持。这表明，建筑市场环境变化越大，知识开发提升企业近期与远期财务绩效方面的作用关系就越大。

建筑市场环境变化调节知识开发与企业绩效间关系的效应分析　　　　表 5-20

	近期绩效				远期绩效			
	模型 12-1	模型 12-2	模型 12-3	模型 12-4	模型 12-5	模型 12-6	模型 12-7	模型 12-8
控制变量								
性别	0.016	0.003	−0.001	0.005	−0.014	−0.030	−0.031	−0.023
年龄	−0.032	−0.062	−0.062	−0.051	0.029	−0.006	−0.006	0.010
学历	0.110	0.167	0.166	0.165	−0.066	0.001	0.001	−0.001
单位类型	−0.037	−0.026	−0.026	−0.028	−0.025	−0.012	−0.012	−0.015
自变量								
KR		0.45＊＊	0.45＊＊	0.41＊＊		0.56＊＊	0.56＊＊	0.49＊＊
调节变量								
ME			0.03＊＊	0.04＊＊			0.03＊＊	0.02＊＊
交互项								
ME×KR				0.11＊＊				0.13＊＊
△R²	0.01	0.20	0.04	0.01	0.01	0.31	0.05	0.03
△F	0.85	91.55＊＊	3.207＊＊	1.24＊＊	0.38	165.38＊＊	30.47＊＊	16.14＊＊

注：＊＊＊表示显著性水平 p＜0.001，＊＊表示显著性水平 p＜0.01，＊表示显著性水平 p＜0.05。

（3）建筑市场环境变化调节知识利用与企业绩效间关系的效应分析

如表 5-21 所示，建筑市场环境变化与知识利用的交互项对企业近期财务绩效产生显著的负向影响（模型 17-4，$\beta_1 = -0.12$，p＜0.01），对企业远期绩效产生显著的负向影响（模型 17-8，$\beta_2 = -0.16$，p＜0.01）。因此，假设 H4-5、H4-6 得到支持。这表明，建筑市场环境变化越大，知识利用提升企业近期与远期财务绩效方面的作用关系就受限。

建筑市场环境变化调节知识利用与企业绩效间关系的效应分析　　　　表 5-21

	近期绩效				远期绩效			
	模型 13-1	模型 13-2	模型 13-3	模型 13-4	模型 13-5	模型 13-6	模型 13-7	模型 13-8
控制变量								
性别	0.016	−0.014	−0.024	−0.013	−0.014	−0.045	−0.048	−0.034
年龄	−0.032	−0.045	−0.043	−0.036	0.029	0.016	0.016	0.025
学历	0.110	0.092	0.084	0.089	−0.066	−0.084	−0.086	−0.079
单位类型	−0.037	−0.024	−0.024	−0.022	−0.025	−0.012	−0.012	−0.010
自变量								
KT		0.50＊＊	0.52＊＊	0.48＊＊		0.55＊＊	0.56＊＊	0.50＊＊
调节变量								

续表

	近期绩效				远期绩效			
	模型 13-1	模型 13-2	模型 13-3	模型 13-4	模型 13-5	模型 13-6	模型 13-7	模型 13-8
ME			−0.07	−0.09			−0.02	0.04
交互项								
ME×KT				−0.12**				−0.16**
△R²	0.01	0.24	0.00	0.01	0.01	0.30	0.00	0.02
△F	0.85	121.58**	1.76**	5.27**	0.38	159.81**	0.13	10.62**

注:***表示显著性水平 $p<0.001$,**表示显著性水平 $p<0.01$,*表示显著性水平 $p<0.05$。

5.4.4 假设检验总结

模型假设检验汇总如表 5-22 所示。

模型假设检验汇总

表 5-22

类型	模型假设	检验结果
相关性分析	H1-1:下游服务化战略对企业近期财务绩效有显著的正向影响	得到验证
	H1-2:下游服务化战略对企业远期财务绩效有显著的正向影响	得到验证
	H1-3:下游服务化战略对企业知识开发策略有显著的正向影响	得到验证
	H1-4:下游服务化战略对企业知识利用策略有显著的正向影响	得到验证
	H1-5:知识开发策略对企业近期财务绩效有显著的正向影响	得到验证
	H1-6:知识开发策略对企业远期财务绩效有显著的正向影响	得到验证
	H1-7:知识利用策略对企业近期财务绩效有显著的正向影响	得到验证
	H1-8:知识利用策略对企业远期财务绩效有显著的正向影响	得到验证
	H1-9:知识开发策略对探索型工程建造项目创新有显著的正向影响	得到验证
	H1-10:知识开发策略对利用型工程建造项目创新有显著的正向影响	得到验证
	H1-11:知识开发策略对探索型下游服务项目创新有显著的正向影响	得到验证
	H1-12:知识开发策略对利用型下游服务项目创新有显著的正向影响	得到验证
	H1-13:知识利用策略对探索型工程建造项目创新有显著的正向影响	得到验证
	H1-14:知识利用策略对利用型工程建造项目创新有显著的正向影响	得到验证
	H1-15:知识利用策略对探索型下游服务项目创新有显著的正向影响	得到验证
	H1-16:知识利用策略对利用型下游服务项目创新有显著的正向影响	得到验证
	H1-17:探索型工程项目创新对企业近期财务绩效有显著的正向影响	得到验证
	H1-18:探索型工程项目创新对企业远期财务绩效有显著的正向影响	得到验证
	H1-19:利用型工程项目创新对企业近期财务绩效有显著的正向影响	得到验证
	H1-20:利用型工程项目创新对企业远期财务绩效有显著的正向影响	得到验证
	H1-21:探索型下游服务项目创新对企业近期财务绩效有显著的正向影响	得到验证
	H1-22:探索型下游服务项目创新对企业远期财务绩效有显著的正向影响	得到验证
	H1-23:利用型下游服务项目创新对企业近期财务绩效有显著的正向影响	得到验证

续表

类型	模型假设	检验结果
相关性 分析	H1-24：利用型下游服务项目创新对企业远期财务绩效有显著的正向影响	得到验证
	H1-25：探索型工程项目创新对探索型下游服务项目创新有显著的正向影响	得到验证
	H1-26：探索型工程项目创新对利用型下游服务项目创新有显著的正向影响	得到验证
	H1-27：利用型工程项目创新对探索型下游服务项目创新有显著的正向影响	得到验证
	H1-28：利用型工程项目创新对利用型下游服务项目创新有显著的正向影响	得到验证
中介 作用 分析	H2-1：知识开发策略在建筑企业下游服务化战略影响近期绩效关系中起到中介作用	得到验证
	H2-2：知识开发策略在建筑企业下游服务化战略影响远期绩效关系中起到中介作用	得到验证
	H2-3：知识利用策略在建筑企业下游服务化战略影响近期绩效关系中起到中介作用	得到验证
	H2-4：知识利用策略在建筑企业下游服务化战略影响远期绩效关系中起到中介作用	得到验证
	H2-5：探索型工程项目创新在知识开发策略影响近期财务绩效的关系中起到中介作用	得到验证
	H2-6：探索型工程项目创新在知识开发策略影响远期财务绩效的关系中起到中介作用	得到验证
	H2-7：探索型工程项目创新在知识利用策略影响近期财务绩效的关系中起到中介作用	得到验证
	H2-8：探索型工程项目创新在知识利用策略影响远期财务绩效的关系中起到中介作用	得到验证
	H2-9：利用型工程项目创新在知识开发策略影响近期财务绩效的关系中起中介作用	得到验证
	H2-10：利用型工程项目创新在知识开发策略影响远期财务绩效的关系中起中介作用	得到验证
	H2-11：利用型工程项目创新在知识利用策略影响近期财务绩效的关系中起中介作用	得到验证
	H2-12：利用型工程项目创新在知识利用策略影响远期财务绩效的关系中起中介作用	得到验证
	H2-13：探索型下游服务项目创新在知识开发策略影响近期财务绩效的关系中起到中介作用	得到验证
	H2-14：探索型下游服务项目创新在知识开发策略影响远期财务绩效的关系中起到中介作用	得到验证
	H2-15：探索型下游服务项目创新在知识利用策略影响近期财务绩效的关系中起到中介作用	得到验证
	H2-16：探索型下游服务项目创新在知识利用策略影响远期财务绩效的关系中起到中介作用	得到验证
	H2-17：利用型下游服务项目创新在知识开发策略影响近期财务绩效的关系中起到中介作用	得到验证
	H2-18：利用型下游服务项目创新在知识开发策略影响远期财务绩效的关系中起到中介作用	得到验证
	H2-19：利用型下游服务项目创新在知识利用策略影响近期财务绩效的关系中起到中介作用	得到验证
	H2-20：利用型下游服务项目创新在知识利用策略影响远期财务绩效的关系中起到中介作用	得到验证
调节 效应 分析	H3-1：建筑市场环境变化负向调节下游服务化战略与企业近期财务绩效的关系	未得到验证
	H3-2：建筑市场环境变化负向调节下游服务化战略与企业远期财务绩效的关系	未得到验证
	H3-3：建筑市场环境变化正向调节知识开发策略与企业近期财务绩效的关系	得到验证
	H3-4：建筑市场环境变化正向调节知识开发策略与企业远期财务绩效的关系	得到验证
	H3-5：建筑市场环境变化负向调节知识利用策略与企业近期财务绩效的关系	得到验证
	H3-6：建筑市场环境变化负向调节知识利用策略与企业远期财务绩效的关系	得到验证

相关性、中介效应和调节效应假设验证汇总描述如下：

（1）相关性假设得到全部验证。各层级内潜变量以及不同层级的潜变量之间都存在显著的相关性，所构建模型体系各要素之间具有良好的相关关系基础；下游服务化战略对远期财务绩效更有贡献意义，并相对更加促进企业的知识开发行为；知识开发与探索型项目创新关系更为密切，知识利用与利用型项目创新更为密切；而探索型项目创新与远期财务绩效关系更为密切，利用型项目创新则与近期财务绩效关系更为密切；最后，工程项目创新显著影响着下游服务项目创新，两者之间存在关联关系。

（2）中介效应假设得到全部验证。知识开发和知识利用在下游服务化战略和财务绩效之间起到中介作用，探索型和利用型项目创新在知识开发和知识利用策略、财务绩效间起到中介作用，即下游服务化战略通过实施策略层、项目执行层来提升企业的财务绩效。

（3）H3-1、H3-2 未得到验证，这是因为下游服务化战略的实施有利于削弱上游建筑市场环境变化对企业财务绩效的不利影响；H3-3～H3-6 得到验证，表明建筑市场环境变化强度增加，知识开发对企业财务绩效的贡献作用就越发显著。

综上，"下游服务化战略——知识开发和知识利用策略——探索型项目创新和利用型项目创新——近期财务绩效和远期财务绩效"的关系得到验证。去掉不显著的变量关系，最终得出建筑企业下游服务化战略提升财务绩效的路径模型，如图 5-2 所示。图中显示了模型中各观测变量对潜在变量的路径系数，各潜在外生变量对潜在因变量的因果路径系数，从这些变量间的标准化系数可以看出各变量之间相互作用的强弱程度。

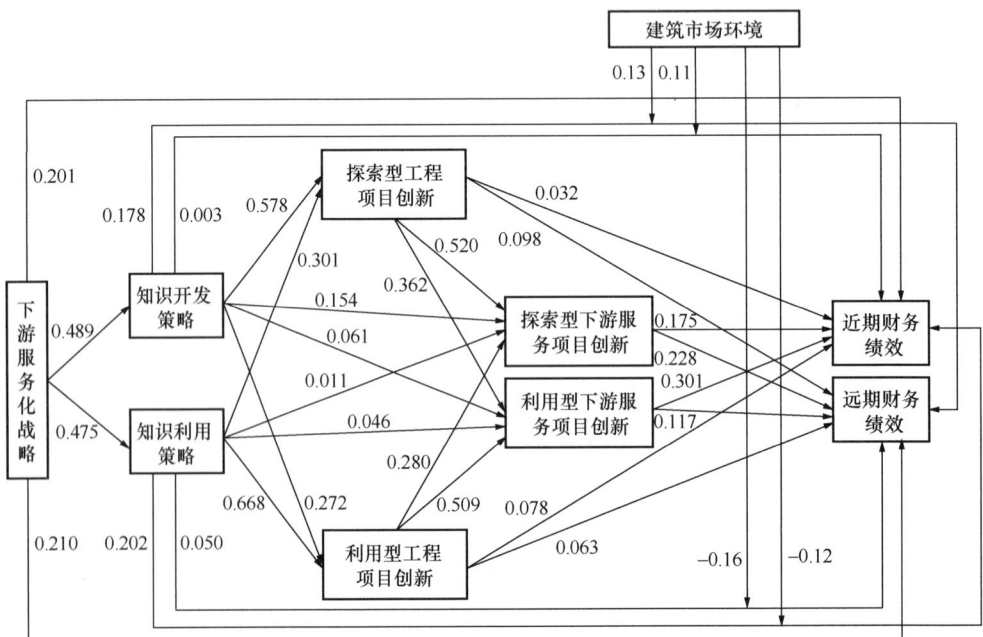

图 5-2 下游服务化战略提升财务绩效路径模型

5.5　下游服务化财务绩效的提升路径分析

整理出 16 条建筑企业下游服务化提升企业绩效的路径，如图 5-3 所示。

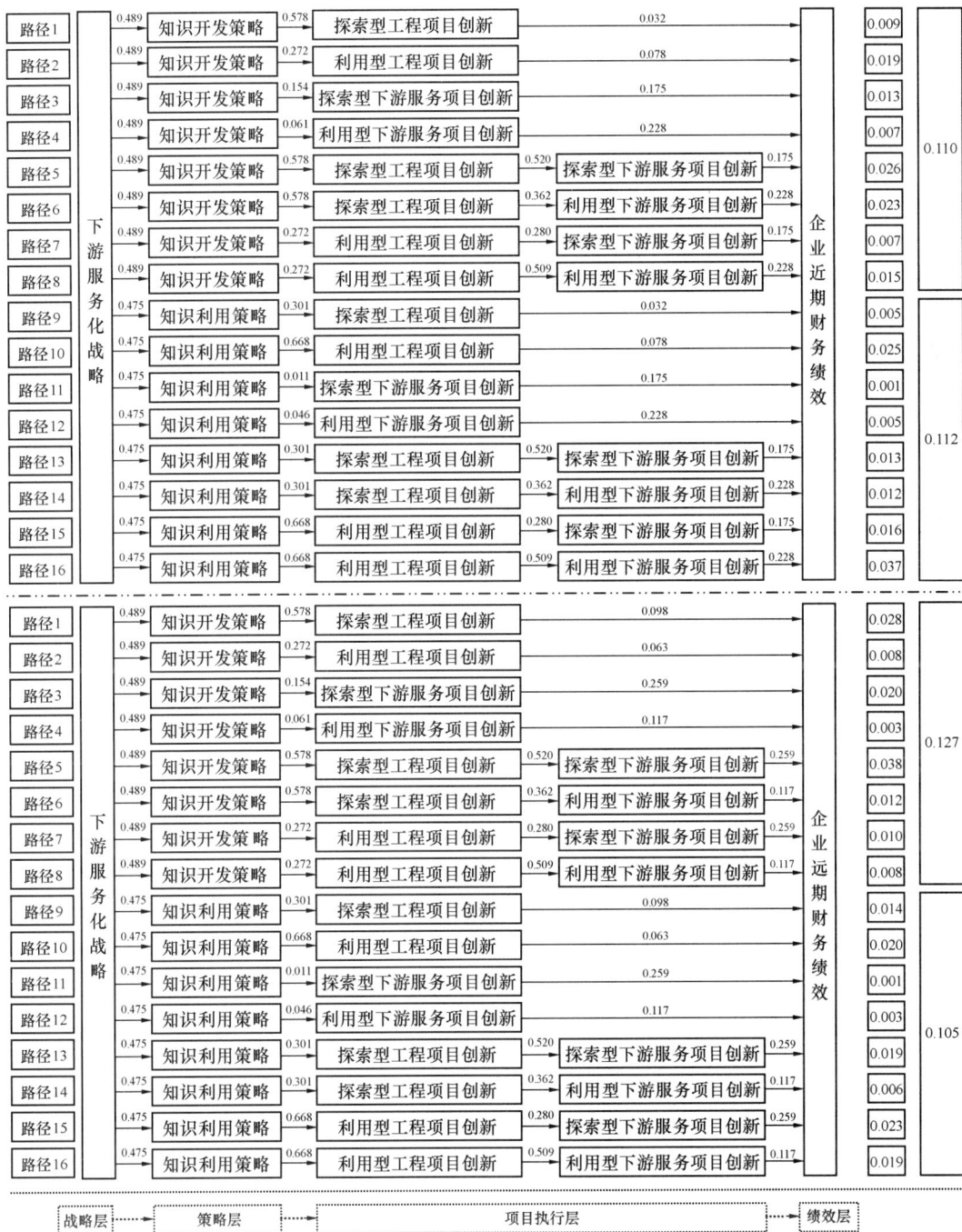

企业近期财务绩效（下游服务化战略）

路径	策略层		项目执行层		项目执行层		绩效层	合计
路径1	0.489	知识开发策略	0.578	探索型工程项目创新	0.032		0.009	0.110
路径2	0.489	知识开发策略	0.272	利用型工程项目创新	0.078		0.019	
路径3	0.489	知识开发策略	0.154	探索型下游服务项目创新	0.175		0.013	
路径4	0.489	知识开发策略	0.061	利用型下游服务项目创新	0.228		0.007	
路径5	0.489	知识开发策略	0.578	探索型工程项目创新	0.520	探索型下游服务项目创新 0.175	0.026	
路径6	0.489	知识开发策略	0.578	探索型工程项目创新	0.362	利用型下游服务项目创新 0.228	0.023	
路径7	0.489	知识开发策略	0.272	利用型工程项目创新	0.280	探索型下游服务项目创新 0.175	0.007	
路径8	0.489	知识开发策略	0.272	利用型工程项目创新	0.509	利用型下游服务项目创新 0.228	0.015	
路径9	0.475	知识利用策略	0.301	探索型工程项目创新	0.032		0.005	0.112
路径10	0.475	知识利用策略	0.668	利用型工程项目创新	0.078		0.025	
路径11	0.475	知识利用策略	0.011	探索型下游服务项目创新	0.175		0.001	
路径12	0.475	知识利用策略	0.046	利用型下游服务项目创新	0.228		0.005	
路径13	0.475	知识利用策略	0.301	探索型工程项目创新	0.520	探索型下游服务项目创新 0.175	0.013	
路径14	0.475	知识利用策略	0.301	探索型工程项目创新	0.362	利用型下游服务项目创新 0.228	0.012	
路径15	0.475	知识利用策略	0.668	利用型工程项目创新	0.280	探索型下游服务项目创新 0.175	0.016	
路径16	0.475	知识利用策略	0.668	利用型工程项目创新	0.509	利用型下游服务项目创新 0.228	0.037	

企业远期财务绩效（下游服务化战略）

路径	策略层		项目执行层		项目执行层		绩效层	合计
路径1	0.489	知识开发策略	0.578	探索型工程项目创新	0.098		0.028	0.127
路径2	0.489	知识开发策略	0.272	利用型工程项目创新	0.063		0.008	
路径3	0.489	知识开发策略	0.154	探索型下游服务项目创新	0.259		0.020	
路径4	0.489	知识开发策略	0.061	利用型下游服务项目创新	0.117		0.003	
路径5	0.489	知识开发策略	0.578	探索型工程项目创新	0.520	探索型下游服务项目创新 0.259	0.038	
路径6	0.489	知识开发策略	0.578	探索型工程项目创新	0.362	利用型下游服务项目创新 0.117	0.012	
路径7	0.489	知识开发策略	0.272	利用型工程项目创新	0.280	探索型下游服务项目创新 0.259	0.010	
路径8	0.489	知识开发策略	0.272	利用型工程项目创新	0.509	利用型下游服务项目创新 0.117	0.008	
路径9	0.475	知识利用策略	0.301	探索型工程项目创新	0.098		0.014	0.105
路径10	0.475	知识利用策略	0.668	利用型工程项目创新	0.063		0.020	
路径11	0.475	知识利用策略	0.011	探索型下游服务项目创新	0.259		0.001	
路径12	0.475	知识利用策略	0.046	利用型下游服务项目创新	0.117		0.003	
路径13	0.475	知识利用策略	0.301	探索型工程项目创新	0.520	探索型下游服务项目创新 0.259	0.019	
路径14	0.475	知识利用策略	0.301	探索型工程项目创新	0.362	利用型下游服务项目创新 0.117	0.006	
路径15	0.475	知识利用策略	0.668	利用型工程项目创新	0.280	探索型下游服务项目创新 0.259	0.023	
路径16	0.475	知识利用策略	0.668	利用型工程项目创新	0.509	利用型下游服务项目创新 0.117	0.019	

战略层 ⇢ 策略层 ⇢ 项目执行层 ⇢ 绩效层

图 5-3　下游服务化财务绩效的提升路径

本章实证结果表明，虽然下游服务化战略也可直接影响企业财务绩效，但"下游服务化战略——知识开发和知识利用策略——探索型项目创新和利用型项目创新——近期财务绩效和远期财务绩效"是解释这一影响过程的有效渠道。路径分析以知识开发和知识利用为主线，清晰地描绘了下游服务化战略提升企业财务绩效的认知地图（cognitive maps）。路径图表明，下游服务化财务绩效提升不能简单地看作是服务业务的利润贡献，它更多的是基于贯穿企业经营战略各层级的特定路径而发生的，是一项涉及整个企业体系的系统工程。这为深入分析和揭开建筑企业下游服务化战略"绩效黑箱"问题提供了新的视角和分析框架。

进一步，16条路径实际上代表了16种不同的下游服务化实施情景，对所有路径影响财务绩效的效果系数进行对比分析后，可以发现：①下游服务化战略能有效提升企业财务绩效；就单条路径而言，其对企业近期财务绩效和远期财务绩效的效果不一样。②针对具体的提升近期或远期财务绩效的目标要求，只有选择知识开发和知识利用策略与项目创新类型相匹配，才能产生下游服务化提升财务绩效的最优结果，如提升近期财务绩效的最优路径为路径16，提升远期财务绩效的最优路径为路径5。③工程项目领域创新与下游服务项目领域创新相协同，可以产生相对较高路径效果，如路径5～8、13～16；这说明，工程建造业务和设施管理业务之间的知识开发和知识利用协同，对提升建筑企业下游服务化财务绩效产生重要影响。④当前建筑市场环境下，工程项目创新对企业财务绩效的影响要远小于服务项目创新，然而前者却在很大程度上决定并影响了后者；这使管理者在两类业务资源分配时面临一定的决策困境。

综上，路径分析将建筑企业下游服务化战略提升企业财务绩效的机制进行了层层分解和关系整合，确定了各战略层级间潜变量的影响程度以及各条路径的总体效果程度。因而，下游服务化的路径，一方面可用来支持建筑企业的下游服务化战略决策；另一方面，在下游服务化过程中可对财务绩效表现问题进行溯源诊断，以便更好地进行策略调整和制定改进措施。

5.6 小　结

本章综合运用结构方程模型、层次回归等方法，对建筑企业下游服务化影响企业绩效进行了实证研究，验证了变量之间的相关性以及中介作用、调节效应。实证研究的结论支持本书研究的假设，也为后文关于下游服务化财务绩效提升策略的系统动力学仿真研究提供了建模依据和支撑。

第6章　下游服务化财务绩效的提升策略研究

第5章路径分析在解释建筑企业下游服务化战略提升财务绩效方面也存在不足之处：路径是单向的，无法检验和解释绩效和下游服务化战略、知识开发和知识利用策略及项目创新之间的因果循环关系；不能将近期财务绩效和远期财务绩效整合一体化，对企业最终绩效表现缺乏明确的判定；无法从时间轴线上对下游服务化提升企业财务绩效的机理进行演化分析，不能对不同实施策略下的财务绩效表现进行长期的预测和考察；不能体现出内外部影响因素变化时所产生的影响。基于此，在第4章提升前提和第5章提升路径的研究基础上，本章对建筑企业下游服务化战略提升财务绩效进行系统动力学建模仿真研究，通过构建建筑企业下游服务化提升企业绩效的系统动力学模型，围绕提升策略问题，划分出不同的情景进行模拟。

6.1　系统动力学建模准备

6.1.1　系统动力学及软件选择

建筑企业下游服务化财务绩效提升策略的动态分析涉及众多因素，是一个复杂的经济系统。由于反馈过程多、因素间关系无法定量化，常规数学方程难以描述该系统的动态变化过程。目前研究社会经济系统最常用的方法有投入产出、目标规划、经济计量和系统动力学建模等。前3种方法都是以线性代数为基础，无法处理技术变化和投入产出中的时滞等动态问题（狄乾斌等，2012）[340]；而系统动力学则是基于信息反馈的机制，通过对现实系统结构和功能的模拟分析，提供解决问题的方法和途径（殷克东等，2002）[341]。另外，现阶段尚不能收集到建筑企业下游服务化足量长时间序列的历史数据，统计学方法和直觉法不能适用。综上，应用系统动力学方法对建筑企业下游服务化财务绩效的提升策略进行建模仿真研究。

系统动力学由美国麻省理工学院（MIT）教授福瑞斯特于1956年创立，是一门研究复杂系统动态特性或行为的学科，有助于更好地理解复杂系统和进行科学决策（张波、袁永根，2010）[342]。系统动力学模型具有下列特点：① 所建模型属于管理型模型，通过比较找出最优方案，特别适用于处理精度要求不高的复杂的社会经济问题。② 目标不是追求准确预言而是有条件地预测，强调产生结果的条件。③ 关注系统结构决定系统行为的原理，评估系统中不同部分的变化将如何增强或削减系统行为趋势。④ 适用于对数据不足的问题进行研究，可借助变量间的因果关系及有限数据进行推算分析。⑤ 它强调系统行为主要是由系统内部的机制决定的，擅长处理长期性和周期性的问题。⑥ 借助于计算机及仿真技术，模型擅长处理高阶、非线性、动态的复杂问题。

目前，系统动力学有多种专业软件。其中，Stella（Structural Thinking Experimental Learning Laboratory with Animation）是最早用于动态模拟的软件之一，也是第一个允许图形模式输入的仿真软件，被广泛应用于科研、教学、管理等多学科领域。选用 Stella 主要在于其具有简洁明了的层次结构、动态交互的系统演示过程和强有力的数学背景支持三大优势（狄乾斌，2012）[340]。

6.1.2 系统动力学建模的步骤

系统动力学建模是一个反复循环、逐渐深化并广泛吸收专家建议的过程，是系统动力学方法中最为困难和关键的阶段。遵循谢英亮等（2012）[343]提出的建模原则，应用 Stella 软件的系统建模（成洪山等，2007）[344]主要分为以下几个阶段：① 确定问题（focus the effort），明确所要分析的问题及其范围。② 构建高层结构图（mapping），划分适量的子系统，确定关键因素。③ 构建系统详细结构图（modeling），连接子系统之间、变量间的关系，对变量进行定义和初始值设定等。④ 进行仿真运算（simulation），并运行调试。⑤ 扩展模型（challenge），看模型在多大程度上能解决实际问题，模型范围是否全面，所解决的问题是否达到一定普遍性。在建模过程中，始终聚焦核心问题，不偏离主线，确保模型研究的深度，具体的系统动力学建模步骤如图 6-1 所示。

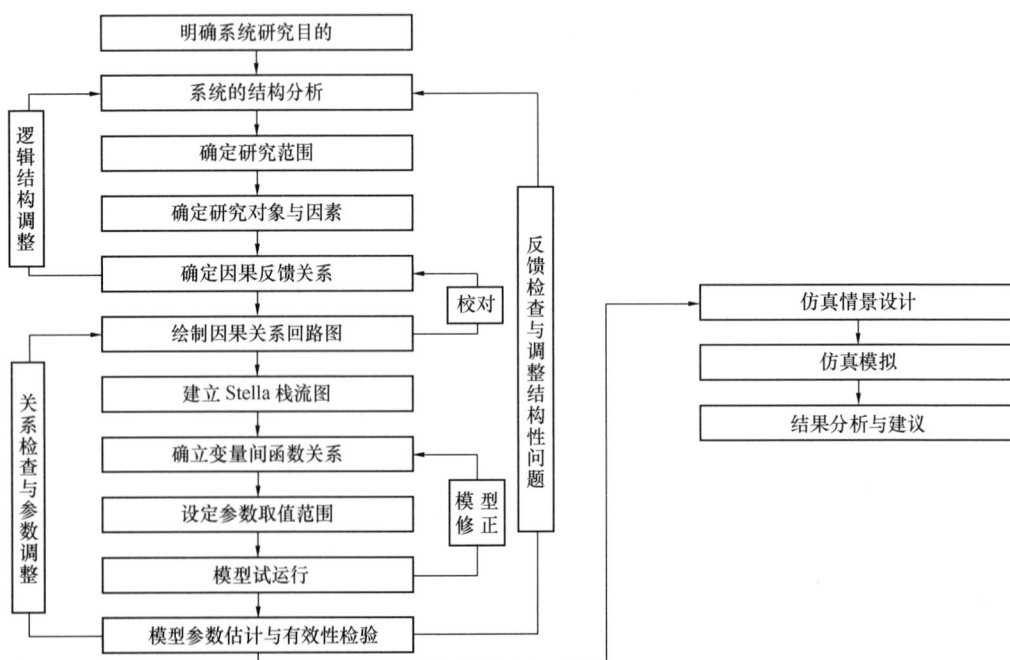

图 6-1 本文系统动力学建模流程图

6.1.3　系统动力学建模的范围

（1）模型子系统构成

根据第 3 章分析框架设计，本章系统动力学研究的主要目的是：基于下游服务化提升企业财务绩效的前提、路径研究，考察下游服务化实施策略对企业近远期财务绩效的影响，分析特定条件下企业提升下游服务化财务绩效的策略选择。据此，本书系统动力学模型主要包括企业下游服务化决策、建筑市场环境、工程市场、设施管理市场和企业绩效 5 个子系统。以此为基础，进一步分析子系统之间及内部各要素之间的因果关系，研究下游服务化影响企业绩效的演变趋势及关键因素的影响作用。子系统构成及之间的关系如图 6-2 所示。子系统之间的关系，有助于清楚地勾画出系统的总体结构关系。

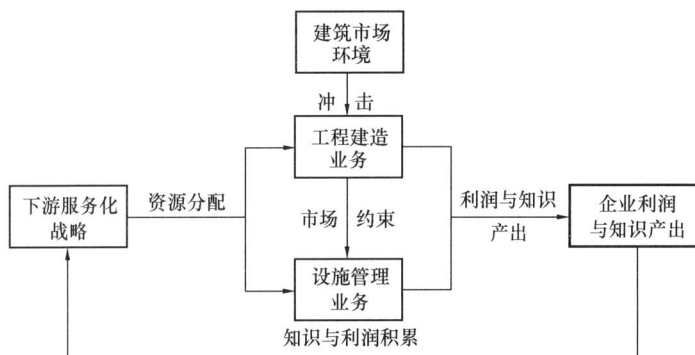

图 6-2　建筑企业下游服务化影响企业绩效系统的高层结构图

（2）提升策略的情景设置

根据根据第 3 章分析框架设计，提升策略主要是从服务化发展程度、知识开发和知识利用策略两个维度进行考察。服务化发展意味着企业对服务业务的资源投入加大，因此用对下游服务业务的资源投入来表示。同时，根据 March（1991）[66]的研究以及企业资源观（Arya & Lin，2007；Das & Teng，2000）[345,346]，知识开发和知识利用是通过企业资源的分配利用来实现的。也就是说，企业所采取的具体知识开发和知识利用策略也反映在企业对两者的资源分配决策上（Yang et al.，2011）[314]。据此，对提升策略的情景模拟主要针对建筑企业对工程建造业务和下游服务业务之间、知识开发和知识利用之间的资源分配决策上。

（3）模型边界范围

系统动力学建模是模拟一个问题而不是模拟整个真实世界，没有十全十美的模型，只能有阶段性的、满足预定要求的相对有效模型。因此，要聚焦和明确表达问题，考虑与问题有关的系统变量，以确定模型边界。为此，要明确系统建模的内生变量（endogenous variable)、外生变量（exogenous variable）和未考虑的变量。本文开发的系统动力学模型边界如表 6-1 所示，列出了涉及的主要变量名称，有些变量在建模中进行了细化分类。

建筑企业下游服务化影响绩效的系统动力学模型边界表　　　　表 6-1

内生变量		外生变量	未考虑变量
下游服务化投入指数	工程项目利润率	金融环境影响	组织因素
企业总体利润	工程项目知识产出率	建筑新技术冲击	文化因素
企业标准资源	设施管理项目资源投入	建筑市场竞争强度	高层管理人员特质
企业冗余资源	设施管理项目知识投入		与竞争对手的协同反映
企业吸收能力	设施管理项目利润率		项目团队建设
企业知识存量	设施管理项目知识产出率		员工行为特征
知识老化率	工程知识存量与服务知识存量比		细分行业特殊环境
企业利润的冗余提取率	当年可开展的工程项目数		企业的其他多元业务平衡
工程项目资源投入	当年可开展的服务项目数		项目安全与风险
工程项目知识投入	当年运行中的服务项目数		……

6.2　系统动力学模型构建

6.2.1　因果关系分析

将边界表中所列出的变量按照业务领域、项目类型细化，放置在要绘制的因果环（或回路）图中，因果环图的绘制中必须要保持陈述问题的清晰性。具体地，本文研究的主要因果回路关系如下。

（1）工程业务子系统因果关系分析

工程业务子系统因果关系循环可以通过"两个起点、两类项目和两条路径"来解析，如图 6-3 所示。两个起点是"工程业务可投入的资源"和"工程业务绩效差"，分别是该系统的投入、产出的特征指标。两类项目是"探索型工程项目"和"利用型工程项目"，是系统"资源投入——绩效产出"转化的中介和载体。"两条途径"是指两类项目既直接产生利润，又直接产生知识而间接产生利润，即系统产出存在两条路径。据此，工程业务子系统主要有 10 条反馈回路：

① R1（平衡环），工程业务可投入的资源——探索型工程项目——工程利润——工程业务可投入的资源；

② R2（增强环），工程业务可投入的资源——利用型工程项目——工程利润——工

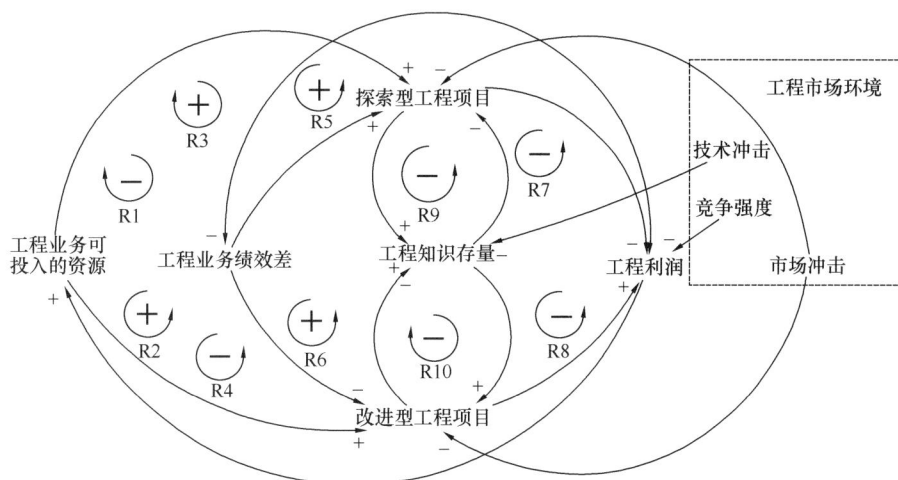

图 6-3　工程子系统的因果环图

程业务可投入的资源；

③ R3（增强环），工程业务可投入的资源——探索型工程项目——工程知识存量——利用型工程项目——工程利润——工程业务可投入的资源；

④ R4（平衡环），工程业务可投入的资源——利用型工程项目——工程知识存量——探索型工程项目——工程利润——工程业务可投入的资源；

⑤ R5（增强环），工程业务绩效差——探索型工程项目——工程利润——工程业务绩效差；

⑥ R6（增强环），工程业务绩效差——利用型工程项目——工程利润——工程业务绩效差；

⑦ R7（平衡环），工程业务绩效差——探索型工程项目——工程知识存量——利用型工程项目——工程利润——工程业务绩效差；

⑧ R8（平衡环），工程业务绩效差——利用型工程项目——工程知识存量——探索型工程项目——工程利润——工程业务绩效差；

⑨ R9（平衡环）：探索型工程项目——工程知识存量——探索型工程项目；

⑩ R10（平衡环）：利用型工程项目——工程知识存量——利用型工程项目。

另外，工程市场环境对工程子系统的影响主要有三类：①技术冲击，直接导致企业工程知识存量的剧减，如新技术替代老技术；此类情况，也可理解为企业某时间大量人才的流失；②市场冲击，直接导致企业工程项目市场规模的剧减，如经济萧条或融资能力受到政策影响而降低；③竞争强度，市场竞争者数量的增多直接导致企业利润率的降低。

（2）设施管理业务子系统的因果关系分析

设施管理业务子系统有着与设施管理业务子系统相类似的因果关系循环，也可以通过"两个起点、两类项目和两条路径"来解析，如图 6-4 所示。基于此，设施管理业务子系统主要有 10 条反馈回路：

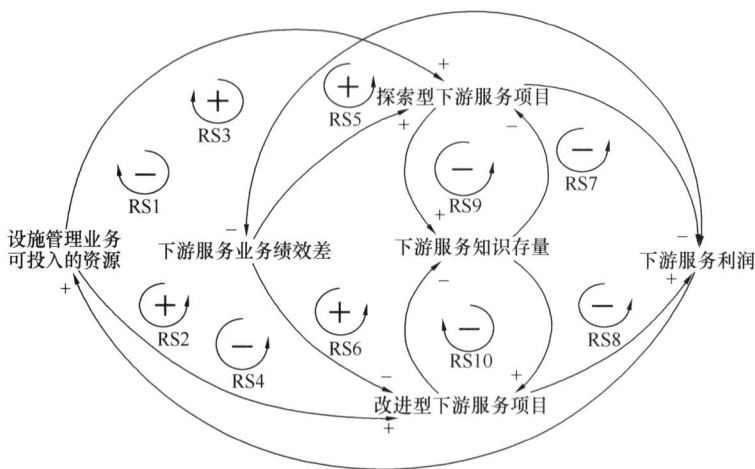

图 6-4　设施管理子系统的因果环图

① RS1（平衡环），设施管理业务可投入的资源——探索型下游服务项目——下游服务利润——设施管理业务可投入的资源；

② RS2（增强环），设施管理业务可投入的资源——利用型下游服务项目——下游服务利润——设施管理业务可投入的资源；

③ RS3（增强环），设施管理业务可投入的资源——探索型下游服务项目——下游服务知识存量——利用型下游服务项目——下游服务利润——设施管理业务可投入的资源；

④ RS4（平衡环），设施管理业务可投入的资源——利用型下游服务项目——下游服务知识存量——探索型下游服务项目——下游服务利润——设施管理业务可投入的资源；

⑤ RS5（增强环），设施管理业务绩效差——探索型下游服务项目——下游服务利润——设施管理业务绩效差；

⑥ RS6（增强环），设施管理业务绩效差——利用型下游服务项目——下游服务利润——设施管理业务绩效差；

⑦ RS7（平衡环），设施管理业务绩效差——探索型下游服务项目——下游服务知识存量——利用型下游服务项目——下游服务利润——设施管理业务绩效差；

⑧ RS8（平衡环），设施管理业务绩效差——利用型下游服务项目——下游服务知识存量——探索型下游服务项目——下游服务利润——设施管理业务绩效差；

⑨ RS9（平衡环）：探索型下游服务项目——下游服务知识存量——探索型下游服务项目；

⑩ RS10（平衡环）：利用型下游服务项目——下游服务知识存量——利用型下游服务项目。

（3）下游服务化战略实施子系统的因果关系分析

建筑企业下游服务化的因果关系可以按照"资源分配——项目——利润"这一逻辑进行分析，如图 6-5 所示。同时，工程业务子系统和设施管理业务子系统的关系表现为：企业总体资源分配上存在竞争关系，工程项目的数量约束了设施管理服务项目的数量，工程业务知识存量的降低将影响下游服务业务的利润。基于此，下游服务化战略的实施主要有 5 条反馈回路：

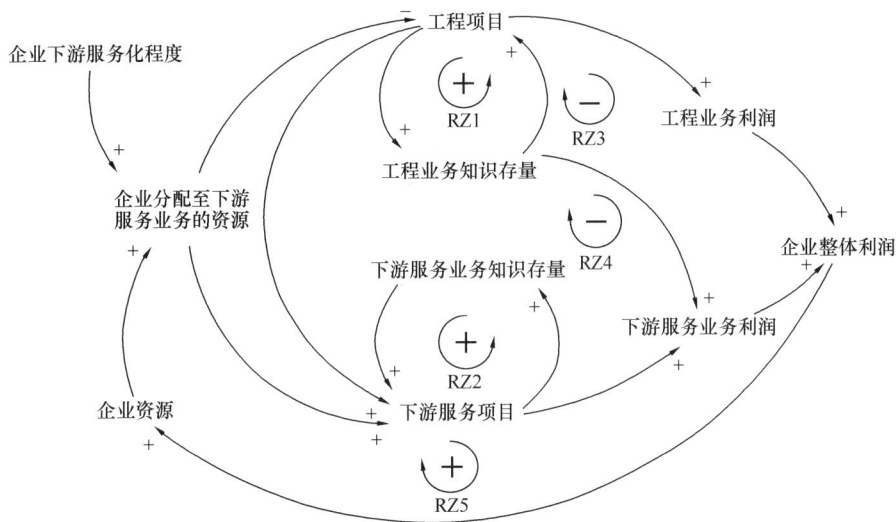

图 6-5　下游服务化战略实施子系统的因果环图

① RS1（增强环），工程项目——工程业务知识存量——工程项目；

② RS2（增强环），下游服务项目——下游服务业务知识存量——下游服务项目；

③ RS3（平衡环），企业分配至下游服务业务的资源——工程项目——工程业务利润——企业总体利润——企业资源——企业分配至下游服务业务的资源；

④ RZ4（平衡环），企业分配至下游服务业务的资源——工程项目——工程业务知识存量——下游服务业务利润——企业总体利润——企业资源——企业分配至下游服务业务的资源；

⑤ RZ5（增强环），企业分配至下游服务业务的资源——下游服务项目——下游服务业务利润——企业总体利润——企业资源——企业分配至下游服务业务的资源。

（4）总体系统结构图

综合起来，将图 6-3～图 6-5 代表三个子系统的主要因果反馈关系连接在一起，并加入知识老化率、吸收能力等变量，绘制建筑企业下游服务化影响企业绩效的总体系统结构图，如图 6-6 所示。

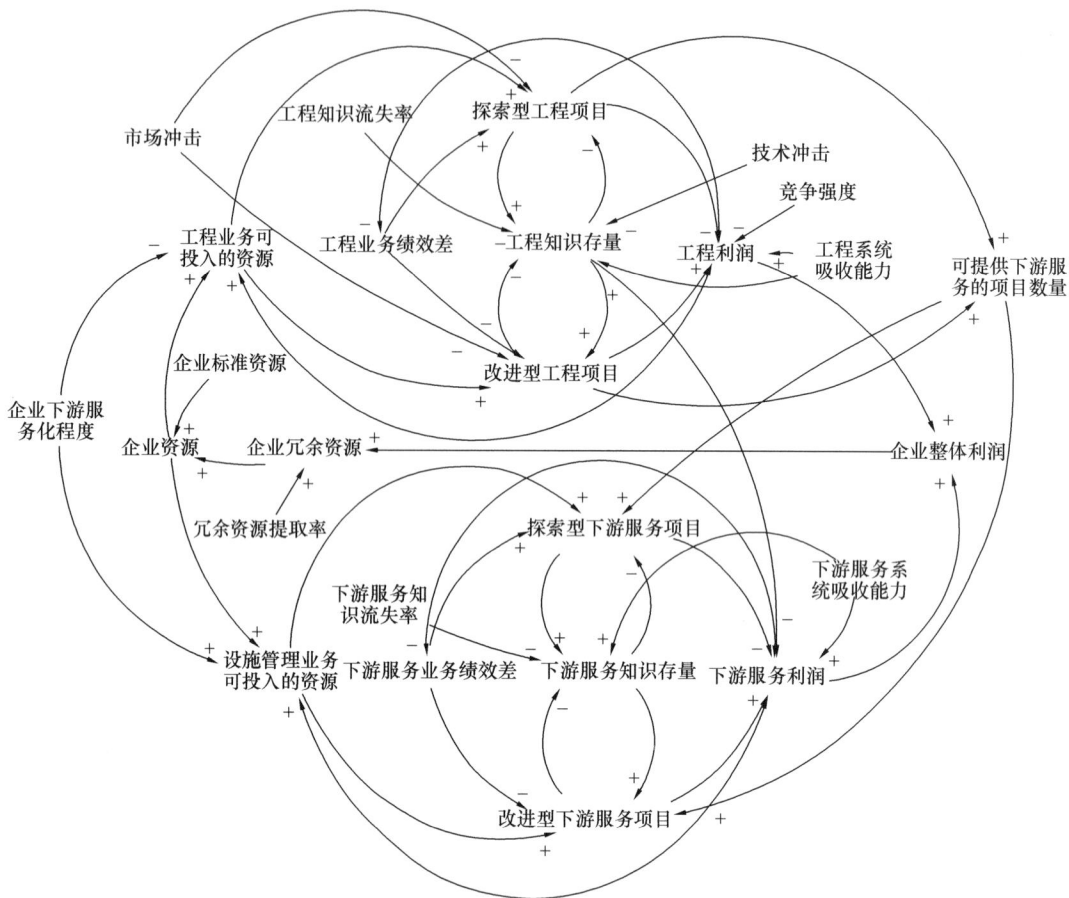

图 6-6　建筑企业下游服务化影响企业绩效的系统结构图

6.2.2　模型栈—流图

应用 Stella 9.1.4 版软件构建系统栈—流图，如图 6-7 所示。图 6-7 中英文变量名称解释如附录 D 所示。

6.2.3　模型变量函数关系

（1）企业绩效目标的设定

对于企业目标的设定，由于不同的业务领域情况不同，因此基于单一业务领域进行考虑。对于某一业务领域的目标绩效（target performance，TP），通常是由高层管理者决定的，并且受到外部因素（如市场竞争）的影响。由于企业内部环境、外部市场环境是动态变化的，企业目标绩效的设定也应该是动态变化的。本文采用 Sterman（2000）[136] 的"流动目标"设置机制：当绩效表现优于期望值时，目标设定将上浮；当绩效表现低于期望值时，目标设定将下浮。为实现这一设定，将当期绩效实现值（actual perform-ance，AP）作为下一期绩效的期望目标值基数，即：

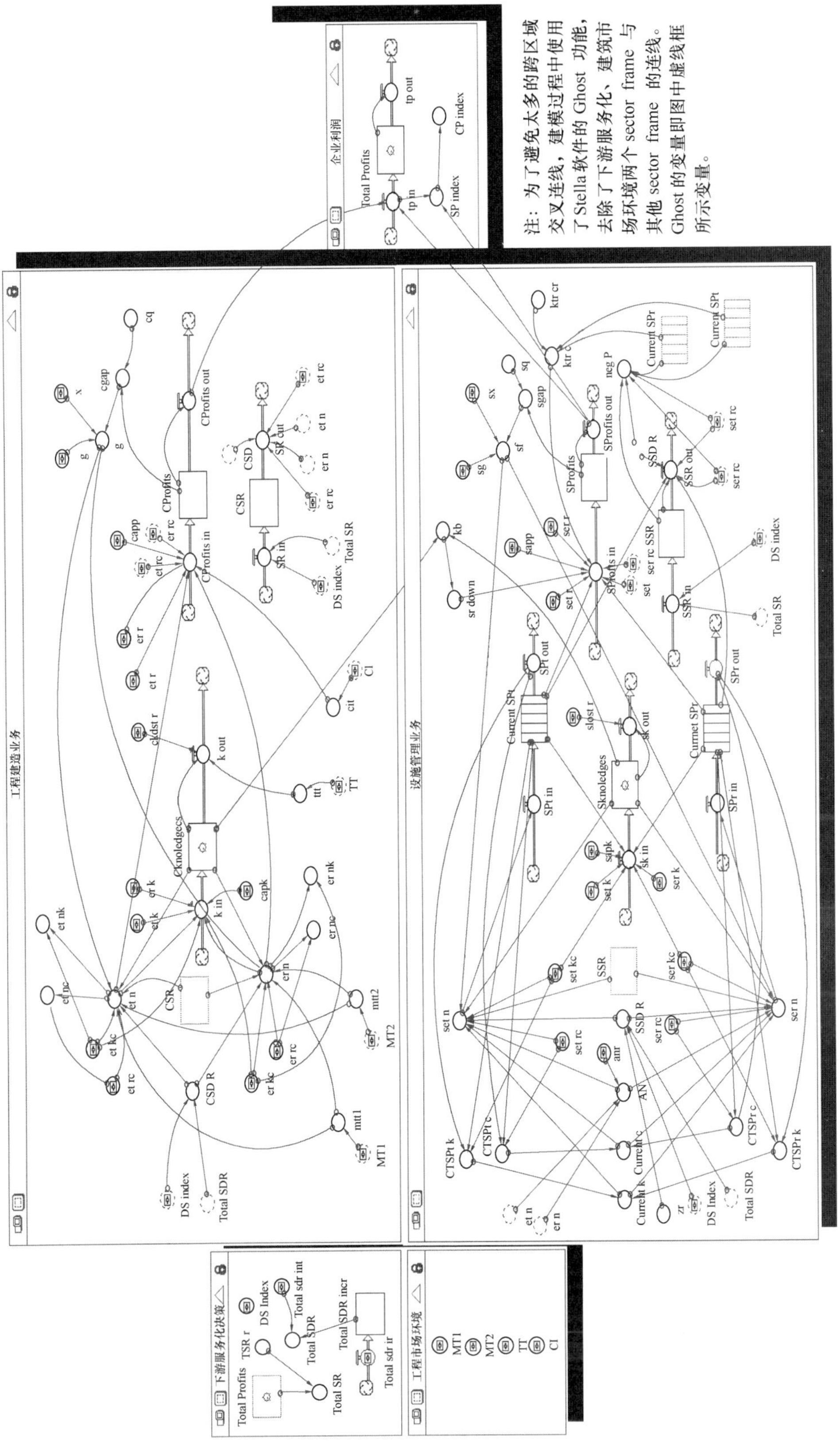

注：为了避免太多的跨区域交叉连线，建模过程中使用了Stella软件的Ghost功能，去除了下游服务化、建筑市场环境两个sector之间与其他sector frame的连线。Ghost的变量即图中虚线框所示变量。

图 6-7 建筑企业下游服务化提升企业绩效的系统核一流图

$$TP(t) = AP(t-1) \times q, t = 1, 2, \cdots, n \qquad (6\text{-}1)$$

期中，$TP(0) = 0$；q 是利润目标设定系数，q 越大，期望值越高。于是，目标绩效和实际绩效之间将产生绩效差距（Performance Gap，PG），即：

$$PG(t) = TP(t) \times q - AP(t), t = 1, 2, \cdots, n \qquad (6\text{-}2)$$

其中，$PG(0) = 0$。假设：当 $PG(t) > 0$ 时，即目标绩效大于实际绩效，企业感知到绩效的下降，将分配更多的资源进行知识开发活动（即探索型项目）。当 $PG(t) < 0$ 时，即目标绩效小于实际绩效，企业感知到绩效的上升，将分配更多的资源进行知识利用活动（即利用型项目）。这一假设的有效性在先前有关研究（March，1991；Levitt & March，1988；Levinthal & March，1981；Garcia et al.，2003）[66, 67, 135, 347] 中已得到证明。该假设同时适用于工程业务领域和设施管理业务领域。

（2）企业资源的构成

企业资源主要包括冗余资源（slack resources，SR）和标准资源（standard resources，SDR），如 3.3 节所述。冗余资源被定义为企业利润函数，每一期按照一定比率 SRr 计提：

$$SR(t) = Profits(t) \times SRr, t = 1, 2, \cdots, n \qquad (6\text{-}3)$$

其中，SRr 在理论上的取值范围为 $[0,1]$，在实际中一般根据每个企业的实际情况确定。当期未使用的冗余资源将储存起来，用于以后的企业投入。标准资源的投入一般由高层管理者决定，既反映了企业的年生产经营规模又反映了企业的融资能力，因而可以是一个恒定的值或者是按一定比率逐年增加。特别的，当期未使用的标准资源不积累进入下期的标准资源，这是其与冗余资源的重要区别。本书研究中，企业冗余资源、标准资源按照同一比率分配至两大业务领域，且按照同一比率分配至探索型项目和利用型项目。

（3）企业资源的分配

一是两大业务领域间的资源分配，主要由下游服务化投入指数（DS_Index）确定。下游服务化投入指数（DS_Index）是企业投入至下游服务业务的资源占企业可利用资源总额的比例。因此，当期工程业务领域可投入资源（C_Resources）和设施管理业务可投入资源（S_Resources）为：

C_Resources(t) =

$\quad$ (Total_SR(t) + Total_SDR(t)) × (1 − DS_Index)，$t = 1, 2, \cdots, n$ $\qquad$ (6-4)

S_Resources(t) =

$\quad$ (Total_SR(t) + Total_SDR(t)) × DS_Index，$t = 1, 2, \cdots, n$ $\qquad$ (6-5)

二是单一业务领域内的资源分配决策。基本假设是企业能力是有限的，每一期只能承担一定数量、规模的项目。因此，企业必须做出决策，到底是着重于知识开发（探索型项目）还是知识利用（利用型项目）。对于当期单一业务领域内两类项目的资源分配决策指标——"探索型项目所获资源与企业资源总额之比"，$f_{r/d}(t)$，是上期业务绩效差距的函数：

$$f_{r/d}(t) = f(PG(t-1)) = f(TP(t-1) \times q - AP(t-1)), \quad t=1, 2, \cdots, n \quad (6\text{-}6)$$

根据学者 Garcia et al.(2003)[135]、Choi & Lee(2013)[133]的研究，上述函数构建为一个 S 形曲线函数：

$$f_{r/d}(t) = \frac{1}{1 + e^{-g[PG(t-1)+x]}} \quad (6\text{-}7)$$

系数 g 表示企业对业务单元绩效差距的敏感程度和自身决策协调的灵活性，g 值越大，企业对该业务单元绩效表现也敏感、资源灵活调度协调的能力越高；g 值的确定根据行业情况和企业策略而定，模型中 g 的基准参照值取 0.53(Garcia et al.，2003)[135]。当不考虑系数 x 时：

① 若 $PG(t-1) > 0$，则 $f_{r/d}(t) > 0.5$，即企业绩效下滑，企业将更多的资源分配至知识开发（探索型项目）。

② 若 $PG(t-1) < 0$，则 $f_{r/d}(t) < 0.5$，即企业绩效上升，企业将更多的资源分配至知识利用（利用型项目）。

③ 若 $PG(t-1) = 0$，则 $f_{r/d}(t) = 0.5$，即企业绩效保持不变，企业将分配等量的资源至知识开发（探索型项目）和知识利用（利用型项目）。

系数 x 是资源分配的一个参考点，它表示企业对该业务单元的资源分配策略是知识利用导向还是知识开发导向。具体来说，当系数 $PG(t-1) = 0$ 时：

① 若 $x > 0$，则 $f_{r/d}(t) > 0.5$，即企业绩效保持不变的情况下，企业仍将更多的资源分配至知识开发（探索型项目），是知识开发导向。

② 若 $x < 0$，则 $f_{r/d}(t) < 0.5$，即企业绩效保持不变的情况下，企业仍将更多的资源分配至知识利用（利用型项目），是知识利用导向。

③ 若 $x = 0$，则 $f_{r/d}(t) = 0.5$，即企业绩效保持不变，企业将分配等量的资源至知识开发（探索型项目）和知识利用（利用型项目），是中性策略导向。

（4）项目特性的假设

对于项目周期，考虑工程项目建设周期、建筑物正常使用寿命以及《中华人民共和国城镇国有土地使用权出让和转让暂行条例》（国务院 55 号令）关于土地使用权出让最高年限的规定，抽象假设工程项目周期 CT=1t，下游服务项目周期 ST=25t。

对于工程项目的产出，探索型工程项目产生更多的知识量，而利用型项目产生更多的利润，则有：er_k > et_k，er_r < et_r。其中，er_k、er_r 分别是探索型工程项目的知识产出率和利润产出率，et_k、et_r 分别是利用型工程项目的知识产出率和利润产出率。为了模拟工程项目产出的不确定性，假定上述四个变量都服从随机的正态分布：

$$\frac{der\_k}{dt} = N(\mu_1, \sigma_1^2) \quad (6\text{-}8)$$

$$\frac{der\_r}{dt} = N(\mu_2, \sigma_2^2) \quad (6\text{-}9)$$

$$\frac{det\_k}{dt} = N(\mu_3, \sigma_3^2) \tag{6-10}$$

$$\frac{det\_r}{dt} = N(\mu_4, \sigma_4^2) \tag{6-11}$$

由于探索型工程项目比利用型工程项目具有更高的不确定性，因此有：$\mu_1 > \mu_3$，$\sigma_1^2 > \sigma_3^2$；$\mu_2 < \mu_4$，$\sigma_2^2 < \sigma_4^2$。

对于工程项目的投入，假设都为常数，探索型工程项目成本要高于利用型工程项目的成本，则有：er＿kc＞et＿kc，er＿rc＞et＿rc。其中，er＿kc、er＿k 分别是探索型工程项目的知识投入量和资金投入量，et＿kc、et＿rc 分别是利用型工程项目的知识投入量和资金投入量。

对于下游服务项目的产出方面，探索型下游服务项目产生更多的知识量，而利用型下游服务项目产生更多的利润，则有：ser＿k＞set＿k，ser＿r＜set＿r。其中，ser＿k、ser＿r 分别是探索型下游服务项目的知识产出率和利润产出率，set＿k、set＿r 分别是利用型下游服务项目的知识产出率和利润产出率。对于下游服务项目的投入，探索型下游服务项目成本要高于利用型下游服务项目的成本，则有：ser＿kc＞set＿kc，ser＿rc＞set＿rc。其中，ser＿kc、ser＿k 分别是探索型工程项目的知识投入量和资金投入量，set＿kc、set＿rc 分别是利用型工程项目的知识投入量和资金投入量。

（5）项目数量的确定

对于工程项目的确定，主要考虑下游服务化投入指数（DS＿Index）、企业总标准资源（Total＿SDR）、工程冗余资源（CSR）、工程知识存量（CKnowledges）以及工程业务资源分配的决策指标 $cf_{r/d}$，则当期确定的探索型工程项目数量 er＿n（t）、利用型工程项目 et＿n(t) 分别为：

$$er\_n(t) = \min\left\{\begin{array}{l} \dfrac{(CSR(t) + Total\_SDR(t) \times (1 - DS\_Index)) \times cf_{\frac{r}{d}}(t)}{er\_rc}; \\[3mm] \dfrac{CKnowledges(t) \times cf_{\frac{r}{d}}(t)}{er\_kc} \end{array}\right\} \tag{6-12}$$

$$et\_n(t) = \min\left\{\begin{array}{l} \dfrac{(CSR(t) + Total\_SDR(t) \times (1 - DS\_Index)) \times (1 - cf_{\frac{r}{d}}(t))}{et\_rc}; \\[3mm] \dfrac{CKnowledges(t) \times (1 - cf_{\frac{r}{d}}(t))}{et\_kc} \end{array}\right\} \tag{6-13}$$

对于下游服务项目的确定，由于项目周期较长，新增项目规模确定除了要考虑下游服务化投入指数（DS＿Index）、企业总标准资源（Total＿SDR）、下游服务冗余资源（SSR）下游服务知识存量（CKnowledges）、下游服务业务资源分配的决策指标 $sf_{r/d}$ 外，还要先保证已有的正在运行的项目资源需求（Current＿SR）和知识需求

(Current _ SK)，以及当期可进行下游服务化业务的工程项目数量 AN。因此，当期确定的探索型下游服务项目数量 ser _ n（t）、利用型下游服务项目 ser _ n（t）分别为：

$$
ser\_n(t) = \min\left\{
\begin{array}{l}
\dfrac{(CSR(t)+ Total\_SDR(t) \times DS\_Index) \times sf_{\frac{r}{d}}(t)}{ser\_rc} ; \\[3mm]
\dfrac{SKnowledges(t) \times sf_{\frac{r}{d}}(t)}{ser\_kc} ; \\[3mm]
AN(t) \times sf_{\frac{r}{d}}(t)
\end{array}
\right\}
\tag{6-14}
$$

$$
set\_n(t) = \min\left\{
\begin{array}{l}
\dfrac{(CSR(t)+ Total\_SDR(t) \times DS\_Index - Current\_SR) \times (1- sf_{\frac{r}{d}}(t))}{set\_rc} ; \\[3mm]
\dfrac{(SKnowledges(t) - Current\_SK) \times (1- sf_{\frac{r}{d}}(t))}{set\_kc} ; \\[3mm]
AN(t) \times (1- sf_{\frac{r}{d}}(t))
\end{array}
\right\}
$$

$$\tag{6-15}$$

（6）外部环境因素的影响建设

外部环境因素影响工程业务领域，不影响下游服务业务领域。模型中假设有三类：

① 金融环境影响 MT1。某时刻开始 MT1 使得企业标准资源规模持续减小一定恒量，可理解为受金融政策、经济环境影响，企业融资能力降低。

② 知识流失影响 TT。某时刻 TT 对企业工程知识存量产生瞬时流失冲击，可理解为新技术的更新换代或者大批人才的流失。

③ 市场竞争强度 CI。CI 的值取范围 [0,1]，随着 CI 值的增大，企业工程业务利润降低，可理解为竞争程度加剧导致企业利润的降低。

（7）工程业务对设施管理业务的影响

工程业务对设施管理业务的利润影响包括三个方面：

① 业务规模的影响。下游服务项目规模取最终决于工程项目市场规模，随着工程业务市场规模的缩减，下游服务业务规模趋向于零。如"项目数量的确定"所述，当期可进行下游服务化业务的工程项目数量 AN 为：

$$AN(t) = (er\_n(t) + et\_n(t)) \times anr \tag{6-16}$$

其中，anr 是上期工程项目可在当期进行下游服务业务的比率。

② 成本方面的影响。下游服务项目需用一定量的项目建设过程的知识，这些知识的转移存在一定的成本 ktrc：

$$ktrc(t) = (Current\_SPr(t) + Current\_SPt(t)) \times ktrcr \tag{6-17}$$

其中，ktrcr（t）为单项目年度知识转移成本，Current _ SPr(t)、Current _ SPt(t) 分别为当期运行中的探索型下游服务项目数量和利用型下游服务项目数量。

③ 利润方面的影响。由于下游服务业务开展需要一定的工程知识存量的支持，所

以假设当下游服务业务知识量与工程知识存量之比高于一定程度时，下游服务业务的利润将降低。为此，模型中设置 kb 指标：

$$kb(t) = \frac{Sknowledges(t)}{Cknowledges(t)} \qquad (6\text{-}18)$$

当 $kb(t)$ 小于一定界限值时，下游服务业务利润将不受影响，即影响系数为 1；当 $kb(t)$ 大于一定界限值时，下游服务业务利润将受到影响，影响系数为：

$$sr\_down(t) = 1 - kb(t) \times m \qquad (6\text{-}19)$$

其中，系数 m 代表了影响系数的变化率。

（8）吸收能力

根据吸收能力的定义，模型中设置两类吸收能力系数：潜在吸收能力系数和实现吸收能力系数。前者影响知识存量的流入流，后者影响利润的流入流。吸收能力系数理论取值范围为 $[0,1]$，其值越高，则知识产出的吸收能力和利润实现能力就越高。模型中按照业务领域的不同，分别设置了吸收能力系数。

（9）仿真时间跨度

对于复杂的动态系统，无论在时间上还是空间上都存在及其重要的长远表现。一项决策在短期内是有效的，在长期内却未必有效，因而模拟仿真的时间跨度必须足够长。按照时间跨度应是系统中最长延迟时间的倍数的原则，本文研究中将下游服务项目周期的 12 倍（300t）作为系统模拟仿真的时间跨度。

模型变量的具体函数关系方程式详见附录 E。模型建立后，对其单位一致性、结构合理性和仿真有效性进行了预运行测试检验，根据出现的问题对模型进行了修正。

6.3 模型参数估计与检验

6.3.1 检验方法选取

按照有 Garcia et al.（2003）[135]、Miller（2010）[348]与 Choi & Lee（2013）[133]的观点，模型变量对模型产出结果而言应该是线性和独立的，因此需要对模型进行检验。现有相关研究对系统动力学虚拟模型变量的相关性检验研究比较有限，Garcia 仅对情景模拟结果进行了 t 检验。为了确定变量之间的线性关系，本文采用学者们（Kleijnen et al.，2005；Montgomery，2009；Miller，2010）[348-350]建议的中心组合设计（Central Composite Design，CCD）与 3ᵏ 设计分析方法。

采用 Design-Expert 8.0.6 版本软件进行 CCD 响应曲面分析。CCD 设计与 3ᵏ（k 指涉及的变量因素数量）的方法组合，要求每一个变量有三个值：中值，标号 0；高值，标号 1；低值，标号 −1。这样，在每个变量有三个水平的情况下可来检验它们之间的线性关系或者二次效应。对于二次效应来说，某些选择的变量可能存在彼此的交互作用，可通过完全析因设计（Full Factorial Design）来检验所有的效应。

如果不对上述变量引入随机性设置的情况下，模型特定参数设置下的运行结构都是一样的。如果对上述变量引入了随机性设置，就会使检验过程变得更为复杂，因为这将造成方差分析的变异（Kleijnen et al.，2005）[349]。为了减少这种变异，替代的方法是利用模型中的另外一个变量对其引入随机性（Miller，2010）[348]，选择企业冗余资源 TSR_r。为了产生重复模拟，采用蒙特卡洛模拟一个 TSR_r 的正态分布。为了消除随机数带来的差异，我们应用常见随机数（common random number）作为种子（seed）（Law，2007）[351]。每一次重复模拟有一个常数项种子，能固定的、重复阐释相同的随机数列，保证在不同的 5 变量组合设计下有相同的随机数列影响。

稳定态的模型因变量模拟数据收集。由于系统模拟初始阶段的因变量数据存在高不确定性，因而需要选取稳定态时的数据。根据 Law（2007）[351]的研究，确定稳定态的方法有两种：一是通过移动平均值计算来确定，二是根据测试的模拟运算结果（数据和图形）从直观上进行标绘。采用第二种方法确定。

6.3.2　参数设置与模型检验

考虑到中心组合设计的试验次数随着因子数的增加而呈指数增加，本文选择进行 CCD 分析的自变量（包括内部、外部影响因素）主要有 5 项：下游服务化投入指标 DS_index，竞争强度 CI，利用型工程项目利润率 et_r，利用型下游服务项目利润率 set_r，工程知识流失率 lost_r。这些变量可以代表了模型的重要输入指标。相应的，进行 CCD 分析的因变量是企业的整体利润 Total_Profits，因为企业运行的最终目的之一是要实现利润增长。在 3^k 设计下，模拟需要进行 $3^5=243$ 个组合的运行。每个变量在模拟运行中有高（标号 1）、中（标号 0）、低（标号 -1）三个水平值，三水平值根据多次模拟测试结果及专家讨论后确定，如表 6-2 所示。其中，竞争强度 CI 因素的影响是从 T$=$100 开始。模拟分析时，其他主要变量的取值设定如表 6-3 所示。另外，根据测试结果，系统在 75T 会进入稳定态，选取 151T~250T 作为稳定态数据截取区间。

CCD 和 3^k 设计中 5 个核心变量的三水准值　　　　　　　　表 6-2

变量名称	低值（coded-1）	中值（coded 0）	高值（coded 1）
下游服务化投入指标 DS_index	0.10	0.40	0.70
竞争强度 CI	0.00	0.20	0.40
利用型工程项目利润率 et_r	0.20	0.30	0.40
利用型下游服务项目利润率 set_r	0.50	0.60	0.70
工程知识流失率 lost_r	0.11	0.15	0.19

采用 Design-Expert 软件进行 CCD 分析，软件自动产生 50 次正交实验，依次进行系统动力学模型运行得到响应值，如附录 G 所示。实验数据的统计与评估如附录 H 所示，符合 CCD 分析要求。接下来对实验数据进行响应面方差分析，由于响应值中出现了 0 值

并有大的波动，选用平方根（常数 k 取值 36）法进行了转型，结果如表 6-3 所示。

CCD 和 3^k 设计中其他主要变量值　　　　　　表 6-3

Source	Sum of Squares	df	Mean Square	F Value	p-value Prob > F
Model	10.29	9	1.14	35.62	< 0.0001
A-DS _ Index	0.30	1	0.30	9.41	0.0039
B-CI	0.71	1	0.71	22.21	< 0.0001
C-et _ r	0.06	1	0.06	1.85	0.1814
D-set _ r	0.18	1	0.18	5.67	0.0221
E-clost _ r	4.29	1	4.29	133.55	< 0.0001
BE	0.23	1	0.23	7.06	0.0112
CE	0.68	1	0.68	21.06	< 0.0001
A^2	2.57	1	2.57	80.07	< 0.0001
E^2	1.63	1	1.63	50.65	< 0.0001
Residual	1.28	40	0.03		
Lack of Fit	1.28	33	0.04		
Pure Error	0.000	7	0.000		
Cor Total	11.58	49			
Std. Dev.	0.18				
Mean	7.28				
C. V. %	2.46				
PRESS	2.86				
R-Squared	0.8891				
Adj R-Squared	0.8641				
Pred R-Squared	0.7528				
Adeq Precision	27.1507				

根据表 6-3，模型的 F-value 值为 35.63 显示其具有差异显著性，只有 0.01% 几率认为该模型是由于噪声误差引起的。只要概率值（Prob > F）小于 0.05 就意味着该参数对实验结果影响具有显著性。模型中 A、B、D、E、BE、CE、A^2、E^2 是显著项，仅有 C 项 et _ r 未表现出较强的显著性，这与样本数量以及模型的复杂程度有关。A^2、E^2 显著，说明二次多项式曲面模型能准确地拟合参数模型，此时仅使用线性模型的相关系数很低、预测性不好，需要采用二次多元非线性模型提高优化效果。拟合缺失值（lack of fit）为 1.28，意味着拟合缺失值不具有显著性的，说明拟合较好。残差（Residual）为 1.28，对模型没有显著影响。Pred R-Squared 值为 0.7528 与 Adj R-Squared 值为 0.8641 具有合理的一致性。Adeq Precision 测量的是信噪比（the signal to noise ratio），当信噪比大于 4 的是比较合适的，说明具有足够的信号，该模型的信噪比为 27.1507，远远大于 4，说明该模型具有足够强的信号和比较小的噪声，此模型较为理想，可对结果作进一步的二次多项式响应面分析。

6.3.3 响应曲面分析

CCD 分析用每一对变量产生一个反映曲面图，展现两个变量如何通过各自的三水平值影响企业的整体绩效，从而显示出两个变量之间的交互影响。每一幅响应曲面图只有显示的两个变量取值发生变化，其他变量值取中值（标号 0）。结果显示：一些变量组合之间的交互效应很小，对响应值产生期望的影响效果，表现为相对平坦的反应面图形，如图 6-12、图 6-13 和图 6-15 所示。而另一方面，一些变量组合则有较强的交互作用，变现为凹凸的反应面图形，如图 6-8、图 6-9、图 6-10、图 6-11、图 6-14、图 6-16 和图 6-17，详细分析如下。

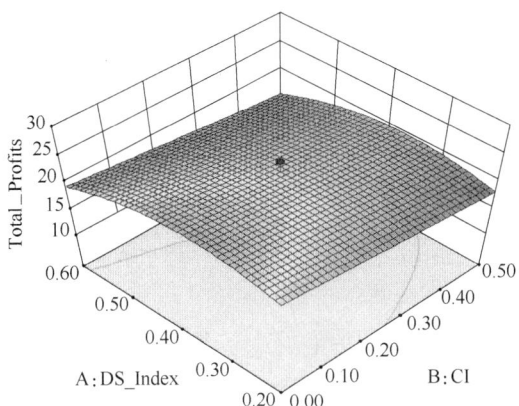

图 6-8　DS_Index 和 CI 对
Total_Profits 的影响

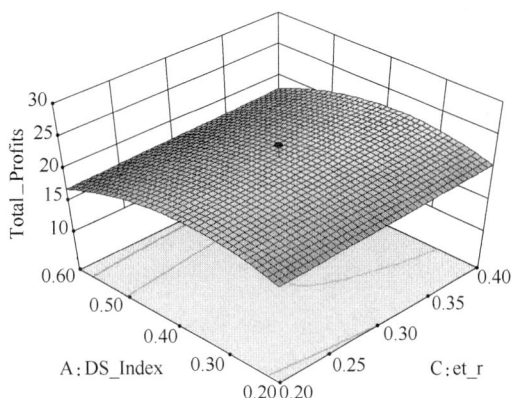

图 6-9　DS_Index 和 et_r 对
Total_Profits 的影响

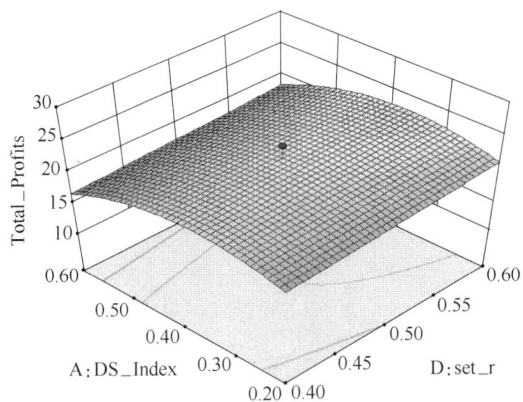

图 6-10　DS_Index 和 set_r 对
Total_Profits 的影响

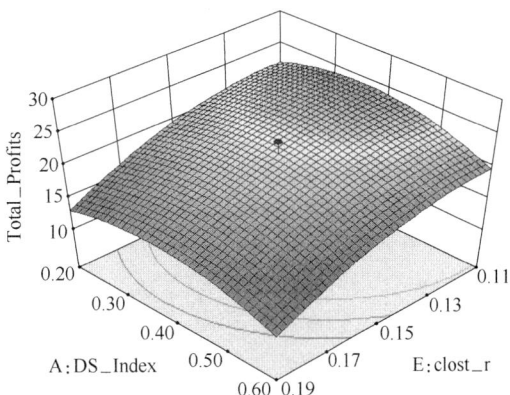

图 6-11　DS_Index 和 clost_r 对
Total_Profits 的影响

（1）图 6-8 表明：一方面，工程市场竞争程度 CI 的加剧一定会降低企业总体利润；另一方面，企业下游服务化程度 DS_Index 对企业总体利润产生"倒 U"形非线性影响，其对 CI 不利影响的消减作用也是"倒 U"形的。导致这一结果的主要原因在于工程市场对下游服务市场存在约束关系。当 DS_Index 过大时，工程市场的规模、知识存量下降，抑制了下游服务业务的持续增长，从而削弱了其对企业总体利润的贡献率。因此，DS_Index 具有二次效应。

（2）图6-9、图6-10、图6-11显示了与图6-8类似的变量关系，只不过利用型工程项目利润率 et_r 的增加、利用型下游服务项目利润率 set_r 的增加能提升企业总体利润，但显著程度不高；而工程知识流失率 clost_r 的增加则显著降低企业总体利润，然而随着 clost_r 的降低，其对企业总体利润的影响不再显著。因此，clost_r 具有二次效应。

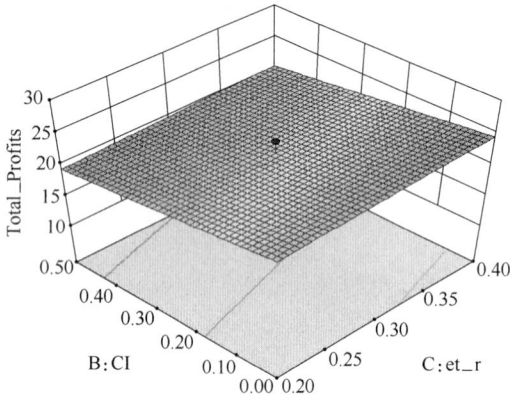

图 6-12　CI 和 et_r 对 Total_Profits 的影响　　图 6-13　CI 和 set_r 对 Total_Profits 的影响

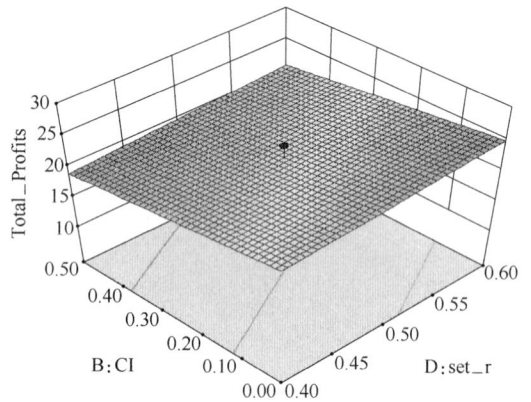

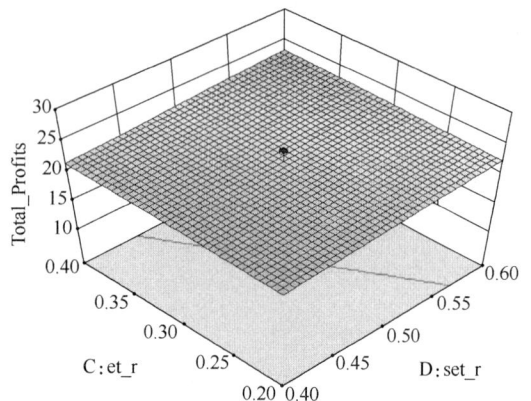

（3）图6-14表明：工程市场竞争程度 CI 和工程知识流失率 clost_r 对降低企业总体利润具有交互效应。在不同水平的 CI 条件下，clost_r 对企业总体利润的增加具有相同的二次效应。然而，在不同水平的 clost_r 条件下，CI 的增加对企业总体利润的影响却不相同。在低水平的 clost_r 条件下，CI 的增加带来企业总体利润的显著降低，这是因为：企业维持较高比例的利润率较高的利用型工程项目，CI 增加导致工程项目利润率降低就会显著影响企业总体利润。在高水平的 clost_r 条件下，CI 的增加对企业总体利润的影响变得不显著，这是因为：企业维持较高比例的利润率较低的探索型工程项目以弥补知识流失，CI 增加导致工程项目利润率降低不会显著影响已经低水平的企业总体利润。

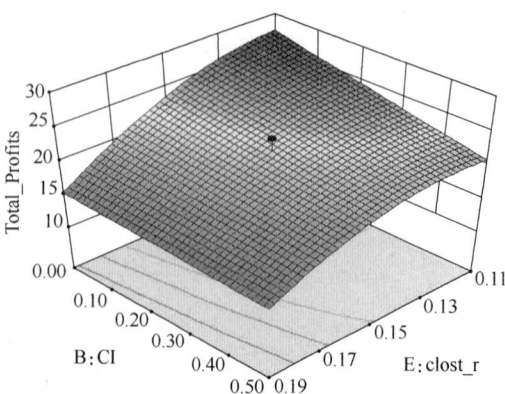

图 6-14　CI 和 clost_r 对 Total_Profits 的影响　　图 6-15　et_r 和 set_r 对 Total_Profits 的影响

（4）图 6-16 表明：利用型工程项目利润率 et_r 和工程知识流失率 clost_r 对企业总体利润具有交互效应。在不同水平的 et_r 条件下，clost_r 对企业总体利润的增加具有下降趋势的非线性影响。然而，在不同水平的 clost_r 条件下，et_r 的增加对企业总体利润的影响却不相同。在低水平的 clost_r 条件下，et_r 的增加带来企业总体利润的增加，这是因为：企业维持较高比例的利润率较高的利用型工程项目，et_r 增加就会显著影响企业总体利润。在高水平的 clost_r 条件下，et_r 的增加反而带来企业总体利润的减少，这是因为：企业需要维持较高比例的利润率较低的探索型工程项目以弥补知识流失，et_r 增加使得企业按照绩效差所配置的探索型工程项目规模不能及时产生足够的新知识以弥补知识流失，从而造成总体利润规模的下降。

（5）图 6-17 表明：低水平的利用型下游服务项目利润率 set_r 和高水平的工程知识流失率 clost_r 产生较低的企业总体利润。然而，随着 set_r 的增加，不论任何水平的 clost_r 条件下，企业都能够产生更多的利润，说明 set_r 能有效减少 clost_r 的不利影响。另一方面，也可以看出 clost_r 的大小并不能该表 set_r 对企业总体利润的正向影响关系及比率。

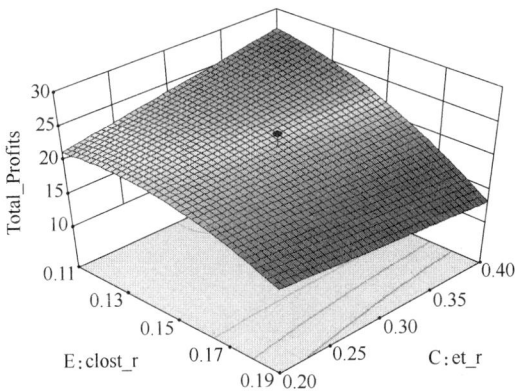

图 6-16　et_r 和 clost_r 对 Total_Profits
的影响

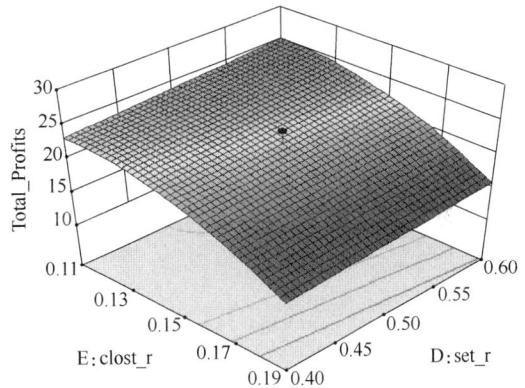

图 6-17　set_r 和 clost_r 对 Total_Profits
的影响

前述数据统计分析和三维图形表明模型所选的 5 个变量对企业总体利润显著影响作用。CCD 模型中 R-Squared 值为 88.91%，说明所选变量能够解释企业总体利润的大部分变化。当然，必须注意到企业总体利润值还受到其他变量的影响，CCD 模型中未予全部涵盖。同时，CCD 分析中也发现了变量的二次效应，如 DS_Index 和 clost_r，以及交互效应，如 CI 与 clost_r、et_r 与 clost_r。在这些情况下，变量的最高水平值或低水平值对企业总体利润的影响，与中间水平值不一样。这一发现对于更好地理解企业如何进行资源分配决策有重要意义，因为在此情形下企业在变量低值或高值时应作出与变量中值情况下不一样的决策。

最后，基于 Design-Expert 软件计算拟合方程。由于响应值存在 0 值，最大、最小值比率过大，采用平方根转换（取常数 k＝36）方法，得出模型拟合方程为：

$$
\begin{aligned}
\text{Total\_Profits}=(&4.13279+3.79486\times\text{DS\_Index}-1.77625\times\text{CI}+5.82205\times\text{et\_r}\\
&+0.64861\times\text{set\_r}+32.34235\times\text{clost\_r}+8.41972\times\text{CI}\times\text{clost\_r}\\
&-36.34491\times\text{et\_r}\times\text{clost\_r}-5.26548\times\text{DS\_Index}^2\\
&-104.70055\times\text{clost\_r}^2)^2-36.00
\end{aligned}
\tag{6-20}
$$

基于 Design-expert 软件对 CCD 模型进行优化，结果如图 6-18 所示。在本文 CCD 模型条件设置下，当 DS_Index＝0.35，CI＝0，et_r＝0.39，set_r＝0.6，clost_r＝0.11 时，Total_Profits 有最优值 31.2871。

Constraints

Name	Goal	Lower Limit	Upper Limit	Lower Weight	Upper Weight	Importance
A:DS_Index	is in range	0.2	0.6	1	1	3
B:CI	is in range	0	0.5	1	1	3
C:et_r	is in range	0.2	0.4	1	1	3
D:set_r	is in range	0.4	0.6	1	1	3
E:clost_r	is in range	0.11	0.19	1	1	3
Total_Profits	maximize	0	30.8293	1	1	3

Solutions

Number	DS_Index	CI	et_r	set_r	clost_r	Total_Profits	Desirability	
1	0.35	0.00	0.39	0.60	0.11	31.2871	1.000	Selected

图 6-18　响应面优化结果

另外，由于迭代运行次数有限，CCD 分析尚不能检验模型变量的高阶作用，因此进行全因素析因分析，详见附录 I。由于自由度的提高，所有单个变量的显著性都在 0.0001 水平上。分析结果显示，模型存在高阶交互效应。这表明本文所构建的系统动力学模型中，许多变量在作用于企业整体绩效时存在相互间的影响，主要原因是系统动力学模型的反馈机制所导致的。

6.4　情景模拟与仿真研究

研究开发的系统动力学模型系统指标控制界面如图 6-19 所示。当模拟仿真分析某一特定情景时，除了变化分析的变量参数，其他参数设置按照表附录 J 的基模参数设置取值。主要模拟仿真三类情景：下游服务化程度对企业财务绩效的影响；知识开发和知识利用策略对企业财务绩效的影响；以及企业规模、建筑市场环境和吸收能力等关键影响因素对企业财务绩效的影响。

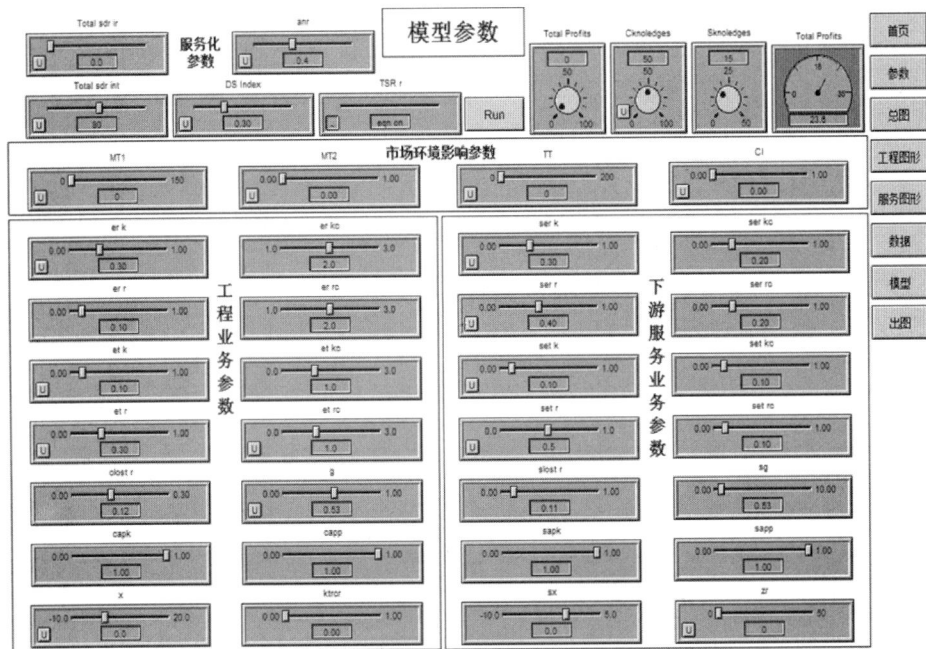

图 6-19　系统动力学模型模拟仿真的控制界面

6.4.1　下游服务化程度对财务绩效的影响仿真

下游服务化程度 DS ＿ Index 对企业整体绩效 Total ＿ Profits 的影响大体呈"倒 U"形二次效应，这在 CCD 分析中已经得到初步检验。为了更加全面地观察 DS ＿ Index 的影响作用，DS ＿ Index 分别取值 0.0，0.3，0.7，0.9，1.0，采用的二元性知识开发和知识利用策略，共运行 5 次，如图 6-20 所示。当 DS ＿ Index＝0.3 时，企业财务绩效达到相对最优水平。这是因为：随着 DS ＿ Index 的增加，企业扩大对下游服务业务的投入，下游服务业务收入增加并能有效地提高企业总体利润和抵消工程业务市场绩效的波动性（以 DS ＿ Index＝0.3 为例，如图 6-21 所示）。然而，随着 DS ＿ Index 的过度增加，工程业务市场的投资不足最终导致下游服务业务市场利润总额的降低，最终导致企业总体利润的大幅下降。上述"倒 U"形变化，也可以通过下游服务业务知识存量的变化（图 6-22）、下游服务业务利润占总利润比重上的变化清楚地观察到（图 6-23）。

需说明的是，仿真结果图形中，工程业务利润和下游服务业务利润都表现为有规律的波动状态（图 6-21），体现的是如下行为过程：企业根据总体利润目标实现情况调整探索型项目和利用型项目资源分配比例，努力提升企业利润产出。具体来说，当期利润高于上期利润时，企业将在下期分配更多的资源进行利用型项目，以获得更多地利润，表现为利润曲线的上升；然而，利用型项目对企业知识存量贡献较小，当知识流失大于新知识的产出时，企业知识存量规模下降，可开展的项目数量随之减少，利润曲线逐渐到峰值并开始下降；接着，由于当期利润低于上期利润，企业将在下期分

Total Profits:1-2-3-4-5-

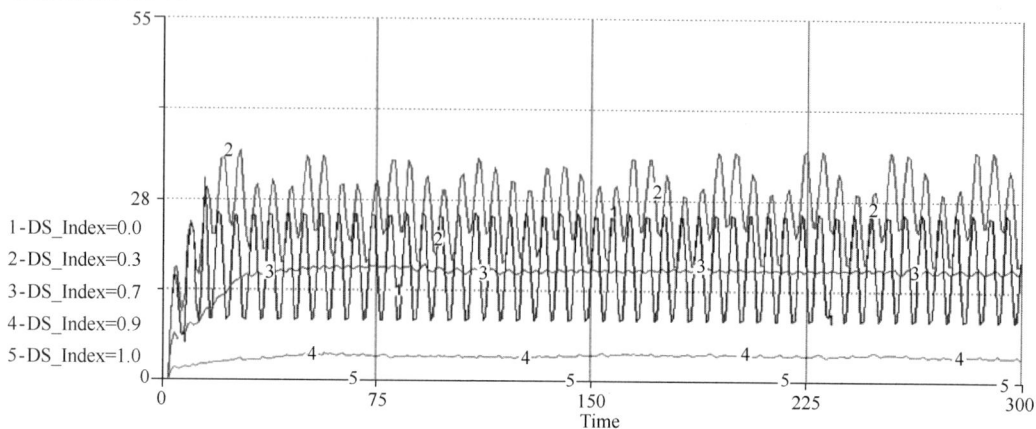

图 6-20 不同 DS_Index 水平对年度企业总体利润的影响

1:CProfits   2:SProfits

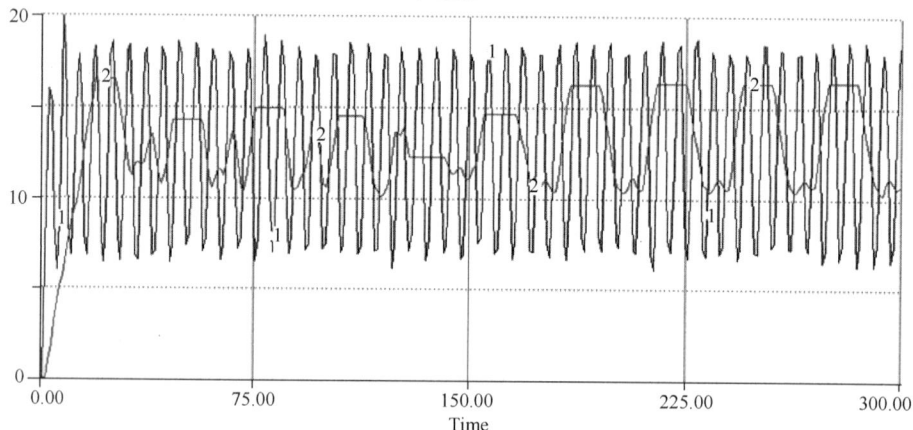

图 6-21 DS_Index＝0.3 时企业年度工程业务利润和下游服务业务利润

Sknoledges:1-2-3-4-5-

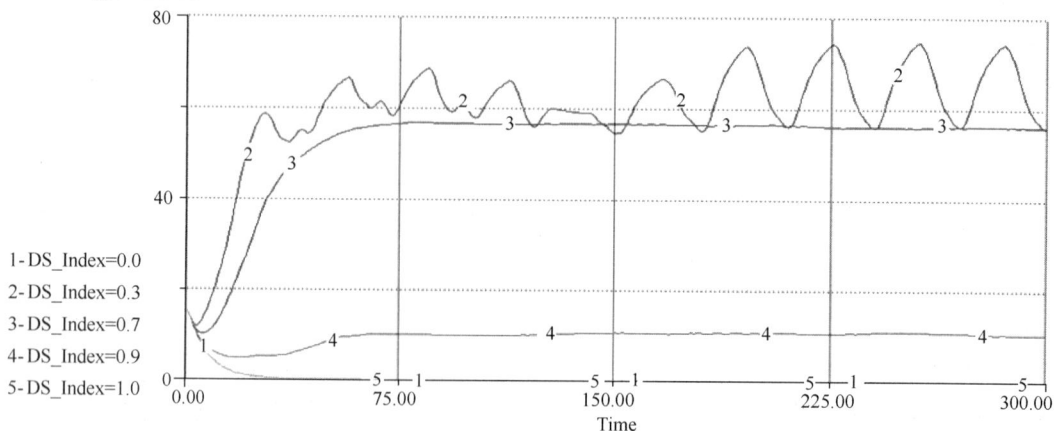

图 6-22 DS_Index 水平对年度企业下游服务业务知识存量的影响

SP index:1-2-3-4-5-

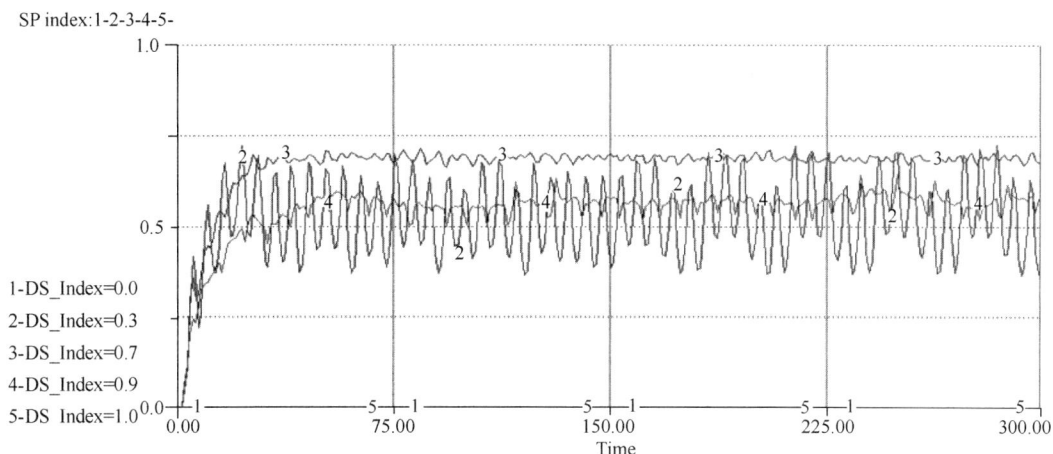

图 6-23 DS＿Index 水平与年度企业下游服务业务利润所占比重

配更多的资源进行探索型项目以增加知识存量。以 DS＿Index＝0.0 情景下的工程业务为例，其探索型工程与利用型项目分配变化曲线如图 6-24 所示。下游服务项目由于周期长、利润稳定，因此其波动频率要相对较缓，继而具有稳定企业现金流的作用。由于受到总体资源规模的限制，企业利润达到稳定态后，将在一定范围内周期性波动。

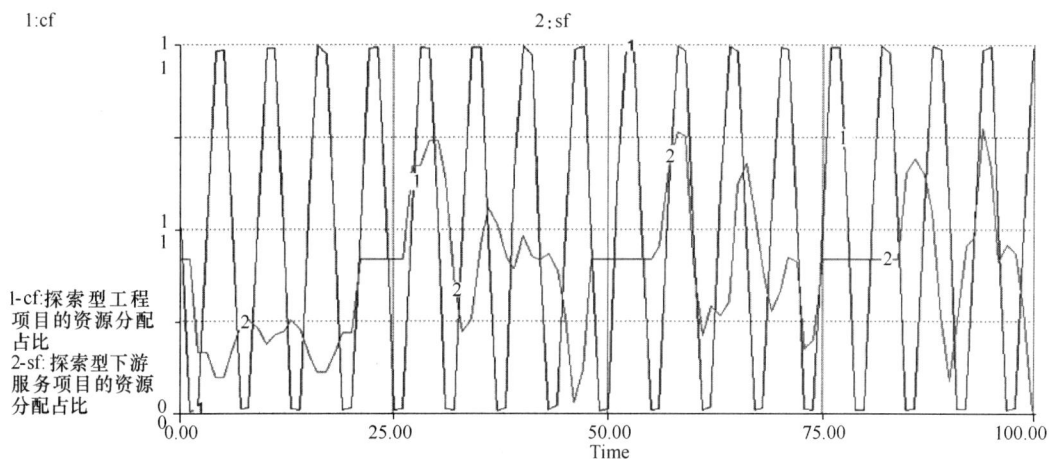

图 6-24 DS＿Index＝0.30 水平下探索型项目的资源分配占比

6.4.2 知识开发和知识利用策略对财务绩效的影响仿真

根据第 6.3.2 节中有关企业资源分配的函数公式，本节将变化设置工程决策偏好系数 x 和下游服务决策偏好系数 sx，仿真单一性策略、交叉性策略和二元性策略下企业总体利润的情景，做全面的对比分析。各类策略决策偏好系数取值及仿真序号如表 6-4 所示。只要 x、sx 的绝对值分别远大于系数 g、sg 就可以实现决策分配策略上对单一性策略或交叉性策略的模拟。其中，当 DS＿Index＝0 时，由于下游服务业务资源投入为0，单一知识开发策略和工程创新聚集策略效果一致，单一知识利用策略和服务创新聚焦策略效果一致。

下游服务化实施策略决策偏好系数与仿真序号　　　　　　　　　表 6-4

策略名称		x	sx	仿真序号
二元性策略		0	0	1
单一性策略	单一知识开发策略	20	20	2
	单一知识利用策略	-20	-20	3
交叉性策略	工程创新聚焦策略	20	-20	4
	服务创新聚焦策略	-20	20	5

（1）正常市场条件情况下

此时，探索型项目和利用型项目在利润、知识产出方面，具有理论分析中区别明显的各自优势。分别模拟下游服务化投入指数 DS_Index 取值0.0，0.3和0.7时五类策略下企业总体利润的响应情况，具体如图6-25、图6-26、图6-27。仿真结果显示，不论在何种下游服务化投入水平下，二元性策略总是最优选择。总体来看，策略的优先顺序是："二元性策略——单一型知识开发策略——交叉型工程创新聚焦策略——单一型知识利用策略——交叉型服务创新聚焦策略"。这是因为：

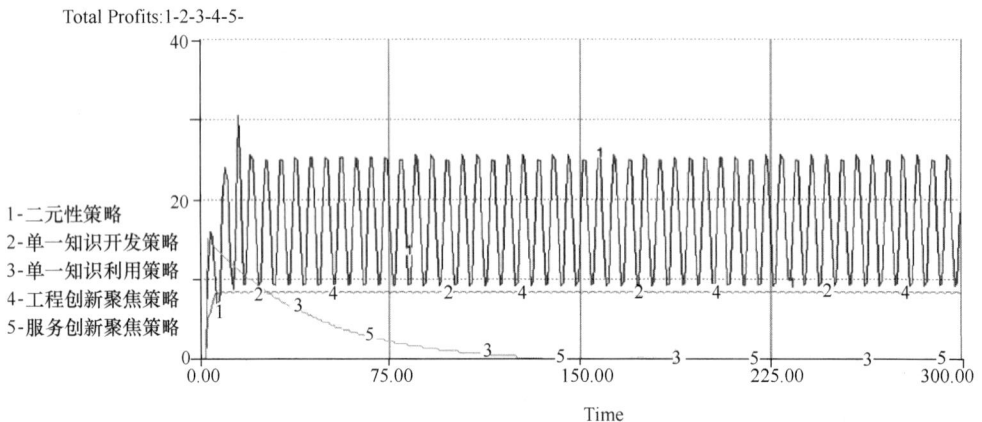

图 6-25　DS_Index＝0时各策略对应的年度企业总体利润

① 当实施单一知识开发策略时，企业虽然获得较多知识存量，但却维持的很低的总体利润水平，因为企业没有及时地通过知识利用获利。实施单一知识利用策略，企业虽然初始获得较高的利润水平，但却由于没有新知识的补充使得知识存量逐渐缩减，企业总体利润很快趋向于0。

② 当实施工程创新聚焦策略时，即工程业务领域实施知识开发而下游服务业务实施知识利用。工程利润将逐渐萎缩，企业利润构成中将渐渐以下游服务利润为主，由于工程市场规模保持在较低规模，导致企业总体利润稳定在很低的水平。实施服务创

Total Profits:1-2-3-4-5-

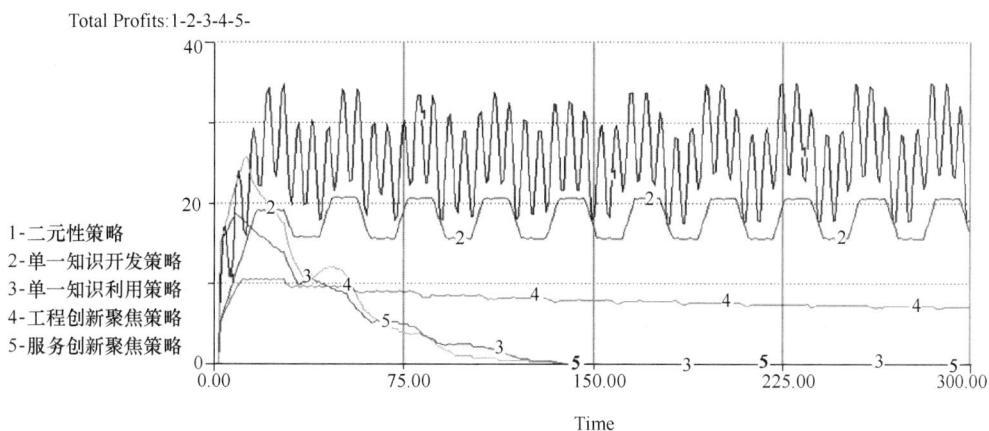

1-二元性策略
2-单一知识开发策略
3-单一知识利用策略
4-工程创新聚焦策略
5-服务创新聚焦策略

图 6-26　DS_Index＝0.3 时各策略对应的年度企业总体利润

Total Profits:1-2-3-4-5-

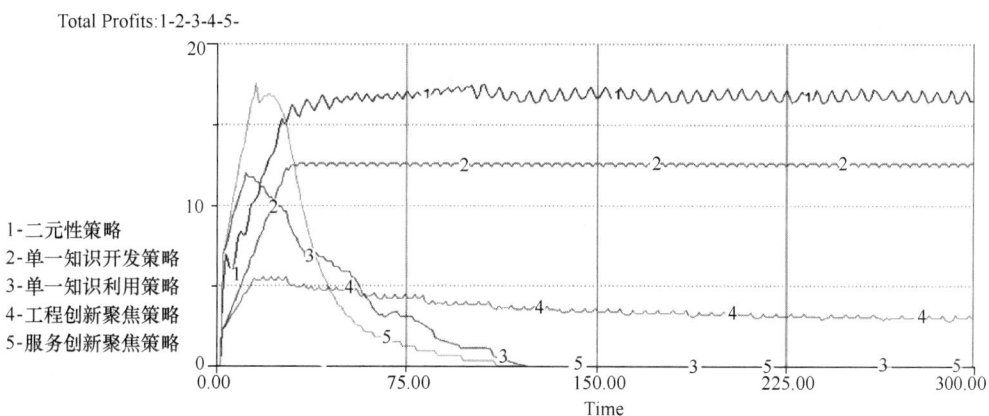

1-二元性策略
2-单一知识开发策略
3-单一知识利用策略
4-工程创新聚焦策略
5-服务创新聚焦策略

图 6-27　DS_Index＝0.7 时各策略对应的年度企业总体利润

新聚焦策略，即工程业务领域实施知识利用而下游服务业务实施知识开发。由于工程利润将逐渐趋向于 0，所以企业总体利润将最终为 0。另外，由于下游服务单一采用知识开发开发策略，也加速了利润的下降。

（2）在两大业务市场创新环境良好的情况下

在此情境下，由于创新环境及市场的认可度，探索型项目具有高利润率和高知识产出率。在基本模型基础上，设置 er_r＝0.4，ser_r＝0.6，DS_Index＝0.3，依次仿真运行，如图 6-28 所示。结果显示，仿真 2 单一知识开发策略成为最优选择。

（3）在两大业务市场需求旺盛的情况下

在此情境下，由于市场需求状态持续充沛，利用型项目具有高利润率的同时还具有较高的知识产出率。在基本模型基础上，设置 et_k＝0.3，set_k＝0.3，DS_Index＝0.3，依次仿真运行，如图 6-29 所示。结果显示，仿真 3 单一知识利用策略成为最优选择。

Total Profits:1-2-3-4-5-

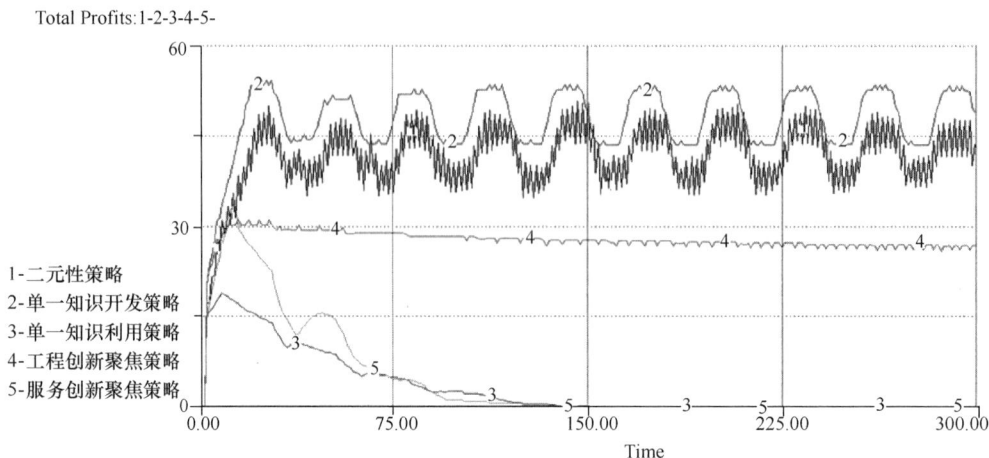

图 6-28　两大市场创新环境良好情况下各策略对应的年度企业总体利润

Total Profits：1-2-3-4-5-

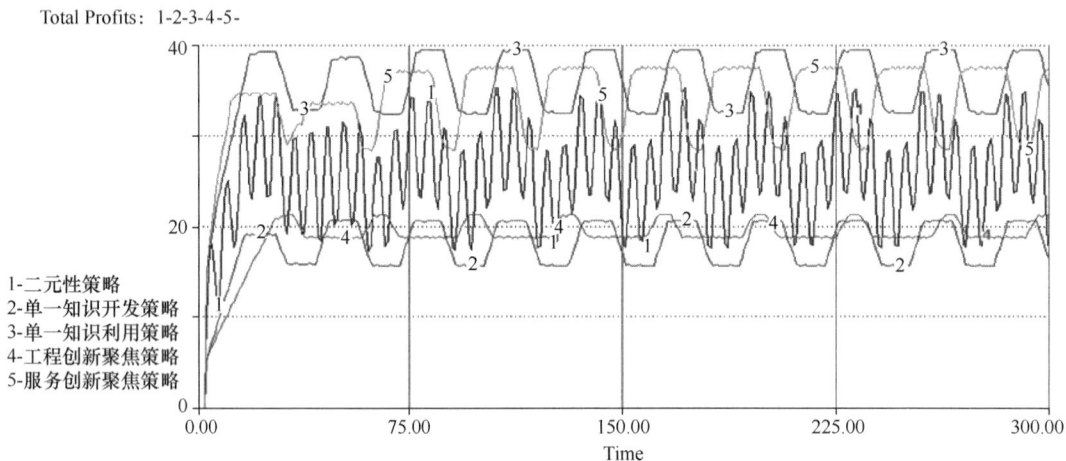

图 6-29　两大市场需求旺盛情况下各策略对应的年度企业总体利润

（4）在工程市场创新环境良好和下游服务市场需求旺盛的情况下

此时，探索型工程项目和利用型下游服务项目具有高利润率和较高的知识产出率。在基本模型基础上，设置 er_k＝0.4，set_k＝0.3，set_r＝0.6，DS_Index＝0.3，依次仿真运行，如图 6-30 所示。结果显示，仿真 4 工程创新聚焦策略（即工程业务实施知识开发，下游服务业务实施知识利用）成为最优选择。

（5）在下游服务市场创新环境良好和工程市场需求旺盛的情况下

此时，探索型工程项目和利用型下游服务项目具有高利润率和较高的知识产出率。在基本模型基础上，设置 et_k＝0.4，et_r＝0.4，set_k＝0.3，DS_Index＝0.3，依次仿真运行，如图 6-31 所示。结果显示，仿真 5 服务创新聚焦策略（即下游服务业务实施知识开发，工程业务实施知识利用）成为最优选择。

Total Profits：1-2-3-4-5-

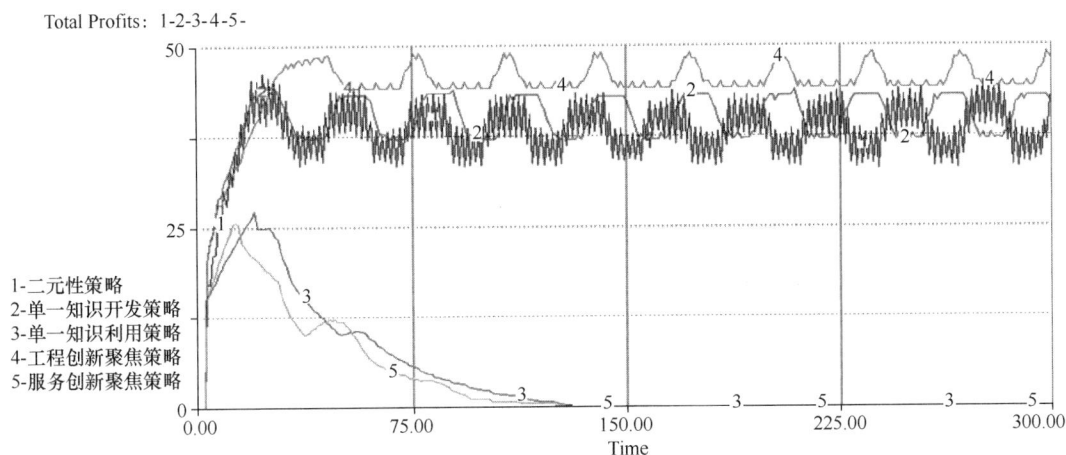

1-二元性策略
2-单一知识开发策略
3-单一知识利用策略
4-工程创新聚焦策略
5-服务创新聚焦策略

图 6-30　工程市场创新环境好而下游服务市场需求旺盛情况下
各策略对应的年度企业总体利润

Total Profits：1-2-3-4-5-

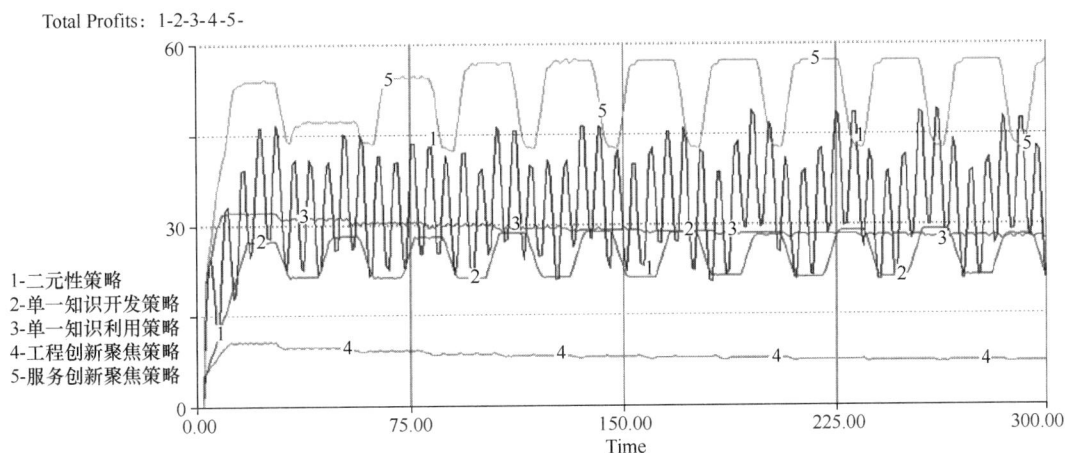

1-二元性策略
2-单一知识开发策略
3-单一知识利用策略
4-工程创新聚焦策略
5-服务创新聚焦策略

图 6-31　下游服务市场创新环境好而工程市场需求旺盛情况下
各策略对应的年度企业总体利润

6.4.3　关键影响因素将对财务绩效的影响仿真

关键影响因素主要包括内外部因素两方面。内部因素，包括企业年龄和规模、组织吸收能力和知识转移成本；外部因素，主要是建筑市场环境影响，包括金融环境恶化、知识存量流失和市场竞争加剧。

（1）企业年龄和规模

① 企业初始知识存量规模的影响（主要代表了企业年龄）

企业初始业务知识存量代表了企业初始拥有的人力、知识资源，是企业最重要的核心竞争力资源。企业规模的扩张和发展，不仅受到资金的限制，最终还要受人力资源和知识资源的约束；知识存量是从软实力方面体现了企业的规模和竞争实力。以初始工程业务知识存量 Cknowledges 值的影响分析为例。分别取 INT（Ck）值 10，50 和 90，依次运行，如图 6-32 所示；为了更清晰地显示差别，运行期截取至 T＝100。结果显示，Cknowledges 初值越大，年度企业总体利润越快进入稳定态，即成长积累期越短。当 INT(Ck)＝10 时，年度企业总体利润在 T＝35 时进入稳定态；当 INT(Ck)＝50 和 90 时，年度企业总体利润在 T＝20 时进入稳定态，成长积累期显著缩短。这意味着，如果企业想迅速实现业务利润提升和稳定，可提高初始知识资源投入，如现实中企业扩张发展中采取并购措施等。其中，INT(Ck)＝50 和 90 时，之所以企业进入稳定态的时间基本相同，原因在于：虽然 Cknowledges 的初值提高了，但是由于受到标准资源的限制，增加的知识存量得不到更多的资金匹配，因而无法有效提升企业总体利润在成长期的增长率。这表明，企业利润规模受到资金和知识的双重约束。另外，三种情景下，年度企业总体利润在稳定态的规模基本一致，原因是三种设定情况下企业的下游服务化投入程度、年度标准资源规模、年度冗余资源提取率取值相同。

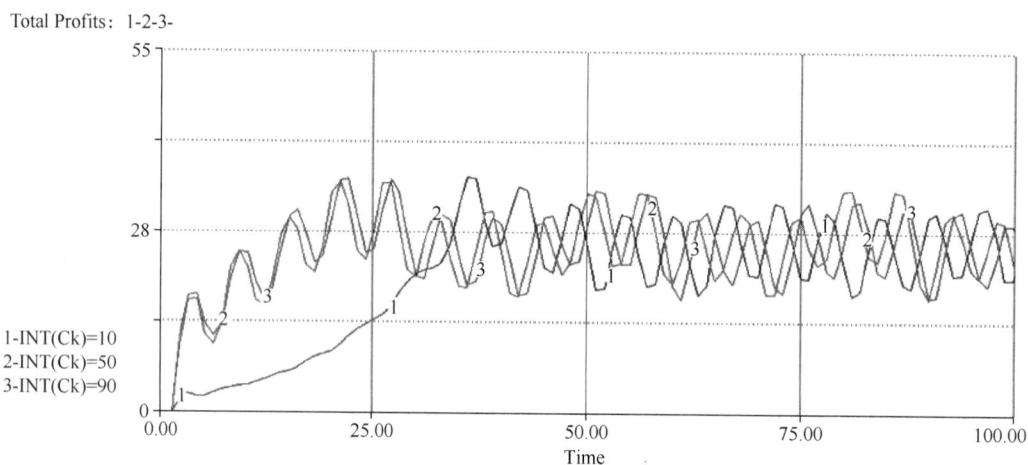

图 6-32　Cknowledges 初值规模对年度企业总体利润的影响

②　企业年度标准资源规模的影响（主要代表了企业规模）

企业年度标准资源规模代表了企业每年除了利润以外可以整合用于开展项目的资源数量，是企业规模的重要指标，主要体现了企业的融资能力，也体现了其固定资产、机械设备与耗材、流动资金的水平。Total_SDR 分别取值 10、60 和 150，依次模拟小型、中型、建筑企业年度标准资源规模对年度企业总体利润的影响，如图 6-33 所示。结果显示，Total_SDR 越大企业利润规模越高；同时，企业的波动幅度也越大，说明高利润与高风险并存。此外，随着企业的发展，Total_SDR 可能逐年增加。但是，为方便观察和对比分析，在其他情景仿真时，Total_sdr_ir 取值为 0。

（2）组织吸收能力

吸收能力分为潜在吸收能力 apk（影响知识产出）和实现吸收能力 app（影响利润

Total Profits：1-2-3-

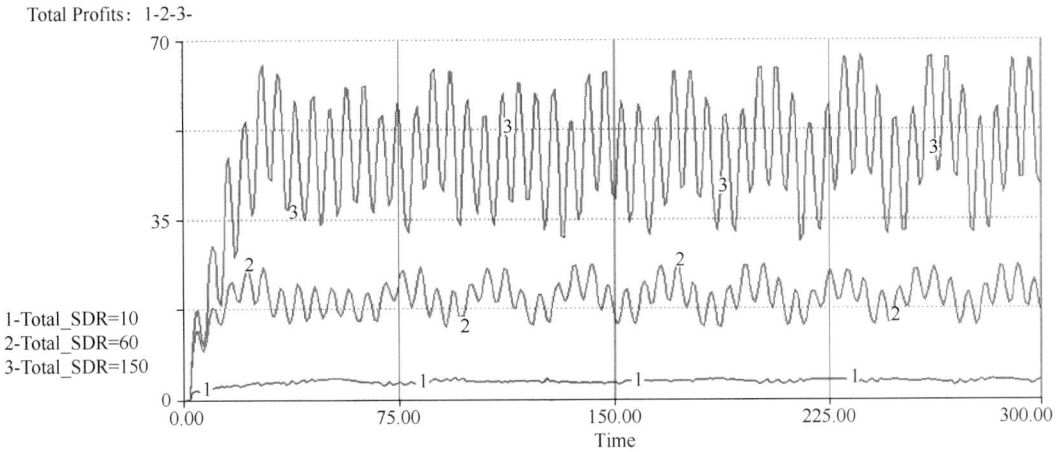

图 6-33　Total _ SDR 规模对年度企业总体利润的影响

产出），以工程业务领域为例进行仿真分析。

首先，观测工程业务潜在吸收能力 capk 对整个系统的影响。经过测试后，分别取值 0.6、0.625、0.65 和 1.0，依次运行，如图 6-34 所示。仿真结果显示，如果 capk 太小，直接导致了企业知识存量的减少，如图 6-35 所示，从而使企业总体利润在长期终将趋向于 0；企业要获得稳定的长期发展，capk 必须达到一定水平之上。进一步，capk 由于直接影响工程业务利润，也就间接影响了下游服务业务的知识存量和利润。

Total Profits：1-2-3-4-

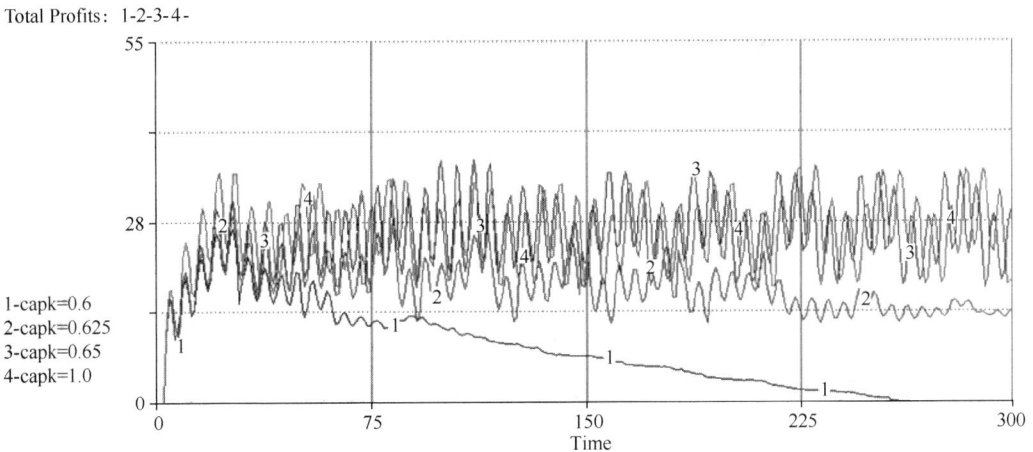

图 6-34　capk 水平对年度企业总体利润的影响

其次，观测工程业务实现吸收能力 capp 对整个系统的影响。分别取值 0.0、0.33、0.67 和 1.0，依次仿真运行，如图 6-36 所示。仿真结果显示，随着 capp 的减少，年度企业利润逐渐降低。注意到，当 capp＝0 时，即工程业务领域利润为 0 时，年度企业总体利润仍可维持在一定水平。这主要是因为：在 0.3 的下游服务化程度下，即便工程业务利润为零，企业仍可从下游服务业务获取利润。

Cknoledges: 1-2-3-4-

1-capk=0.60
2-capk=0.625
3-capk=0.65
4-capk=1.00

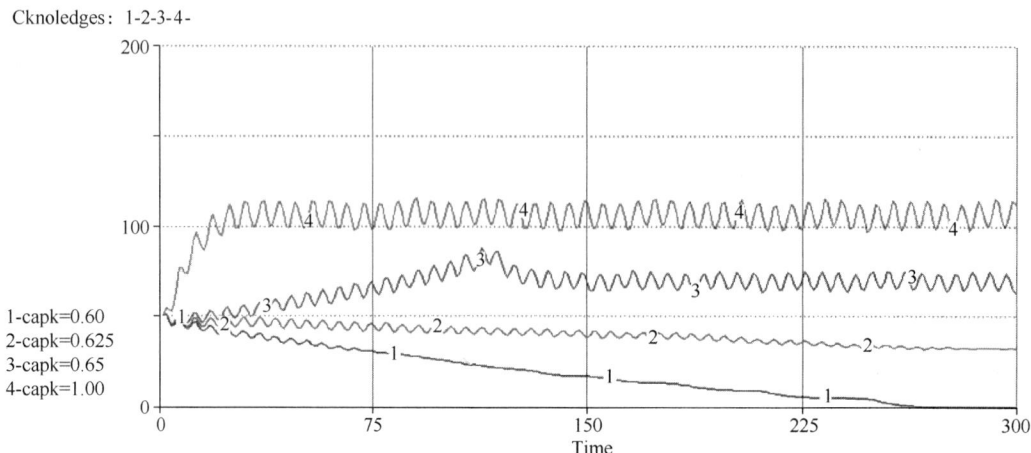

图 6-35　capk 水平对工程业务知识存量的影响

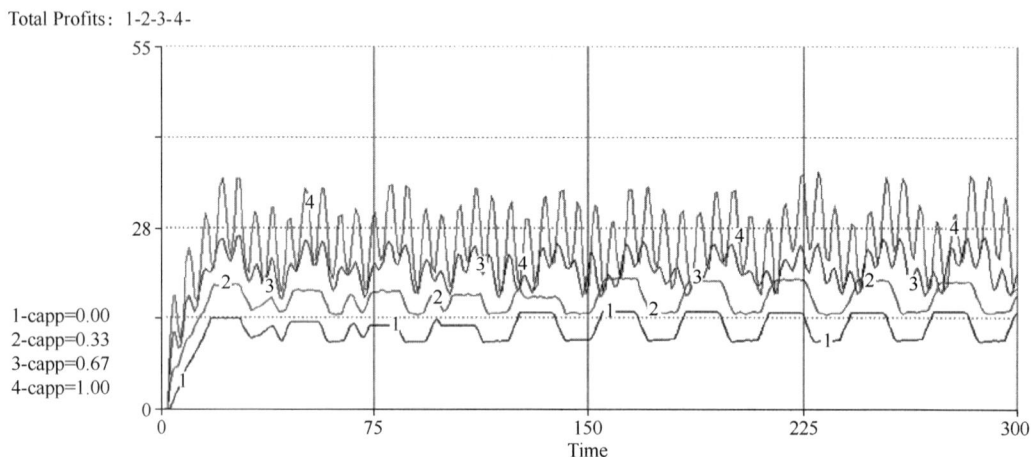

Total Profits: 1-2-3-4-

1-capp=0.00
2-capp=0.33
3-capp=0.67
4-capp=1.00

图 6-36　capp 水平对年度企业总体利润的影响

（3）知识转移成本

企业在承担下游服务项目时需要使用工程建造过程知识，继而发生知识转移成本。即便是企业承担本企业建造工程的下游服务，由于内部子单位相对独立、缺少两业务领域间的高度协调机制和有效的信息化技术支持，知识转移成本也可能很高。知识转移过程可通过工程交接以、知识与人力资源共享、后续学习等方式实现。当知识转移成本 ktrc≠0 时，主要观测 ktrc 对企业总体利润的影响，分别取单个项目年度知识转移成本 ktrcr 值为 0.00、0.01、0.02，依次仿真运行，如图 6-37 所示。结果表明，知识转移成本越高，年度企业总体润越低。

（4）建筑市场环境

按照假设，本类情景模拟只对工程业务市场发生直接影响，不涉及下游服务业务领域因素的直接变化。外部环境影响分析主要包括以下三类情景：

Total Profits：1-2-3-

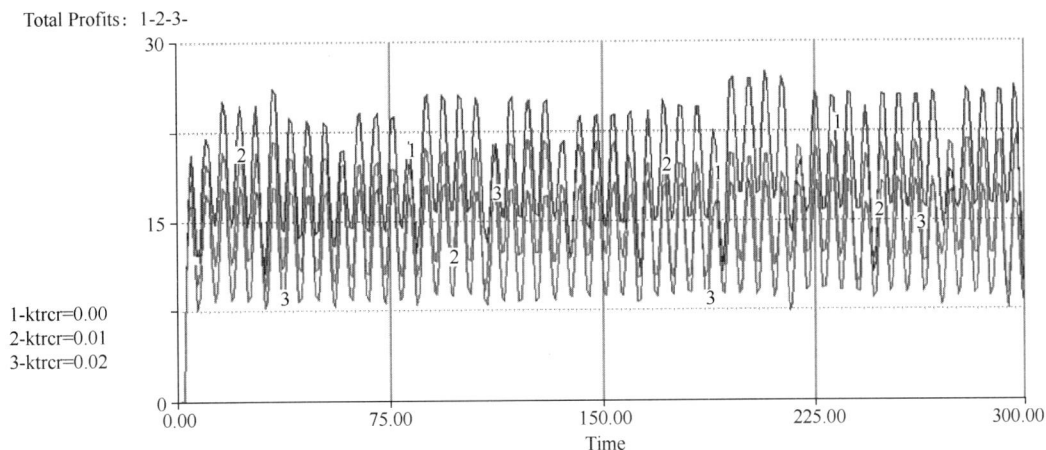

图 6-37　不同 ktrc 水平对年度企业总体利润的影响

① 金融环境恶化。当金融环境恶化或受政策调控影响时，企业融资规模受限，年度工程业务领域标准资源规模缩减，从而产生对企业利润的不利影响。市场融资规模的限制系数 MT1 发生时间是 T＝100，产生持续影响，分别取值 30、60、90；下游服务化投入程度 DS_Index 分别取 0.0、0.35、0.7，依次仿真运行，如图 6-38、图 6-39、图 6-40 所示。总体上来说，当 DS_Index＝0.35 时，企业年度利润水平和抵抗金融环境影响的能力最高。当 MT1＝30 时，金融环境影响处于低水平，三种 DS_Index 条件下的企业系统都能通过资源分配反应，迅速增加利用型项目数量，获取更多的利润而积累更多的冗余资源以弥补标准资源的投入不足，于是渐渐恢复到原先的稳定状态。当 MT1＝30 时，由于 DS_Index＝0.7 的情况下，企业总体利润水平较低，无法抵抗金融风险的影响而趋向于 0 利润。当 MT1＝95 时，DS_Index＝0.0 条件下的企业系统也因金融环境冲击超过自身承载能力而趋向于 0 利润。

Total Profits：1-2-3-

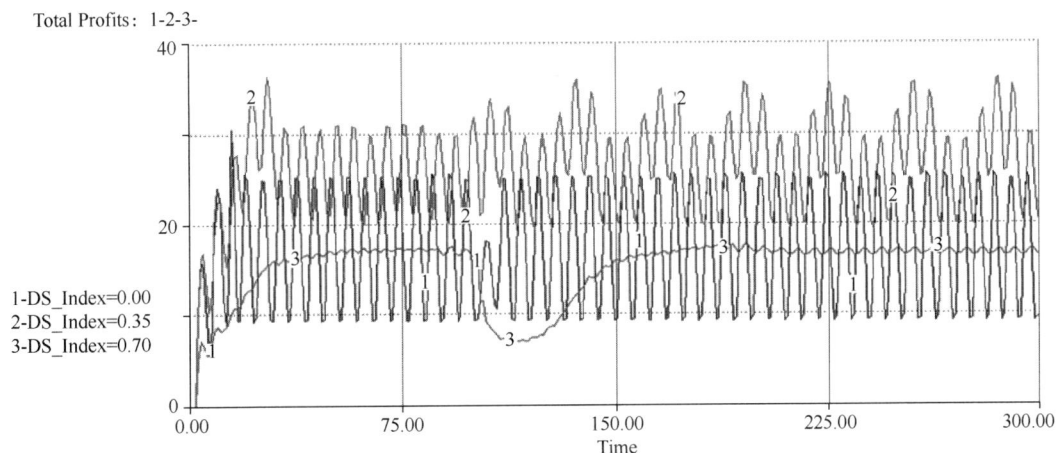

图 6-38　不同 DS_Index 条件下 MT1＝30 对年度企业总体利润的影响

Total Profits:1-2-3-

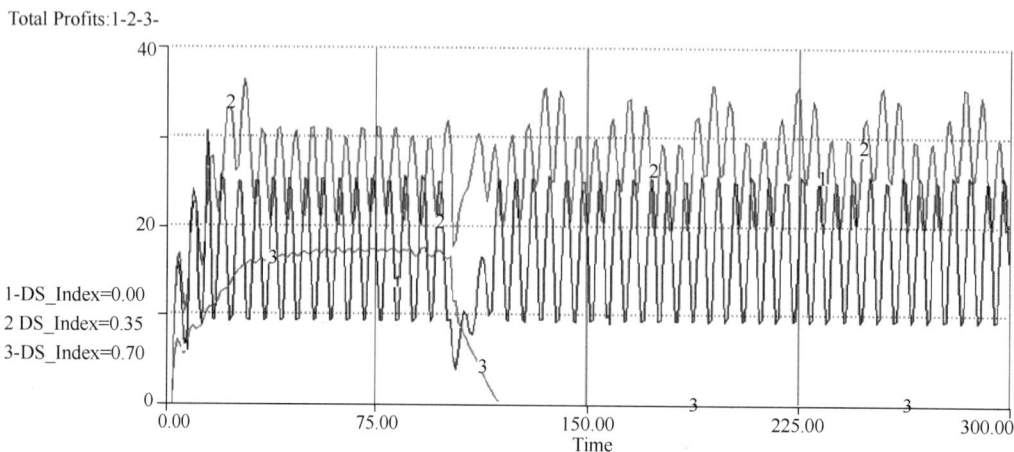

1-DS_Index=0.00
2 DS_Index=0.35
3-DS_Index=0.70

图 6-39　不同 DS_Index 条件下 MT1＝60 对年度企业总体利润的影响

Total Profits：1-2-3-

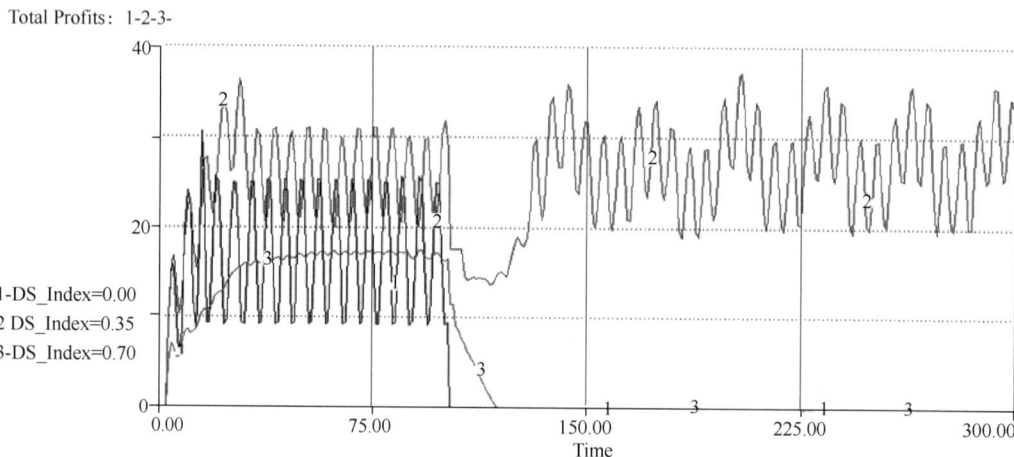

1-DS_Index=0.00
2 DS_Index=0.35
3-DS_Index=0.70

图 6-40　不同 DS_Index 条件下 MT1＝95 对年度企业总体利润的影响

② 知识存量流失。当产生新技术、工艺或方法时，或者企业出现人才流失时，企业工程业务知识存量会收到瞬时知识损失的冲击。该类影响冲击作用于企业工程业务知识存量，使其产生瞬时缩减。因此，理论上工程业务知识存量越大，抵抗此类影响的能力越强。知识存量流失系数 TT 发生时间是 T＝100，产生持续影响，分别取值 70、90、140；下游服务化投入程度 DS_Index 分别取 0.0、0.35、0.7，依次仿真运行，如图 6-41、图 6-42、图 6-43 所示。总体上来说，当下游服务化投入程度为 0 时，抵抗能力最强；当然，这并不是为了说明下游服务化不利于企业抗风险能力，这里仅是理论情形上的探讨，实践中除非及其特殊的情形，企业是不会发生知识存量流失的极大值的。另外，可以观察到，一旦工程知识存量流失殆尽，下游服务业务利润也会随之迅速缩减为 0。

③ 市场竞争加剧。当建筑工程市场竞争加剧，工程项目利润降低，企业总体利润

Total Profits：1-2-3-

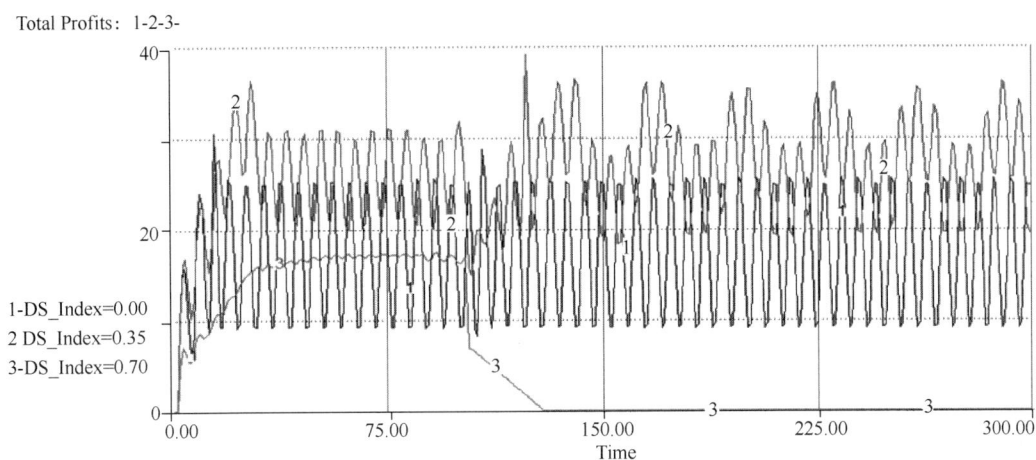

1-DS_Index=0.00
2 DS_Index=0.35
3-DS_Index=0.70

图 6-41　不同 DS_Index 条件下 TT＝70 对年度企业总体利润的影响

Total Profits：1-2-3-

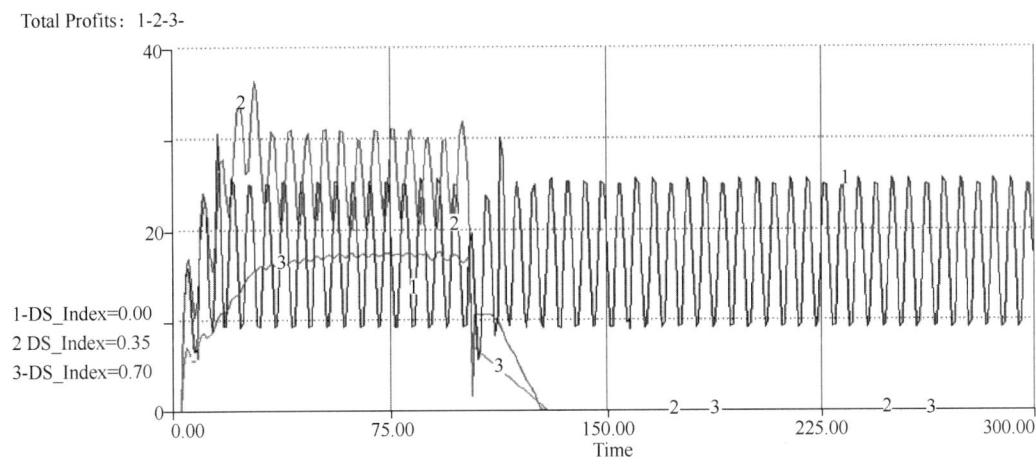

1-DS_Index=0.00
2 DS_Index=0.35
3-DS_Index=0.70

图 6-42　不同 DS_Index 条件下 TT＝90 对年度企业总体利润的影响

Total Profits：1-2-3-

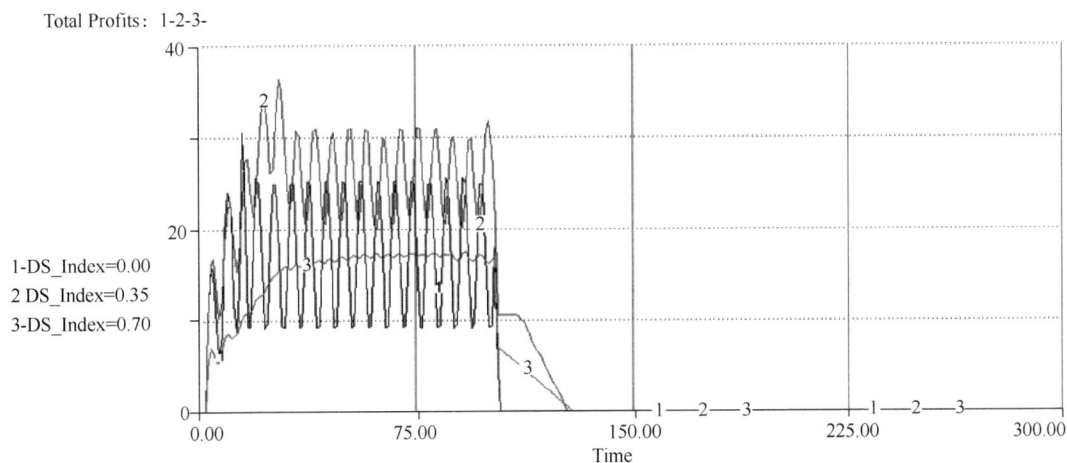

1-DS_Index=0.00
2 DS_Index=0.35
3-DS_Index=0.70

图 6-43　不同 DS_Index 条件下 TT＝140 对年度企业总体利润的影响

相应降低。这一影响直接作用于工程项目利润率上，并不直接作用于下游服务业务领域。市场竞争程度系数 CI 发生时间是 T=100，产生持续影响，分别取值 0.2、0.6 和 1，即工程业务利润分别降低 20%、60%和 100%；下游服务化投入程度 DS_Index 分别取 0.0、0.35、0.7，依次仿真运行，如图 6-44、图 6-45、图 6-46 所示。当 CI=0.2 时，市场竞争程度在较低范围，三种 DS_Index 水平下的企业总体利润都有所下降。当 CI=0.6 时，市场竞争已到达较高程度，工程业务利润大幅缩减；但工程业务知识存量、工程业务年度标准资源并未受到破坏性影响，因而下游服务业务并未受到较大影响，下游服务业务利润成为企业总体利润构成中的主要部分。当 CI=1 时，工程业务利润为零，仅有下游服务业务产生利润。总体上来说，随着 CI 的冲击值增大，DS_Index 越高，企业抵抗 CI 冲击影响能力最强。

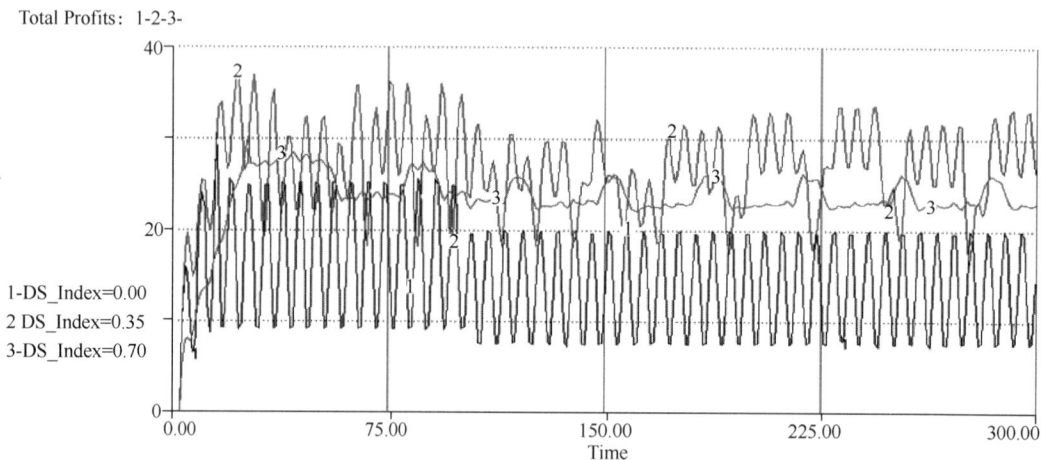

图 6-44 不同 DS_Index 条件下 CI=0.2 对年度企业总体利润的影响

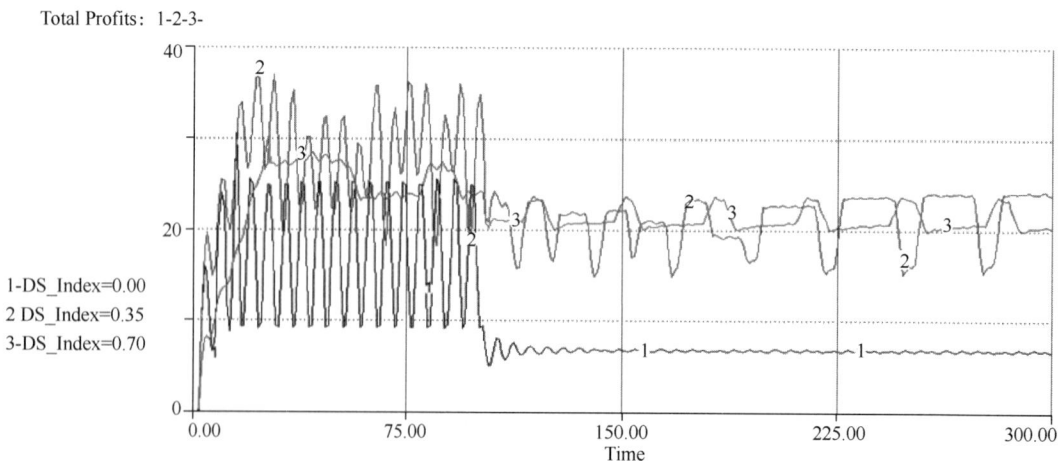

图 6-45 不同 DS_Index 条件下 CI=0.6 对年度企业总体利润的影响

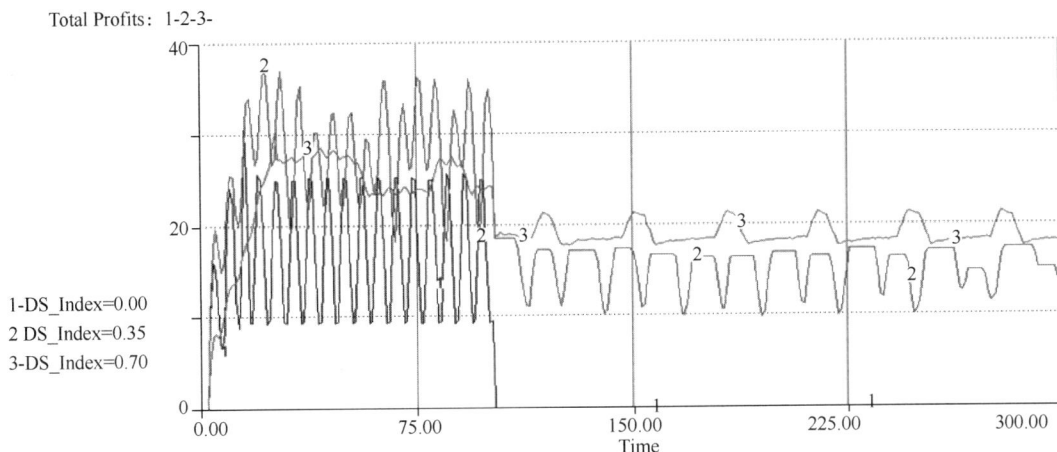

图 6-46　不同 DS_Index 条件下 CI＝1 对年度企业总体利润的影响

6.5　下游服务化财务绩效的提升策略分析

根据系统动力学模型的情景仿真模拟结果，建筑企业下游服务化财务绩效的提升策略主要包括以下四方面：

（1）通过模型 CCD 分析和下游服务化程度对财务绩效影响的情景仿真分析发现，建筑企业下游服务化对企业总体利润的提升和稳定具有显著作用，两者之间存在"倒 U"形关系；在一定的内、外部环境条件下，存在相对最优的下游服务化程度，使得企业下游服务化财务绩效获得最佳水平。

（2）通过知识开发和知识利用对财务绩效影响的情景仿真分析发现，二元性策略、单一性策略和交叉性策略分别适合不同的市场环境。正常市场情况下（即探索型项目和利用型项目特性区分明显时），二元性策略最优；特殊市场情况下（即探索型项目或利用型项目在知识和利润产出方面全部占优时），根据环境变化相应调整而实施单一性或交叉性策略；而只要在工程领域进行单一知识利用，企业总体利润在长期都将趋于零。

（3）通过组织内部因素对财务绩效影响的情景仿真分析发现，企业的知识存量和资金规模越大，企业进入下游服务化发展稳定期的时间就越短、总体利润规模就越大，但两者规模的增长必须同步才能实现利润的提升；企业要实现长期稳定发展，必须要通过提高潜在吸收能力来提高知识产出的吸收效率，通过提高实现吸收能力来提高知识转化为利润的效率；企业应努力降低工程建造知识的转移成本以减少其对企业总体利润影响。

（4）通过建筑市场环境变化对财务绩效影响的情景仿真分析发现，企业通过增强知识利用来多积累冗余资金以缓冲建筑市场金融环境恶化的影响，通过增强知识开发来多积累知识存量以缓冲建筑市场技术更新的影响，通过适当提高服务化程度来缓冲建筑市场竞争加剧的影响。

6.6 小　　结

　　本章在综合分析下游服务化战略与企业财务绩效的因果循环关系基础上，通过相关变量之间函数关系和模型参数的设定，构建了系统动力学模型，并求通过情景模拟对建筑企业下游服务化财务绩效提升的策略进行了仿真分析。本章的研究结果是对提升路径研究的进一步拓展和补充。

第7章 结 论 与 启 示

本章在对前文各章节内容进行回顾的基础上，系统整理研究结论，并根据研究结论提出了相应的管理启示，最后分析了研究的不足和未来研究的方向。

7.1 研 究 结 论

建筑企业是复杂的建筑业体系中的"系统集成者"（Winch，1998）[352]和"过程管理者"（Dainty et al.，2000）[353]，介入建筑物全生命周期是其未来发展方向（Egan，2002）[354]。其中，下游服务化发展建筑企业拓展下游建筑产业价值链的重要战略，而其成功实施的关键前提是企业财务绩效得到提升。对此，现有研究尚未打开"下游服务化——财务绩效"的"黑箱"。为解决这一问题，引入知识开发和知识利用的研究视角，探讨"建筑企业下游服务化财务绩效的提升机理"问题。主要研究结论总结如下。

（1）关于建筑企业下游服务化财务绩效的提升前提研究

当建筑企业集成提供工程建造和设施管理模式下业主总支出小于传统模式时，建筑企业就具备了提供下游设施管理服务的条件，即可认为满足了下游服务化提升财务绩效的前提。研究表明，知识开发和知识利用视角下，建筑企业下游服务化财务绩效提升的前提条件是：工程建造阶段的知识开发和知识利用对设施管理阶段存在足够大外部性效益以及建筑企业具有工程建造知识转移的相对高效率，其公式化表达为：

$$\{N_2 TR^u - N_1 TR^b\} - \{(N_2 - N_1)e_1\delta\} \geqslant \{N_2(e_2^u - \psi(e_2^u))$$

$$- N_1(e_2^b - \psi(e_2^b))\} - \{(\alpha_1^b - \alpha_1^u)E\frac{F_1}{f_1}(\theta_{1min}) + (1 - \alpha_2^u)E\frac{F_2}{f_2}(\theta_{2min})\} - \{E\theta_{2min} - E\theta_2\}$$

特别地，市场竞争程度较低以及业主在设施管理阶段愿意给予更多激励对上述前提条件有强化作用。

（2）关于建筑企业下游服务化财务绩效的提升路径研究

下游服务化战略导致企业更多的知识开发行为，知识开发和知识利用对建筑企业下游服务化财务绩效的影响各有侧重，企业跨组织层次和跨业务领域协同管理知识开发和知识利用的能力对提升下游服务化战略财务绩效至关重要。本部分实证分析结论主要包括：

① 下游服务化战略依次通过知识开发和知识利用（实施策略层）、探索型项目创新和利用型项目创新（项目执行层）来提升财务绩效。建筑企业较差的项目执行层配置水平，可使公司制定的能较好提升下游服务化财务绩效的知识开发和知识利用策略失效。路径分析显示，下游服务化战略主要通过"知识开发——探索型项目创新"来实现远期财务绩效，主要通过"知识利用——利用型项目创新"来实现近期财务绩效。

② 工程建造业务和下游服务业务间跨领域的项目创新协同对下游服务化财务绩效的提升起到显著影响。路径分析明确显示出了这一协同作用效果：当这种协同与企业总体策略导向战略一致程度较好时，可相应最大化企业近期或远期财务绩效。如"知识开发策略——探索型工程项目创新——探索型下游服务项目创新"是实现远期财务绩效的最优路径，"知识利用策略——利用型工程项目创新——利用型下游服务项目创新"是实现近期财务绩效的最优路径。

③ 下游服务项目创新对财务绩效影响较高，但工程项目创新通过对下游服务项目创新的影响而间接影响财务绩效的提升。实证分析结果显示，虽然下游服务项目创新对近期、远期财务绩效的贡献要远高于工程项目创新，但是工程项目创新（特别是探索型工程项目创新）对下游服务项目创新的路径影响系数很大，远高于知识开发和知识利用策略的影响。这一实证结果也证明了第 4 章的研究假设——工程建造知识是下游服务业务开展的基础。

（3）关于建筑企业下游服务化财务绩效的提升策略研究

根据系统动力学模型的情景仿真模拟结果，建筑企业下游服务化财务绩效的提升策略的研究结论主要包括：

① 建筑企业下游服务化对企业总体利润的提升和稳定具有显著作用，两者之间存在"倒 U"形关系。在一定的内、外部环境条件下，存在相对最优的下游服务化程度，使得企业下游服务化财务绩效获得最佳水平。

② 二元性策略、单一性策略和交叉性策略分别适合不同的市场环境。正常市场情况下（即探索型项目和利用型项目特性区分明显时），二元性策略最优；特殊市场情况下（即探索型项目或利用型项目在知识和利润产出方面全部占优时），根据环境变化相应调整而实施单一性或交叉性策略；而只要在工程领域进行单一知识利用，企业总体利润在长期都将趋于零。

③ 较高的企业知识存量和资金的规模有利于下游服务化的实施，但两者的增长必须同步才能实现利润的提升；通过提高吸收能力来提高知识产出的积累效率和知识转化为利润的效率；通过降低工程建造知识的转移成本以减少其对企业总体利润影响；通过增强知识利用来积累冗余资金以缓冲建筑市场金融环境恶化的影响；通过增强知识开发来积累知识存量以缓冲建筑市场技术更新的影响；通过适当提高服务化程度来缓冲建筑市场竞争加剧的影响。

7.2　管　理　启　示

对应研究结论，得到如下七方面管理启示：

（1）建筑企业实施下游服务化战略，要选择合适的工程项目、行业市场和客户类型。建议选择工程建造知识对设施管理阶段贡献程度高的项目，或者说设施质量对下游服务质量和需求产生重要影响的项目；选择具有工程建造阶段知识转移的相对高效率的工程项目；选择专业度较高、知识集成度较高的低竞争程度的市场；积极发展受设施管理影响重大、下游服务需求稳定的高端客户群，与之建立稳定的合作关系。

（2）建筑企业实施下游服务化财务绩效的提升，需要知识开发和知识利用策略与落实这一策略的项目执行能力相匹配。如果失去了项目执行层的创新能力，知识开发和知识利用策略就无法有效转化为项目活动而实现收益，继而影响了财务绩效的提升。因此，企业高层管理者和中层项目管理者应共同制定和实施下游服务化战略的知识开发和知识利用策略。高层和中层管理人员之间的有效互动有利于实现实施策略和项目执行之间的协同匹配，这对实现企业既定的下游服务化战略目标和提升财务绩效而言非常重要。

（3）建筑企业实施下游服务化财务绩效的提升，需要集成和协同工程建造领域、下游服务领域的项目创新。工程项目创新，尤其是探索型工程项目创新，很大程度上决定了下游服务项目创新。因此，企业管理者应通过设立跨部门会议、建立联络小组和鼓励团队合作来促进业务领域之间的集成与协同能力。另一方面，探索型项目创新能力和利用型项目创新能力对近、远期财务绩效影响是不一样的。因此，项目创新能力在功能类型与业务类型上要实现协同。

（4）建筑企业下游服务化战略的实施，要结合自身条件和外部环境的特点来进行合理的目标定位和规划部署。本书以资源投入占比为指标的研究表明，下游服务化程度并非越高越好，存在取得最佳财务绩效的相对最优程度，因此要避免过度服务化。而且，保持一定的工程市场的业务规模和知识积累是下游服务化战略提升企业财务绩效的基本前提。同时，建筑企业应对下游服务化战略实施做好规划安排，因为下游服务化是一个长期过程，企业必须对短期和长期绩效有正确的认识和判断。

（5）建筑企业在工程建造和下游服务领域应采取与市场环境相一致的知识开发和知识利用策略。这意味着下游服务化战略不能忽视知识开发和知识利用的任意一方。过度关注于改进型创新以提高现有技术、资源的利用效率，事实上却隐含了很大的风险，不利于企业的长期可持续发展。在当前高竞争性的建筑市场环境下，保持一定程度的对工程建造领域知识开发资源的投入（即一定数量的探索型工程项目）以防止工程知识存量恶化是非常重要的。这不仅避免企业在长期陷入工程市场困境，也是逐步发展下游服务业务的前提和基础。

（6）建筑企业要时刻关注组织内部因素的影响。建筑企业要对自身资源规模有正确的评估，实施过程中在扩大融资能力的同时还要同步提升知识存量的积累水平；必须要重视组织吸收能力的建设，既要提升知识产出和吸收的能力，也要提升知识转化为利润收益的能力；同时也需要企业从信息技术、组织协同与集成机制等方面采取措施以降低工程阶段建造知识向下游服务阶段转移的成本。

（7）建筑企业还要时刻关注建筑市场环境潜在的风险因素，提高自己抵御风险的能力和做好风险预控。为抵御金融环境风险，可与银行等金融机构进行战略合作，形成金融资本保障体系；为抵御技术变革风险和提高研发能力，可与相关利益者、高校或科研机构建立战略研发合作关系，也可通过企业兼并的形式迅速提高特定领域专业知识存量；为抵御市场竞争加剧的影响，企业可适度提高服务化程度、开拓高利润市场或开发高附加值环节。总之，建筑企业要培育和提升基于知识开发和知识利用的动态能力，以便当市场发生变化时企业可以作出迅速反应，优化资源配置效率。

最后，需特别说明的是，下游服务化战略并非建筑企业发展的必然选择。这并不是要否定本书研究的意义，而是要避免"服务化万能""盲目服务化"的误区。如同制造企业凭借产品领先或卓越运营一样可以取得成功（Baines et al.，2007）[218]，建筑企业一样也可以走专业化发展的道路。制造业服务化实践表明，企业并非都能取得服务化成功，一些大型制造企业反而停运外围服务而将资源集中到核心制造业务上（Sawhney et al.，2004）[355]，另一些拥有显著市场壁垒的企业也没有必要通过集成服务来保护自己（Schmenner，2009）[88]。问题的关键在于，企业发展战略与自身资源特质、市场环境条件是否相匹配。

7.3 研究不足与未来展望

（1）研究的不足之处

第一，下游服务化财务绩效提升前提研究方面。首先，研究中假设一旦代理人中标，将自己承担任务而不管任务成本有多高。而实际上，特别是在建筑行业还存在分包的情况。其次，本书对所有的代理人采用的是信息对称的方式，未考虑信息不对称的情况。再者，模型分析中也未对对代理人未来收益风险对当前决策的影响做拓展讨论。

第二，下游服务化财务绩效提升路径研究方面。首先，由于时间仓促未能对知识开发和知识利用的乘积效应做更深入的中介作用检验分析。其次，结构方程中存在知识开发和知识利用、工程项目和下游服务项目两层中介影响，国内外相关研究十分少见，限于研究者技术水平而未做深入分析。再者，未考虑知识开发和知识利用在个人、项目团队、企业部门层面的差异和交互作用。

第三，下游服务化财务绩效提升策略研究方面。首先，系统动力学模型变量有限，变量间的关系以及反馈回路也做了简化处理。其次，由于模型数据全部为虚拟数据，未能有足量的实际统计数据予以支撑验证，在模型检验与修正方面受限。再者，模型仿真结果显示工程业务领域和下游服务化领域应建立联合决策机制，就此未进一步做出改进和完善。

（2）未来研究展望

第一，下游服务化财务绩效提升前提研究方面。可以采用博弈论的方法针对信息对称和不对称情况下对问题展开讨论；可进一步把产权、风险等因素与知识转移集成到一个模型进行分析；服务阶段后期由于业主对服务质量期望的降低和对成本缩减的诉求，可能会重新委托第三方，这一情况将对建筑企业的初期战略决策产生影响，需要进一步讨论。

第二，下游服务化财务绩效提升路径研究方面。可从团队、个人层面出发研究提出影响下游服务化财务绩效的路径模型；以建筑企业实际运行数据为样本，收集整理历年数据进行统计检验和分析；探讨心理、文化等非财务绩效因素对企业下游服务化财务绩效的影响。

第三，下游服务化财务绩效提升策略研究方面。基于企业样本的实际调查统计数据，对系统动力模型进行深化完善，用实际数据进行检验；从组织变革、文化塑造、员工行为等角度对下游服务化影响企业财务绩效进行系统动力学建模；基于多智能体仿真软件对下游服务化过程中建筑企业群体的行为以及企业内部个人、团队的群体行为进行模拟仿真研究。

总之，建筑企业下游服务化发展是一个复杂的社会经济系统问题，要对其有更完整的理解和把握，需要广泛引进其他研究视角、研究方法展开进一步的研究，需要多领域专家、学者的共同努力。

附录 A 建筑企业下游服务化对企业绩效影响的调查问卷（预测试）

尊敬的女士/先生：

您好！本人是同济大学经济与管理学院的博士研究生，目前开展建筑企业下游服务化对企业绩效影响的学术研究，旨在考察下游服务化如何通过**"开发新知识和利用现有知识"**两类行为影响企业的近、远期绩效。答案没有对与错，若某个问题未能完全表达您的意见时，请选择最接近您的看法的答案。您的专业意见对我们的研究非常重要，敬请您对问卷问题做出客观评价。本问卷的所有内容仅用于学术研究，所获信息不会用于任何商业目的，请您放心填写。问卷填写大约需要5～10分钟，非常感谢您的帮助！

备注：

（1）建筑企业的发展趋势之一是向价值链下游拓展，提供建筑设施运行管理服务，从而成为具备全寿命周期综合服务能力和提供整体解决方案的集成商。由于建筑企业掌握了建筑产品的建造技术、过程知识和相关信息，在一定的工程项目条件下，具备提供下游服务的特殊优势。下游服务包括维护维修、运行管理等基于建筑产品的业主所需要的设施管理服务，一般收益稳定且相对于传统建筑产业具有反经济周期性。例如，高速公路建成后，建造商继续承担运行维护任务，因他最了解项目且具备所需的知识和技术（但并不涉及服务区里的商店、宾馆、加油站等可社会化运作的商业服务）。再比如超高层建筑，为了得到稳定的建筑产品性能，业主也很需要建筑企业提供设施集成管理服务（而具体建筑物内的餐饮、休闲等商业服务我们同样不考虑）。

（2）不论是施工总承包业务还是下游运行维护服务（简称"下游服务"）业务，建筑企业承担的项目都可以分为探索型和利用型两类。探索型项目主要是针对新的目标市场，需要新的技术、组织模式和过程，为企业带来新的机会和新的知识积累，着眼于企业的未来发展。利用型项目则主要是针对老客户老市场，利用成熟的技术和已有的经验积累，不断提高企业既有市场项目的效率效益，不断强化企业的既有市场地位，确保企业的经济效益实现。

问卷填写说明

■ 调查对象为建筑企业、政府部门、行业协会、高校与科研机构、建设投资企业、管理咨询企业的管理人员、专家学者等；建筑企业指拥有一级或特级施工总承包资质，具备设计能力，可承担工程总承包业务的建筑企业。

■ 该问卷共分四个部分：样本信息、战略定位、策略实施、企业绩效。

■ 根据您对建筑行业的了解和您的工作经验，选择对以下各项陈述同意的程度，并在相应的表格里打"√"。

第一部分：样本信息

性别	□男　　□女
工作年限	□<5　　□5～10　　□11～15　　□16～20　　□>20
您的最高学历	□研究生及以上　　□本科　　□大专　　□其他
您的单位类型	□政府部门　　□建筑企业　　□建设投资企业 □行业协会　　□高校或科研机构　　□管理咨询公司
您比较了解的或您所在企业属于的行业类型（可多选）	□房建　□公路　□铁路　□水利水电　□港口航道 □机电安装　□市政公用　□化工石油　□电力工程　□矿山工程
如果您在建筑企业工作，企业近三年平均年产值（亿元）	□<15　□15～50　□50～100　□100～200　□>200
您了解到的或者您所在建筑企业开展下游设施管理业务的情况	□企业没考虑　□在准备阶段　□刚刚开展　□已形成规模
您的单位所在地	_____（仅填写省/直辖市/自治区）

第二部分：战略定位

1. 企业的外部市场环境：您认为我国建筑企业的市场环境如何？

序号	问题描述	非常不同意	不同意	比较不同意	一般	比较同意	同意	非常同意
Q1	建筑市场环境具有不确定性，新变化不断发生							
Q2	项目业主常常有新的需求							
Q3	近一年内，市场上没什么新变化							
Q4	建筑市场需求量不稳定且变化较快							
Q5	建筑市场竞争激烈，竞争强度高							
Q6	价格竞争是建筑市场上的明显特征							

2. 企业的战略定位：您认为企业实施服务化战略后在下列表现上的程度如何？

序号	问题描述	非常不同意	不同意	比较不同意	一般	比较同意	同意	非常同意
Q7	从战略上将下游服务作为差异化策略							
Q8	通过下游服务来提高整体利润水平，抵消工程项目市场的波动							
Q9	企业建立了独立的下游服务部门并构建了相关合作关系							
Q10	改进建造过程以使得建筑设施更加容易维护和管理							
Q11	积极发展相关下游服务技能							
Q12	企业调度资源支持下游服务业务的开展							

第三部分：策略实施

3. 企业的知识开发策略：您认为企业开发新知识的行为应如何体现？

序号	问题描述	非常不同意	不同意	比较不同意	一般	比较同意	同意	非常同意
Q13	发现新的市场和新的目标客户							
Q14	提供独特的新工程或服务，明显优于竞争者							
Q15	开发新的满足客户需求的技术、方法或模式							
Q16	获取企业原来不具备的新的知识、技术和过程							

4. 企业的知识利用策略：您认为企业利用现有知识的行为应如何体现？

序号	问题描述	非常不同意	不同意	比较不同意	一般	比较同意	同意	非常同意
Q17	强化和提升企业现有市场的地位							
Q18	提高企业现有市场中的项目运作效率							
Q19	提高企业现有市场中的项目质量							
Q20	提升和改进企业的技术或过程							

5. 您认为探索型（定位于新市场、新需求、新技术）施工总承包项目的创新表现如何？

序号	问题描述	非常不同意	不同意	比较不同意	一般	比较同意	同意	非常同意
Q21	获得企业没用过的新的工程实施过程或模式							
Q22	获得企业没用过的新的工程技术或工艺							
Q23	建立了新的工程项目操作规程							
Q24	建立了新的工程项目参与方合作关系							
Q25	获得了新的投标报价技术与知识							

6. 您认为利用型（定位于现有的市场、需求和成熟技术）施工总承包项目的创新表现如何？

序号	问题描述	非常不同意	不同意	比较不同意	一般	比较同意	同意	非常同意
Q26	改进现有的技术和过程从而提高了工程质量							
Q27	改进现有的技术和过程以降低工程项目成本							
Q28	改进现有的技术和过程以节约工程项目工期							
Q29	改进了现有的工程项目参与方合作关系							
Q30	改进了现有的投标报价技术							

7. 您认为探索型（定位于新市场、新需求、新技术）下游设施管理服务项目的创新表现如何？

序号	问题描述	非常不同意	不同意	比较不同意	一般	比较同意	同意	非常同意
Q31	获得企业没用过的新的服务实施过程或模式							
Q32	获得企业没用过的新的服务技术或工艺							
Q33	建立新的服务操作规程							
Q34	建立了新的服务提供参与方合作关系							
Q35	获得了新的投标报价技术与知识							

8. 您认为利用型（定位于现有的市场、需求和成熟技术）下游设施管理服务项目的创新表现如何？

序号	问题描述	非常不同意	不同意	比较不同意	一般	比较同意	同意	非常同意
Q36	改进现有的技术和过程从而提高了服务质量							
Q37	改进现有的技术和过程以降低服务成本							
Q38	改进现有的技术和过程以提高服务效率							
Q39	改进了现有的服务提供参与方合作关系							
Q40	改进了现有的投标报价技术							

第四部分：企业绩效

9. 企业的近期绩效：您认为采取下游服务化战略对企业近期绩效（以近两年为例）的影响如何？

序号	问题描述	非常不同意	不同意	比较不同意	一般	比较同意	同意	非常同意
Q41	企业年产值增长							
Q42	企业年利润率提高							
Q43	企业产值利润率增加							
Q44	企业年度财务目标得到实现							

10. 企业的远期绩效：您认为采取下游服务化战略对企业远期绩效的影响如何？

序号	问题描述	非常不同意	不同意	比较不同意	一般	比较同意	同意	非常同意
Q45	企业整体利润率稳定性增加							
Q46	企业现金流得到改善							
Q47	市场份额增长							
Q48	客户群增加							

问卷到此结束，再次衷心感谢您在百忙之中提供的帮助！

附录 B 预测试问卷的处理过程 ($N＝109$)

（1）市场环境（ME）

如表 B1.1、表 B1.2，共提取出两个共同因子，累计解释方差百分比大于 60%，但 ME2 上两个因子载荷同时大于 0.5，故需删掉。

解释的总方差   表 B1.1

成分	初始特征值			提取平方和载入			旋转平方和载入		
	合计	方差的%	累积%	合计	方差的%	累积%	合计	方差的%	累积%
1	2.667	44.452	44.452	2.667	44.452	44.452	2.408	40.132	40.132
2	1.220	20.337	64.788	1.220	20.337	64.788	1.479	24.657	64.788
3	0.791	13.179	77.967						
4	0.613	10.212	88.179						
5	0.364	6.065	94.244						
6	0.345	5.756	100.000						

提取方法：主成分分析。

旋转成分矩阵a   表 B1.2

	成分	
	1	2
ME1	0.331	0.736
ME2	0.565	0.652
ME3	0.449	−0.665
ME4	0.700	0.196
ME5	0.791	0.172
ME6	0.814	−0.040

提取方法：主成分。

旋转法：具有 Kaiser 标准化的正交旋转法。

a. 旋转在 3 次迭代后收敛。

如表 B1.3、表 B1.4，需要继续进行探索性因子分析，共提取出两个共同因子，累计解释方差百分比大于 60%，ME3 却以很大的载荷落在了因子 2 上，与其他大多数指标不一致，须删掉。

解释的总方差　　　　　　　　　　　　　　　　　　　　　表 B1.3

成分	初始特征值			提取平方和载入			旋转平方和载入		
	合计	方差的%	累积%	合计	方差的%	累积%	合计	方差的%	累积%
1	2.180	43.603	43.603	2.180	43.603	43.603	2.180	43.590	43.590
2	1.099	21.984	65.587	1.099	21.984	65.587	1.100	21.997	65.587
3	0.746	14.926	80.513						
4	0.612	12.237	92.751						
5	0.362	7.249	100.000						

提取方法：主成分分析。

旋转成分矩阵[a]　　　　　　　　　　　　　　　　　　　　　表 B1.4

	成分	
	1	2
ME1	0.496	−0.550
ME3	0.217	0.862
ME4	0.748	−0.050
ME5	0.841	−0.033
ME6	0.788	0.226

提取方法：主成分。

旋转法：具有 Kaiser 标准化的正交旋转法。

a. 旋转在 3 次迭代后收敛。

从表 B1.5、表 B1.6 可以看出，共提取出一个共同因子，累计解释方差百分比大于 50%，且各指标的载荷值均大于 0.5，结构效度良好。

解释的总方差　　　　　　　　　　　　　　　　　　　　　表 B1.5

成分	初始特征值			提取平方和载入		
	合计	方差的%	累积%	合计	方差的%	累积%
1	2.150	53.740	53.740	2.150	53.740	53.740
2	0.844	21.100	74.840			
3	0.623	15.581	90.421			
4	0.383	9.579	100.000			

提取方法：主成分分析。

成分矩阵[a]　　　　　　　　　　　　　　　　　　　　　表 B1.6

	成分			成分
	1			1
ME1	0.512	ME5		0.849
ME4	0.751	ME6		0.777

提取方法：主成分。

a. 已提取了 1 个成分。

（2）下游服务化战略（DS）

从表 B2.1、表 B2.2 可以看出，共提取出一个共同因子，累计解释方差百分比大于 60%，且各指标的载荷值均大于 0.7，结构效度良好。

解释的总方差　　　　　　　　　　　　　　　　　表 B2.1

成分	初始特征值			提取平方和载入		
	合计	方差的 %	累积 %	合计	方差的 %	累积 %
1	4.057	67.612	67.612	4.057	67.612	67.612
2	0.682	11.367	78.979			
3	0.442	7.375	86.353			
4	0.354	5.899	92.252			
5	0.301	5.019	97.272			
6	0.164	2.728	100.000			

提取方法：主成分分析。

成分矩阵[a]　　　　　　　　　　　　　　　　　表 B2.2

	成分			成分
	1			1
DS1	0.750		DS4	0.805
DS2	0.800		DS5	0.905
DS3	0.761		DS6	0.899

提取方法：主成分。

a. 已提取了 1 个成分。

（3）知识开发（KR）

从下表 B3.1、表 B3.2 可以看出，共提取出一个共同因子，累计解释方差百分比大于 70%，且各指标的载荷值均大于 0.7，结构效度良好。

解释的总方差　　　　　　　　　　　　　　　　　表 B3.1

成分	初始特征值			提取平方和载入		
	合计	方差的 %	累积 %	合计	方差的 %	累积 %
1	2.839	70.967	70.967	2.839	70.967	70.967
2	0.594	14.857	85.824			
3	0.349	8.723	94.547			
4	0.218	5.453	100.000			

提取方法：主成分分析。

成分矩阵[a]　　　　　　　　　　　　　　　　　表 B3.2

	成分			成分
	1			1
KR1	0.725		KR3	0.891
KR2	0.871		KR4	0.872

提取方法：主成分。

a. 已提取了 1 个成分。

（4）知识利用（KT）

从表 B4.1、表 B4.2 可以看出，共提取出一个共同因子，累计解释方差百分比大于 70％，且各指标的载荷值均大于 0.8，结构效度良好。

解释的总方差　　　　　　　　　　　　　　　　　　　　　　　表 B4.1

成分	初始特征值			提取平方和载入		
	合计	方差的 ％	累积 ％	合计	方差的 ％	累积 ％
1	3.155	78.863	78.863	3.155	78.863	78.863
2	0.399	9.969	88.832			
3	0.246	6.158	94.990			
4	0.200	5.010	100.000			

提取方法：主成分分析。

成分矩阵[a]　　　　　　　　　　　　　　　　　　　　　　　表 B4.2

	成分			成分
	1			1
KT1	0.871		KT3	0.904
KT2	0.917		KT4	0.859

提取方法：主成分。

a. 已提取了 1 个成分。

（5）探索型工程项目的创新（RC）

从下表 B5.1、表 B5.2 可以看出，共提取出一个共同因子，累计解释方差百分比大于 60％，且各指标的载荷值均大于 0.7，结构效度良好。

解释的总方差　　　　　　　　　　　　　　　　　　　　　　　表 B5.1

成分	初始特征值			提取平方和载入		
	合计	方差的 ％	累积 ％	合计	方差的 ％	累积 ％
1	3.457	69.134	69.134	3.457	69.134	69.134
2	0.517	10.342	79.476			
3	0.490	9.808	89.284			
4	0.294	5.882	95.166			
5	0.242	4.834	100.000			

提取方法：主成分分析。

成分矩阵[a]　　　　　　　　　　　　　　　　　　　　　　　表 B5.2

	成分			成分
	1			1
RC1	0.835		RC4	0.785
RC2	0.852		RC5	0.788
RC3	0.892			

提取方法：主成分。

a. 已提取了 1 个成分。

（6）利用型工程项目的创新（TC）

从表B6.1、表B6.2可以看出，共提取出一个共同因子，累计解释方差百分比大于70%，且各指标的载荷值均大于0.7，结构效度良好。

解释的总方差　　　　　　　　　　　　表 B6.1

成分	初始特征值			提取平方和载入		
	合计	方差的 %	累积 %	合计	方差的 %	累积 %
1	3.522	70.438	70.438	3.522	70.438	70.438
2	0.613	12.258	82.696			
3	0.436	8.727	91.423			
4	0.259	5.181	96.604			
5	0.170	3.396	100.000			

提取方法：主成分分析。

成分矩阵ᵃ　　　　　　　　　　　　表 B6.2

	成分			成分
	1			1
TC1	0.874		TC4	0.746
TC2	0.871		TC5	0.799
TC3	0.898			

提取方法：主成分。

a. 已提取了 1 个成分。

（7）探索型下游服务项目的创新（RS）

从下表B7.1、表B7.2可以看出，共提取出一个共同因子，累计解释方差百分比大于70%，且各指标的载荷值均大于0.7，结构效度良好。

解释的总方差　　　　　　　　　　　　表 B7.1

成分	初始特征值			提取平方和载入		
	合计	方差的 %	累积 %	合计	方差的 %	累积 %
1	3.686	73.714	73.714	3.686	73.714	73.714
2	0.502	10.049	83.763			
3	0.400	8.008	91.772			
4	0.232	4.643	96.415			
5	0.179	3.585	100.000			

提取方法：主成分分析。

成分矩阵ᵃ　　　　　　　　　　　　表 B7.2

	成分			成分
	1			1
RS1	0.897		RS4	0.785
RS2	0.880		RS5	0.817
RS3	0.907			

提取方法：主成分。

a. 已提取了 1 个成分。

（8）利用型下游服务项目的创新（TS）

从表 B8.1、表 B8.2 可以看出，共提取出一个共同因子，累计解释方差百分比大于 70%，且各指标的载荷值均大于 0.7，结构效度良好。

解释的总方差　　　　　　　　　　　　表 B8.1

成分	初始特征值			提取平方和载入		
	合计	方差的 %	累积 %	合计	方差的 %	累积 %
1	3.638	72.756	72.756	3.638	72.756	72.756
2	0.619	12.389	85.145			
3	0.398	7.959	93.104			
4	0.205	4.108	97.212			
5	0.139	2.788	100.000			

提取方法：主成分分析。

成分矩阵[a]　　　　　　　　　　　　表 B8.2

	成分			成分
	1			1
TS1	0.898		TS4	0.787
TS2	0.891		TS5	0.763
TS3	0.914			

提取方法：主成分。

a. 已提取了 1 个成分。

（9）企业近期绩效（RP）

从表 B9.1、表 B9.2 可以看出，共提取出一个共同因子，累计解释方差百分比大于 80%，且各指标的载荷值均大于 0.9，结构效度良好。

解释的总方差　　　　　　　　　　　　表 B9.1

成分	初始特征值			提取平方和载入		
	合计	方差的 %	累积 %	合计	方差的 %	累积 %
1	3.344	83.604	83.604	3.344	83.604	83.604
2	0.295	7.387	90.991			
3	0.199	4.983	95.974			
4	0.161	4.026	100.000			

提取方法：主成分分析。

成分矩阵[a]　　　　　　　　　　　　表 B9.2

	成分			成分
	1			1
RP1	0.916		RP3	0.904
RP2	0.928		RP4	0.909

提取方法：主成分。

a. 已提取了 1 个成分。

（10）企业远期绩效（FP）

从表 B10.1、表 B10.2 可以看出，共提取出一个共同因子，累计解释方差百分比大于 60%，且各指标的载荷值均大于 0.6，结构效度良好。

解释的总方差 表 B10.1

成分	初始特征值			提取平方和载入		
	合计	方差的 %	累积 %	合计	方差的 %	累积 %
1	2.958	73.951	73.951	2.958	73.951	73.951
2	0.659	16.483	90.434			
3	0.236	5.895	96.329			
4	0.147	3.671	100.000			

提取方法：主成分分析。

成分矩阵[a] 表 B10.2

	成分			成分
	1			1
FP1	0.887	FP3	0.891
FP2	0.785	FP4	0.873

提取方法：主成分。

a. 已提取了 1 个成分。

附录C 建筑企业下游服务化对企业绩效影响的调查问卷（正式测试）

尊敬的女士/先生：

您好！本人是同济大学经济与管理学院的博士研究生，目前开展建筑企业下游服务化对企业绩效影响的学术研究，旨在考察下游服务化如何通过**"开发新知识和利用现有知识"**两类行为影响企业的近、远期绩效。答案没有对与错，若某个问题未能完全表达您的意见时，请选择最接近您的看法的答案。您的专业意见对我们的研究非常重要，敬请您对问卷问题做出客观评价。本问卷的所有内容仅用于学术研究，所获信息不会用于任何商业目的，请您放心填写。问卷填写大约需要5～10分钟，非常感谢您的帮助！

备注：

（1）建筑企业下游服务化，是指建筑企业拓展下游产业链，不仅承担工程建造任务，还提供建筑设施的运行维护服务。国际上建筑企业的发展趋势之一是向价值链下游拓展，提供建筑设施运行管理服务，从而成为具备全寿命周期综合服务能力和提供整体解决方案的集成商。由于建筑企业掌握了建筑产品的建造技术、过程知识和相关信息，在一定的工程项目条件下，具备提供下游服务的特殊优势。下游服务包括维护维修、运行管理等基于建筑产品的业主所需要的设施管理服务，一般收益稳定且相对于传统建筑产业具有反经济周期性。例如，高速公路建成后，建造商继续承担运行维护任务，因他最了解项目且具备所需的知识和技术（但并不涉及服务区里的商店、宾馆、加油站等可社会化运作的商业服务）。再比如超高层建筑，为了得到稳定的建筑产品性能，业主也很需要建筑企业提供设施集成管理服务（而具体建筑物内的餐饮、休闲等商业服务我们同样不考虑）。

（2）不论是施工总承包业务还是下游运行维护服务（简称"下游服务"）业务，建筑企业承担的项目都可以分为探索型和利用型两类。探索型项目主要是针对新的目标市场，需要新的技术、组织模式和过程，为企业带来新的机会和新的知识积累，着眼于企业的未来发展。利用型项目则主要是针对老客户老市场，利用成熟的技术和已有的经验积累，不断提高企业既有市场项目的效率效益，不断强化企业的既有市场地位，确保企业的经济效益实现。

（3）如对本研究感兴趣，需要了解调查结果或出于研究目的对数据进行再分析，可发送邮件至zdllw8102@163.com联系，获取用户和密码后进行在线原始数据查询，网址为：http：//www. sojump. com/wjx/activitystat/viewstatsummary. aspx？activity＝3656333。

问卷填写说明

■ 调查对象为建筑企业、政府部门、行业协会、高校与科研机构、建设投资企业、管理咨询企业的管理人员、专家学者等；建筑企业指拥有一级或特级施工总承包资质，具备设计能力，可承担工程总承包业务的建筑企业。

■ 该问卷共分四个部分：样本信息、战略定位、策略实施、企业绩效。

■ 请根据您对建筑行业的了解和您的工作经验，选择对以下各项陈述同意的程度，并在相应的表格里打"√"。

第一部分：样本信息

性别	□男　　□女
工作年限	□<5　　□5～10　　□11～15　　□16～20　　□>20
您的最高学历	□研究生及以上　　□本科　　□大专　　□其他
您的单位类型	□政府部门　　□建筑企业　　□建设投资企业 □行业协会　　□高校或科研机构　　□管理咨询公司
您比较了解的或您所在企业属于的行业类型（可多选）	□房建　　□公路　　□铁路　　□水利水电　　□港口航道 □机电安装　□市政公用　□化工石油　□电力工程　□矿山工程
如果您在建筑企业工作，企业近三年平均年产值（亿元）	□<15　　□15～50　　□50～100　　□100～200　　□>200
您了解到的或者您所在建筑企业开展下游设施管理业务的情况	□企业没考虑　□在准备阶段　□刚刚开展　□已形成规模
您的单位所在地	□北上广一线城市 □华东地区（包括山东、江苏、安徽、浙江、福建）□华南地区（包括广西、海南）□华中地区（包括湖北、湖南、河南、江西）□华北地区（包括天津、河北、山西、内蒙古）□西北地区（包括宁夏、新疆、青海、陕西、甘肃）□西南地区（包括四川、云南、贵州、西藏、重庆）□东北地区（包括辽宁、吉林、黑龙江）□台港澳地区（包括中国台湾、香港、澳门）

第二部分：战略定位

1. 企业的外部市场环境：您认为我国建筑企业的市场环境如何？

序号	问题描述	非常不同意	不同意	比较不同意	一般	比较同意	同意	非常同意
Q1	建筑市场环境具有不确定性，新变化不断发生							
Q2	建筑市场需求量不稳定且变化较快							
Q3	建筑市场竞争激烈，竞争强度高							
Q4	价格竞争是建筑市场上的明显特征							

2. 企业的战略定位：您认为企业实施服务化战略后在下列表现上的程度如何？

序号	问题描述	非常不同意	不同意	比较不同意	一般	比较同意	同意	非常同意
Q5	从战略上将下游服务作为差异化策略							
Q6	通过下游服务来提高整体利润水平，抵消工程项目市场的波动							
Q7	企业建立了独立的下游服务部门并构建了相关合作关系							
Q8	改进建造过程以使得建筑设施更加容易维护和管理							
Q9	积极发展相关下游服务技能							
Q10	企业调度资源支持下游服务业务的开展							

第三部分：策略实施

3. 企业的知识开发策略：您认为企业开发新知识的行为应如何体现？

序号	问题描述	非常不同意	不同意	比较不同意	一般	比较同意	同意	非常同意
Q11	发现新的市场和新的目标客户							
Q12	提供独特的新工程或服务，明显优于竞争者							
Q13	开发新的满足客户需求的技术、方法或模式							
Q14	获取企业原来不具备的新的知识、技术和过程							

4. 企业的知识利用策略：您认为企业利用现有知识的行为应如何体现？

序号	问题描述	非常不同意	不同意	比较不同意	一般	比较同意	同意	非常同意
Q15	强化和提升企业现有市场的地位							
Q16	提高企业现有市场中的项目运作效率							
Q17	提高企业现有市场中的项目质量							
Q18	提升和改进企业的技术或过程							

5. 您认为探索型（定位于新市场、新需求、新技术）施工总承包项目的创新表现如何？

序号	问题描述	非常不同意	不同意	比较不同意	一般	比较同意	同意	非常同意
Q19	获得企业没用过的新的工程实施过程或模式							
Q20	获得企业没用过的新的工程技术或工艺							
Q21	建立了新的工程项目操作规程							
Q22	建立了新的工程项目参与方合作关系							
Q23	获得了新的投标报价技术与知识							

6. 您认为利用型（定位于现有的市场、需求和成熟技术）施工总承包项目的创新表现如何？

序号	问题描述	非常不同意	不同意	比较不同意	一般	比较同意	同意	非常同意
Q24	改进现有的技术和过程从而提高了工程质量							
Q25	改进现有的技术和过程以降低工程项目成本							
Q26	改进现有的技术和过程以节约工程项目工期							
Q27	改进了现有的工程项目参与方合作关系							
Q28	改进了现有的投标报价技术							

7. 您认为探索型（定位于新市场、新需求、新技术）下游设施管理服务项目的创新表现如何？

序号	问题描述	非常不同意	不同意	比较不同意	一般	比较同意	同意	非常同意
Q29	获得企业没用过的新的服务实施过程或模式							
Q30	获得企业没用过的新的服务技术或工艺							
Q31	建立新的服务操作规程							
Q32	建立了新的服务提供参与方合作关系							
Q33	获得了新的投标报价技术与知识							

8. 您认为利用型（定位于现有的市场、需求和成熟技术）下游设施管理服务项目的创新表现如何？

序号	问题描述	非常不同意	不同意	比较不同意	一般	比较同意	同意	非常同意
Q34	改进现有的技术和过程从而提高了服务质量							
Q35	改进现有的技术和过程以降低服务成本							
Q36	改进现有的技术和过程以提高服务效率							
Q37	改进了现有的服务提供参与方合作关系							
Q38	改进了现有的投标报价技术							

第四部分：企业绩效

9. 企业的近期绩效：您认为采取下游服务化战略对企业近期绩效（以近两年为例）的影响如何？

序号	问题描述	非常不同意	不同意	比较不同意	一般	比较同意	同意	非常同意
Q39	企业年产值增长							
Q40	企业年利润率提高							
Q41	企业产值利润率增加							
Q42	企业年度财务目标得到实现							

10. 企业的远期绩效：您认为采取下游服务化战略对企业远期绩效的影响如何？

序号	问题描述	非常不同意	不同意	比较不同意	一般	比较同意	同意	非常同意
Q43	企业整体利润率稳定性增加							
Q44	企业现金流得到改善							
Q45	市场份额增长							
Q46	客户群增加							

问卷到此结束，再次衷心感谢您在百忙之中提供的帮助！

附录 D　系统动力学模型变量中文名称一览表

系统动力学模型变量中文名称一览表

序号	符号	变　量　释　义	变量类型
1	Cknoledges	工程知识存量	库
2	CProfits	当期工程利润	库
3	CProfits _ in	工程利润流入	流
4	CProfits _ out	工程利润流出	流
5	CSR	工程冗余资源	库
6	SR _ in	CSR 的流入	流
7	SR _ out	CSR 的流出	流
8	Current _ SPr	当期运行等探索型下游服务项目	库
9	SPr _ in	Current _ SPr 的流入	流
10	SPr _ out	Current _ SPr 的流出	流
11	Current _ SPt	当期运行等利用型下游服务项目	库
12	SPt _ in	Current _ SPt 的流入	流
13	SPt _ out	Current _ SPt 的流出	流
14	Sknoledges	下游服务知识存量	库
15	sk _ in	Sknoledges 的流入	流
16	sk _ out	Sknoledges 的流出	流
17	SProfits	当期下游服务利润	库
18	SProfits _ in	SProfits 的流入	流
19	SProfits _ out	SProfits 的流入	流
20	SSR	下游服务冗余资源	库
21	SSR _ in	SSR 的流入	流
22	SSR _ out	SSR 的流出	流
23	Total _ Profits	当期企业总体利润	库
24	tp _ in	Total _ Profits 的流入	流
25	tp _ out	Total _ Profits 的流出	流
26	Total _ SDR _ incr	标准资源的增加量	库
27	Total _ sdr _ ir	标准资源的增加率	流
28	AN	当期可开展下游服务的工程项目数量	转换器
29	anr	一体化项目比率	转换器

序号	符号	变　量　释　义	变量类型
30	capk	工程潜在吸收能力	转换器
31	capp	工程实现吸收能力	转换器
32	cf	探索型工程项目的资源分配比例	转换器
33	cgap	工程利润期望差	转换器
34	CI	竞争强度	转换器
35	cit	竞争强度转化指标	转换器
36	clost _ r	工程知识流失率	转换器
37	CP _ index	当期工程利润占企业总体利润的比值	转换器
38	CSD _ R	工程业务标准资源	转换器
39	CTSPr _ c	当期运行的已有探索型下游服务项目的总费用成本	转换器
40	CTSPr _ k	当期运行的已有探索型下游服务项目的总知识成本	转换器
41	CTSPt _ c	当期运行的已有利用型下游服务项目的总费用成本	转换器
42	CTSPt _ k	当期运行的已有利用型下游服务项目的总知识成本	转换器
43	Current _ c	当期运行的已有下游服务项目的总费用成本	转换器
44	Current _ k	当期运行的已有下游服务项目的总知识成本	转换器
45	DS _ Index	下游服务化投入指数	转换器
46	er _ k	探索型工程项目的知识产出率	转换器
47	er _ kc	探索型工程项目的知识投入量	转换器
48	er _ n	当期确定进行的探索型工程项目	转换器
49	er _ nc	当期确定进行的探索型工程项目总费用成本	转换器
50	er _ nk	当期确定进行的探索型工程项目总知识成本	转换器
51	er _ r	探索型工程项目的利润率	转换器
52	er _ rc	探索型工程项目的资金投入量	转换器
53	et _ k	利用型工程项目的知识产出率	转换器
54	et _ kc	利用型工程项目的知识投入量	转换器
55	et _ n	当期确定进行的利用型工程项目	转换器
56	et _ nc	当期确定进行的利用型工程项目总费用成本	转换器
57	et _ nk	当期确定进行的利用型工程项目总知识成本	转换器
58	et _ r	利用型工程项目的利润率	转换器
59	et _ rc	利用型工程项目的资金投入量	转换器
60	g	工程资源分配决策反应曲线系数	转换器
61	kb	下游服务知识量与工程知识量的比值	转换器
62	ktrc	下游服务所需的工程知识转移成本	转换器
63	ktrcr	单个项目年度知识转移成本	转换器
64	MT1	市场融资规模的限制	转换器
65	MT2	市场份额规模的限制	转换器

序号	符号	变 量 释 义	变量类型
66	mtt1	MT1 的转换计算指标	转换器
67	mtt2	MT2 的转换计算指标	转换器
68	neg_p	服务投入资源检验指标项	转换器
69	sapk	下游服务潜在吸收能力	转换器
70	sapp	下游服务实现吸收能力	转换器
71	sf	探索型下游服务项目的资源分配比例	转换器
72	ser_k	探索型下游服务项目的当期知识产出率	转换器
73	ser_kc	探索型下游服务项目的当期知识投入量	转换器
74	ser_n	当前确定进行的探索型工程项目	转换器
75	ser_r	探索型下游服务项目的当期利润率	转换器
76	ser_rc	探索型下游服务项目的当期资金投入量	转换器
77	set_k	利用型下游服务项目的当期知识产出率	转换器
78	set_kc	利用型下游服务项目的当期知识投入量	转换器
79	set_n	当期确定进行的利用型工程项目	转换器
80	set_r	利用型下游服务项目的当期利润率	转换器
81	set_rc	利用型下游服务项目的当期资金投入量	转换器
82	sg	下游服务资源分配决策反应曲线系数	转换器
83	sgap	下游服务利润期望差	转换器
84	slost_r	下游服务知识流失率	转换器
85	SP_index	当期下游服务利润占企业总体利润的比值	转换器
86	sr_down	下游服务利润率降低系数	转换器
87	SSD_R	下游服务业标准资源	转换器
88	sx	下游服务决策偏好系数	转换器
89	Total_SDR	当期标准资源总额	转换器
90	Total_sdr_int	标准资源总额的初始基数	转换器
91	Total_SR	当期冗余资源总额	转换器
92	TSR_r	冗余资源提取比率	转换器
93	TT	知识流失冲击影响	转换器
94	ttt	TT 的转化计算指标	转换器
95	x	工程决策偏好系数	转换器
96	cq	工程利润目标设定系数	转换器
97	sq	下游服务利润目标设定系数	转换器
98	zr	下游服务业务额外增加的标准资源投入	转换器

附录 E 系统动力学模型变量的函数关系方程式

一、栈与流变量

(1) Cknoledges(t) = Cknoledges(t − dt) + (k_in − k_out) × dt

INIT Cknoledges = 0

INFLOWS：

k_in = (et_n×et_k×et_kc+er_n×er_k×er_kc)×apck

OUTFLOWS：

k_out = DELAY(Cknoledges，1)×clost_r+ttt

(2) CProfits(t) = CProfits(t − dt) + (CProfits_in − CProfits_out) × dt

INIT CProfits = 0

INFLOWS：

CProfits_in = (et_n×et_r×et_rc+er_n×er_r×er_rc) ×(1−cit)×apcp

OUTFLOWS：

CProfits_out = CProfits

(3) CSR(t) = CSR(t − dt) + (SR_in − SR_out) × dt

INIT CSR = 0

INFLOWS：

SR_in = Total_SR×(1−DS_Index)

OUTFLOWS：

SR_out = IF (CSD_R−(er_n×er_rc+et_n×et_rc)>=0) THEN 0 ELSE ((er_n×er_rc+et_n×et_rc)−CSD_R)

(4) Current_SPr(t) = Current_SPr(t − dt) + (SPr_in − SPr_out) × dt

INIT Current_SPr = 0

　　TRANSIT TIME = 25

　　INFLOW LIMIT = INF

　　CAPACITY = INF

INFLOWS：

SPr_in = ser_n

OUTFLOWS：

SPr_out = CONVEYOR OUTFLOW

(5) Current _ SPt(t) = Current _ SPt(t − dt) + (SPt _ in − SPt _ out) × dt

INIT Current _ SPt = 0

TRANSIT TIME = 25

INFLOW LIMIT = INF

CAPACITY = INF

INFLOWS:

SPt _ in = set _ n

OUTFLOWS:

SPt _ out = CONVEYOR OUTFLOW

(6) Sknoledges(t) = Sknoledges(t − dt) + (sk _ in − sk _ out) × dt

INIT Sknoledges = 10

INFLOWS:

sk _ in = (ser _ k×Current _ SPr×ser _ kc+set _ k×Current _ SPt×set _ kc)×sapk

OUTFLOWS:

sk _ out = delay(Sknoledges, 1)×slost _ r

(7) SProfits(t) = SProfits(t − dt) + (SProfits _ in − SProfits _ out) × dt

INIT SProfits = 0

INFLOWS:

SProfits _ in = (ser _ r×Current _ SPr×ser _ rc+set _ r×Current _ SPt×set _ rc)×sapp×sr _ down−ktrc

OUTFLOWS:

SProfits _ out = SProfits

(8) SSR(t) = SSR(t − dt) + (SSR _ in − SSR _ out) × dt

INIT SSR = 0

INFLOWS:

SSR _ in = DS _ Index×Total _ SR

OUTFLOWS:

SSR _ out = IF (SSD _ R−(Current _ SPr×ser _ rc+Current _ SPt×set _ rc)>=0) THEN 0 ELSE (if ((Current _ SPr×ser _ rc+Current _ SPt×set _ rc)−SSD _ R<=SSR) then ((Current _ SPr×ser _ rc+Current _ SPt×set _ rc)−SSD _ R) else SSR)

(9) Total _ Profits(t) = Total _ Profits(t − dt) + (tp _ in − tp _ out) × dt

INIT Total _ Profits = 0

INFLOWS:

tp _ in =CProfits _ out+SProfits _ out

OUTFLOWS:

tp _ out = Total _ Profits

(10) Total _ SDR _ incr(t) = Total _ SDR _ incr(t − dt) + (Total _ sdr _ ir) × dt

INIT Total _ SDR _ incr = 0

INFLOWS：

Total _ sdr _ ir = 赋值

二、转换器变量

AN = Round((delay(er _ n，1)+delay(et _ n，1))×anr)

anr = 赋值

apck = 赋值

apcp = 赋值

cf = 1/(1+EXP(−g×(cgap+x)))

cgap = DELAY(CProfits，1)×cq−CProfits

cq=赋值

CI =赋值

cit = step(CI，赋值)

clost _ r =赋值

CP _ index = 1−SP _ index

CSD _ R = Total _ SDR×(1−DS _ Index)

CTSPr _ c = (delay(Current _ SPr，1)−SPr _ out)×ser _ rc

CTSPr _ k = (delay(Current _ SPr，1)−SPr _ out)×ser _ kc

CTSPt _ c = (delay(Current _ SPt，1)−SPt _ out)×set _ rc

CTSPt _ k = (delay(Current _ SPt，1)−SPt _ out)×set _ kc

Current _ c =CTSPr _ c+CTSPt _ c

Current _ k =CTSPr _ k+CTSPt _ k

DS _ Index =赋值

er _ k = normal(0.3，0.0005，10)

er _ kc =赋值

er _ n = int(MIN((CSD _ R+CSR−mtt1)×cf/er _ rc，Cknoledges×cf/er _ kc)×(1−mtt2))

er _ nc = er _ n×er _ rc

er _ nk = er _ kc×er _ n

er _ r = normal(0.1，0.005，8)

er _ rc =赋值

et _ k = normal(0.1，0.005，9)

et _ kc =赋值

et _ n = int(MIN((CSR+CSD _ R−mtt1)×(1−cf)/et _ rc，Cknoledges×(1−cf)/et _ kc)×(1−mtt2))

et _ nc = et _ n×et _ rc

et _ nk = et _ kc×et _ n

et _ r = normal(0.3，0.0005，7)

et _ rc =赋值

g =赋值

kb =Sknoledges/Cknoledges

ktrc = (Current _ SPr+Current _ SPt)×ktrcr

ktrcr =赋值

MT1 =赋值

MT2 =赋值

mtt1 = step(MT1，100)

mtt2 = step(MT2，100)

neg _ p = if (SSD _ R+SSR−(Current _ SPr×ser _ rc+Current _ SPt×set _ rc)<0) then (Current _ SPr×ser _ rc+Current _ SPt×set _ rc−SSD _ R−SSR) else 0

sapk =赋值

sapp =赋值

ser _ k =赋值

ser _ kc =赋值

ser _ n = if (SSD _ R+SSR−Current _ c>0) and (Sknoledges−Current _ k>0) then int(MIN((SSD _ R+SSR−Current _ c)×sf/ser _ rc，(Sknoledges−Current _ k)×sf/ser _ kc，AN×sf))else 0

ser _ r =赋值

ser _ rc =赋值

set _ k =赋值

set _ kc =赋值

set _ n = if (SSR+SSD _ R−Current _ c>0) and (Sknoledges−Current _ k>0) then int(MIN((SSR+SSD _ R−Current _ c)×(1−sf)/set _ rc，(Sknoledges−Current _ k)×(1−sf)/set _ kc，AN×(1−sf))) else 0

set _ r =赋值

set _ rc =赋值

sf = 1/(1+EXP(−sg×(sgap+sx)))

sg =赋值

sgap = DELAY(SProfits，1)×sq−SProfits

sq＝赋值

slost＿r＝赋值

SP＿index ＝ if (tp＿in＝0) then 0 else (SProfits＿out/tp＿in)

sr＿down ＝ if (kb>1.5) then (1－kb×0.1) else 1

SSD＿R ＝ Total＿SDR×DS＿Index

sx ＝赋值

Total＿SDR ＝ Total＿SDR＿incr＋Total＿sdr＿int

Total＿sdr＿int ＝ 100

Total＿SR ＝ Total＿Profits×TSR＿r

TSR＿r ＝赋值

TT ＝赋值

ttt ＝ pulse(TT, 100, 0)

x ＝赋值

附录 F CCD 和 3^k 设计中其他主要变量值

CCD 和 3^k 设计中其他主要变量值一览表

变量名称	取值	变量名称	取值
工程知识存量 Cknoledges	初值 50	下游服务业务知识存量 Sknoledges	初值 15
企业总体利润 Total_Profits	初值 50	企业冗余资源提取率 TSR_r	0.4
当期标准资源 Total_SDR	100	开展下游服务的工程项目的平均比率 anr	0.4
工程潜在吸收能力 capk	1	下游服务潜在吸收能力 sapk	1
工程实现吸收能力 capp	1	下游服务实现吸收能力 sapp	1
探索型工程项目的利润率 er_r	0.1	探索型下游服务项目的利润率 ser_r	0.4
探索型工程项目的资金投入量 er_rc	2	探索型下游服务项目的当期资金投入量 ser_rc	0.2
探索型工程项目的知识产出率 er_k	0.3	探索型下游服务项目的当期知识产出率 ser_k	0.3
探索型工程项目的知识投入量 er_kc	2	探索型下游服务项目的当期知识投入量 ser_kc	0.2
利用型工程项目的知识产出率 et_k	0.1	利用型下游服务项目的当期知识产出率 set_k	0.1
利用型工程项目的知识投入量 et_kc	1	利用型下游服务项目的当期知识投入量 set_kc	0.1
利用型工程项目的资金投入量 et_rc	1	利用型下游服务项目的当期资金投入量 set_rc	0.1
工程资源分配决策反映曲线系数 g	0.53	下游服务资源分配决策反映曲线系数 sg	0.53
工程决策偏好系数 x	0	下游服务决策偏好系数 sx	0
知识流失冲击影响 TT	0	下游服务知识流失率 slost_r	0.11
市场融资规模的限制 MT1	0	市场份额规模的限制 MT2	0
工程利润目标设定系数 cq	1	下游服务利润目标设定系数 sq	1
一体化项目比率 anr	0.4	单个项目年度知识转移成本 ktrcr	0
下游服务业务额外增加的标准资源投入 zr	0		

附录 G　CCD50 次正交实验设计及系统模拟运行结果

CCD50 次正交实验设计及系统模拟运行结果如图 G1 所示。

Std	Run	Factor 1 A:DS_Index	Factor 2 B:CI	Factor 3 C:et_r	Factor 4 D:set_r	Factor 5 E:clost_r	Response 1 Total_Profits
5	1	0.20	0.00	0.40	0.40	0.11	27.2528
3	2	0.20	0.50	0.20	0.40	0.11	13.4386
6	3	0.60	0.00	0.40	0.40	0.11	21.1725
12	4	0.60	0.50	0.20	0.60	0.11	17.1076
8	5	0.60	0.50	0.40	0.40	0.11	17.0635
14	6	0.60	0.00	0.40	0.60	0.11	23.8296
43	7	0.40	0.25	0.30	0.50	0.15	23.7268
24	8	0.60	0.50	0.40	0.40	0.19	6.936
39	9	0.40	0.25	0.30	0.26	0.15	20.1461
49	10	0.40	0.25	0.30	0.50	0.15	23.7268
40	11	0.40	0.25	0.30	0.74	0.15	27.6228
38	12	0.40	0.25	0.54	0.50	0.15	29.3261
19	13	0.20	0.50	0.20	0.40	0.19	11.9744
27	14	0.20	0.50	0.20	0.60	0.19	13.4828
13	15	0.20	0.00	0.40	0.60	0.11	29.018
26	16	0.60	0.00	0.20	0.60	0.19	13.77
28	17	0.60	0.50	0.20	0.60	0.19	11.7867
50	18	0.40	0.25	0.30	0.50	0.15	23.7268
42	19	0.40	0.25	0.30	0.50	0.25	0
29	20	0.20	0.00	0.40	0.60	0.19	9.2496
9	21	0.20	0.00	0.20	0.60	0.11	21.1408
44	22	0.40	0.25	0.30	0.50	0.15	23.7268
11	23	0.20	0.50	0.20	0.60	0.11	14.9748
25	24	0.20	0.00	0.20	0.60	0.19	16.1436
33	25	-0.08	0.25	0.30	0.50	0.15	12.7881
37	26	0.40	0.25	0.06	0.50	0.15	18.4765
31	27	0.20	0.50	0.40	0.60	0.19	12.5208
47	28	0.40	0.25	0.30	0.50	0.15	23.7268
17	29	0.20	0.00	0.20	0.40	0.19	14.7176
46	30	0.40	0.25	0.30	0.50	0.15	23.7268
22	31	0.60	0.00	0.40	0.40	0.19	7.729
18	32	0.60	0.00	0.20	0.40	0.19	12.68
16	33	0.60	0.50	0.40	0.60	0.11	19.0297
10	34	0.60	0.00	0.20	0.60	0.11	19.8227
48	35	0.40	0.25	0.30	0.50	0.15	23.7268
23	36	0.20	0.50	0.40	0.40	0.19	11.347
32	37	0.60	0.50	0.40	0.60	0.19	7.8061
15	38	0.20	0.50	0.40	0.60	0.11	18.8964
21	39	0.20	0.00	0.40	0.40	0.19	8.5858
41	40	0.40	0.25	0.30	0.50	0.05	24.4966
45	41	0.40	0.25	0.30	0.50	0.15	23.7268
20	42	0.60	0.50	0.20	0.40	0.19	10.307
35	43	0.40	-0.34	0.30	0.50	0.15	30.8293
2	44	0.60	0.00	0.20	0.40	0.11	17.4791
1	45	0.20	0.00	0.20	0.40	0.11	19.3876
34	46	0.88	0.25	0.30	0.50	0.15	3.7594
36	47	0.40	0.84	0.30	0.50	0.15	16.8444
4	48	0.60	0.50	0.20	0.40	0.11	15.5924
30	49	0.60	0.00	0.40	0.60	0.19	8.355
7	50	0.20	0.50	0.40	0.40	0.11	17.2328

图 G1　CCD50 次正交实验设计及系统模拟运行结果

附录 H CCD 实验数据的统计与评估

（1）实验变量取值统计

如图 H1 所示。

Design Summary									
Study Type	Response Surface		**Runs**	50					
Design Type	Central Composite		**Blocks**	No Blocks					
Design Mode	Quadratic		**Build Time (n**	6.77					
Factor	**Name**	**Units**	**Type**	**Subtype**	**Minimum**	**Maximum**	**Coded Values**	**Mean**	**Std. Dev.**
A	DS_Index		Numeric	Continuous	-0.08	0.88	-1.000=0.20 1.000=0.60	0.40	0.19
B	CI		Numeric	Continuous	-0.34	0.84	-1.000=0.00 1.000=0.50	0.25	0.23
C	et_r		Numeric	Continuous	0.06	0.54	-1.000=0.20 1.000=0.40	0.30	0.09
D	set_r		Numeric	Continuous	0.26	0.74	-1.000=0.40 1.000=0.60	0.50	0.09
E	clost_r		Numeric	Continuous	0.05	0.25	-1.000=0.11 1.000=0.19	0.15	0.04
Response	**Name**	**Units**	**Obs**	**Analysis**	**Minimum**	**Maximum**	**Mean**	**Std. Dev.**	**Ratio**	**Trans**	**Model**
Y1	Total_Profits		50	Polynomial	0	30.8293	17.2787	7.01271	N/A	None	RQuadratic

图 H1 实验变量取值的统计

（2）实验变量的响应值分布

如图 H2、图 H3、图 H4、图 H5、图 H6 所示。

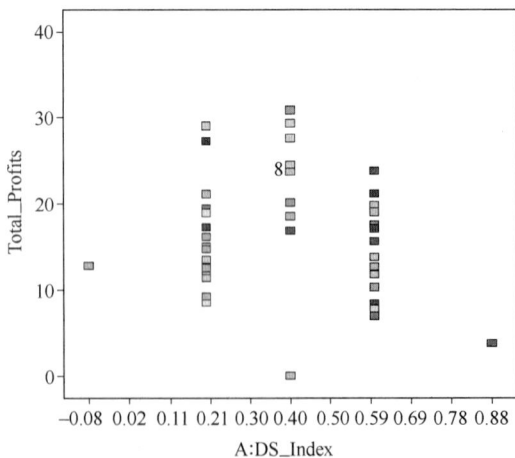

图 H2 DS_Index 的响应值分布

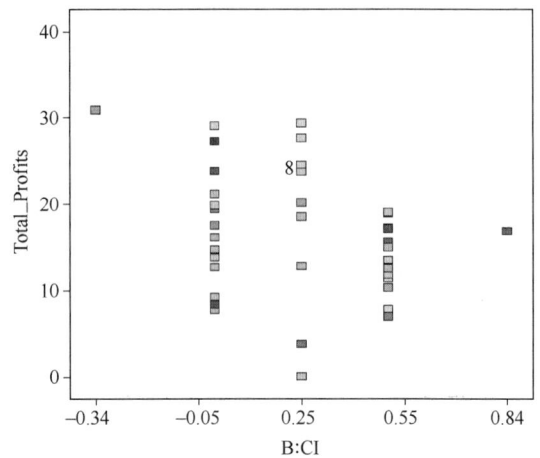

图 H3 CI 的响应值分布

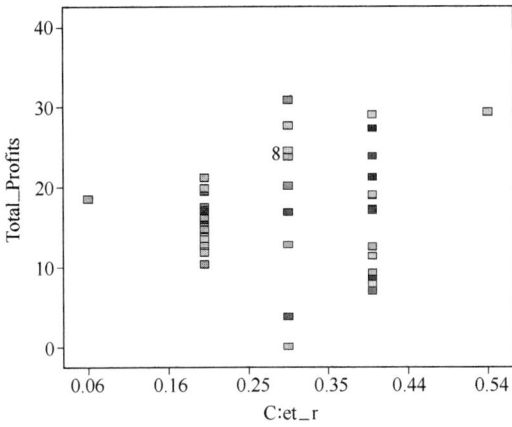

图 H4　et＿r 的响应值分布

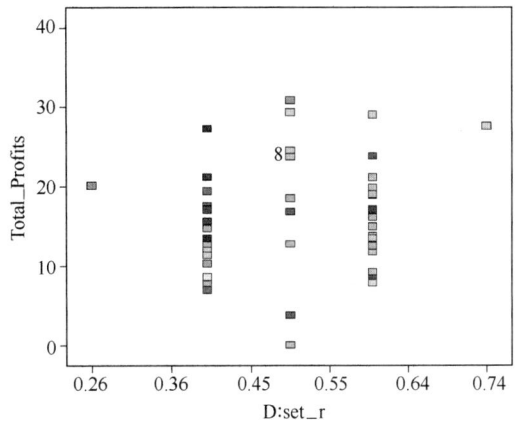

图 H5　set＿r 的响应值分布

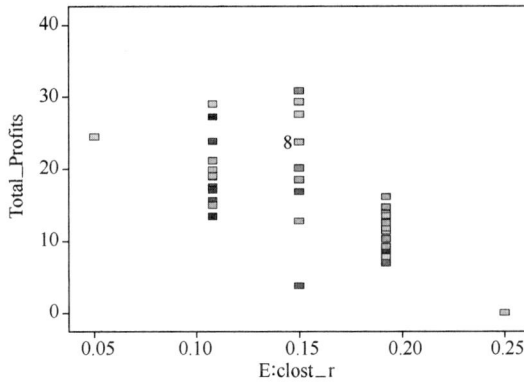

图 H6　clost＿r 的响应值分布

（3）实验数据的评估

实验设计的 Lack of Fit 的 df＝27＞3，Pure Error 的 df＝7＞4，符合要求，说明需要进行密合度测试（Fit Test）。如图 H7 所示。

Degrees of Freedom for Evaluation

Model	15
Residuals	34
Lack Of Fit	27
Pure Error	7
Corr Total	49

图 H7　实验设计的自由度

标准误差（Standard errors）越小越好。VIF＝1 达到理想值，VIF 如果大于 10，说明相关性估计不足，存在多重共线性。Ri-squared＝0 达到理想值，Ri-squared 值过

165

高也说明变量间存在相互关系，模型解释度不高。标准偏差 1 时，Power 值约 80%，符合要求。如图 H8 所示。

Term	StdErr**	VIF	Ri-Squared	Power at 5 % alpha level to detect signal/noise ratios		
				0.5 Std. Dev.	1 Std. Dev.	2 Std. Dev.
A	0.15	1.00	0.0000	35.9 %	89.2 %	99.9 %
B	0.15	1.00	0.0000	35.9 %	89.2 %	99.9 %
C	0.15	1.00	0.0000	35.9 %	89.2 %	99.9 %
D	0.15	1.00	0.0000	35.9 %	89.2 %	99.9 %
E	0.15	1.00	0.0000	35.9 %	89.2 %	99.9 %
AB	0.18	1.00	0.0000	28.0 %	78.5 %	99.9 %
AC	0.18	1.00	0.0000	28.0 %	78.5 %	99.9 %
AD	0.18	1.00	0.0000	28.0 %	78.5 %	99.9 %
AE	0.18	1.00	0.0000	28.0 %	78.5 %	99.9 %
BC	0.18	1.00	0.0000	28.0 %	78.5 %	99.9 %
BD	0.18	1.00	0.0000	28.0 %	78.5 %	99.9 %
BE	0.18	1.00	0.0000	28.0 %	78.5 %	99.9 %
CD	0.18	1.00	0.0000	28.0 %	78.5 %	99.9 %
CE	0.18	1.00	0.0000	28.0 %	78.5 %	99.9 %
DE	0.18	1.00	0.0000	28.0 %	78.5 %	99.9 %

**Basis Std. Dev. = 1.0

图 H8　实验数据的统计评估

注：以上数据均来自 Design-Expert 软件计算结果。

附录 I 3^k 全因素分析

3^k 全因素分析结果一览表

Source	P	Source	P
Model	＜0.0001	DS_Index × CI × set_r	＜0.0001
DS_Index	＜0.0001	DS_Index × CI ×clost_r	＜0.0001
CI	＜0.0001	DS_Index × et_r × set_r	＜0.0001
et_r	＜0.0001	DS_Index × et_r ×clost_r	＜0.0001
set_r	＜0.0001	DS_Index × set_r ×clost_r	＜0.0001
clost_r	＜0.0001	CI × et_r × set_r	＜0.0001
DS_Index × CI	＜0.0001	CI × et_r ×clost_r	＜0.0001
DS_Index × et_r	＜0.0001	CI × set_r ×clost_r	＜0.0001
DS_Index × set_r	＜0.0001	et_r × set_r ×clost_r	＜0.0001
DS_Index ×clost_r	＜0.0001	DS_Index^2× CI	＜0.0001
CI × et_r	＜0.0001	DS_Index^2× et_r	＜0.0001
CI × set_r	＜0.0001	DS_Index^2× set_r	＜0.0001
CI ×E	＜0.0001	DS_Index^2× clost_r	＜0.0001
et_r × set_r	＜0.0001	DS_Index × CI^2	＜0.0001
et_r ×clost_r	＜0.0001	DS_Index × CI × et_r × set_r	＜0.0001
set_r ×clost_r	＜0.0001	DS_Index × CI × et_r ×clost_r	＜0.0001
DS_Index ^{2}	＜0.0001	DS_Index CI × set_r ×clost_r	＜0.0001
CI^2	＜0.0001	DS_Index et_r × set_r ×clost_r	＜0.0001
et_r^2	＜0.0001	CI × et_r × set_r ×clost_r	＜0.0001
set_r^2	＜0.0001	DS_Index^2× CI^2	＜0.0001
clost_r^2	＜0.0001	DS_Index × CI × et_r × set_r × clost_r	＜0.0001
DS_Index × CI × et_r	＜0.0001		

附录 J　系统动力学模型基模参数取值

系统动力学模型基模参数取值一览表

变量名称	取值	变量名称	取值
下游服务化投入指标 DS_index	0.3	竞争强度 CI	0
工程知识存量 Cknoledges	初值50	下游服务业务知识存量 Sknoledges	初值15
企业总体利润 Total_Profits	初值0	企业冗余资源提取率 TSR_r	NORMAL (0.4, 0.0002)
当期标准资源 Total_SDR	100	开展下游服务的工程项目的平均比率 anr	0.4
工程潜在吸收能力 capk	1	下游服务潜在吸收能力 sapk	1
工程实现吸收能力 capp	1	下游服务实现吸收能力 sapp	1
探索型工程项目的利润率 er_r	NORMAL (0.1, 0.005)	探索型下游服务项目的利润率 ser_r	0.4
探索型工程项目的资金投入量 er_rc	2	探索型下游服务项目的当期资金投入量 ser_rc	0.2
探索型工程项目的知识产出率 er_k	NORMAL (0.3, 0.0005)	探索型下游服务项目的当期知识产出率 ser_k	0.3
探索型工程项目的知识投入量 er_kc	2	探索型下游服务项目的当期知识投入量 ser_kc	0.2
利用型工程项目利润率 et_r	NORMAL (0.3, 0.0005)	利用型下游服务项目利润率 set_r	0.6
利用型工程项目的知识产出率 et_k	NORMAL (0.1, 0.005)	利用型下游服务项目的当期知识产出率 set_k	0.1
利用型工程项目的知识投入量 et_kc	1	利用型下游服务项目的当期知识投入量 set_kc	0.1
利用型工程项目的资金投入量 et_rc	1	利用型下游服务项目的当期资金投入量 set_rc	0.1
工程资源分配决策反应曲线系数 g	0.53	下游服务资源分配决策反应曲线系数 sg	0.53
工程知识流失率 lost_r	0.12	下游服务知识流失率 slost_r	0.11
工程决策偏好系数 x	0	下游服务决策偏好系数 sx	0
知识流失冲击影响 TT	0	市场融资规模的限制 MT1	0
下游服务利润率降低系数 sr_down	当 kb>1.5 时发生作用	市场份额规模的限制 MT2	0
工程利润目标设定系数 cq	1	下游服务利润目标设定系数 sq	
下游服务业务额外增加的标准资源投入 zr	0		

参 考 文 献

[1] Tukker A, Tischner U. New business for old Europe: product-service development, competitiveness and sustainability[M]. Greenleaf Pubns, 2006.

[2] Evans R, Haryott R, Haste N, et al. The long term costs of owning and using buildings[R]. London: Royal Academy of Engineering, 1998.

[3] Bröchner J. Construction contractors integrating into facilities management[J]. Facilities. 2008, 26(1-2): 6-15.

[4] Cacciatori E, Jacobides M G. The dynamic limits of specialization: vertical integration reconsidered [J]. Organization Studies. 2005, 26(12): 1851-1883.

[5] 成波. 建筑企业的纵向一体化战略研究[J]. 建筑经济. 2012(6): 84-86.

[6] Casson M. The Firm and the Market: Studies on Multinational Enterprise and the Scope of the Firm [M]. Oxford: Basil Blackwell, 1987.

[7] Bang H L. Strategic organisation of construction contracting firms: ownership, form, growth and boundaries[D]. Copenhagen: Copenhagen Business School, 2002.

[8] Cacciatori E, Jacobides M G. The Dynamic Limits of Specialization: Vertical Integration Reconsidered [J]. Organization Studies. 2005, 26(12): 1851-1883.

[9] Lützkendorf T, Speer T. Alleviating asymmetric information in property markets: building performance and product quality as signals for consumers[J]. Building Research & Information. 2005, 33(2): 182-195.

[10] Bennett J, Iossa E. Building and managing facilities for public services[J]. Journal of public economics. 2006, 90(10/11): 2143-2160.

[11] Lind H, Borg L. Service-led construction: is it really the future? [J]. Construction Management and Economics. 2010(28): 1145-1153.

[12] Grimsey D, Lewis M K. Evaluating the risks of public private partnerships for infrastructure projects [J]. International Journal of Project Management. 2002, 20(2): 107-118.

[13] Tether B S. The sources and aims of innovation in services: variety between and within sectors[J]. Economics of innovation and new technology. 2003, 12(6): 481-505.

[14] Miles I. Innovation in services[M]. The Oxford Handbook of Innovation, Oxford: Oxford University Press, 2005, 433-458.

[15] Cardellino P, Edward F. Evidence of systematic approaches to innovation in facilities management [J]. Journal of Facilities Management. 2006, 4(3): 150-166.

[16] Gallouj F. Innovation in the Service Economy: The New Wealth of Nations[M]. Cheltenham: Edward Elgar, 2002.

[17] Govette S J, Baines T S, Clegg B T, et al. Servitization and enterprization in the construction industry: the case of a specialist subcontractor[Z]. Granada(Spain): 2013.

[18] Vandermerwe S, Rada J. Servitization of business: adding value by adding services[J]. European

Management Journal. 1988, 6(4): 314-324.

[19] Wise R, Baumgartner P. Go downstream: the new profit imperative in manufacturing[J]. Harvard business review. 1999, 77(5): 133-141.

[20] Brax S. A manufacturer becoming service provider - challenges and a paradox[J]. Managing Service Quality. 2005, 15(2): 142-155.

[21] Fang E E, Palmatier R W, Steenkamp J E. Effect of Service Transition Strategies on Firm Value [J]. Journal of Marketing. 2008, 72(5): 1-14.

[22] Oliva R, Kallenberg R. Managing the transition from products to services[J]. International Journal of Service Idustry Management. 2003, 14(2): 160-172.

[23] Baines T S, Lightfoot H W, Benedettini O, et al. The servitization of manufacturing: A review of literature and reflection on future challenges[J]. Journal of Manufacturing Technology Management. 2009, 20(5): 547-567.

[24] Gebauer H, Fleisch E. An investigation of the relationship between behavioral processes, motivation, investments in the service business and service revenue[J]. Industrial Marketing Management. 2007, 36(3): 337-348.

[25] Meier H, Bosslau M. Dynamic Business Models for Industrial Product-Service Systems[C]. St. Gallen, Switzerland: 2012.

[26] Brady T, Davies A, Gann D. Can integrated solutions business models work in construction? [J]. Building Research & Information. 2005, 33(6): 571-579.

[27] Leiringer R, Green S D, Raja J Z. Living up to the value agenda: the empirical realities of through-life value creation in construction[J]. Construction Management and Economics. 2009, 27(3): 271-285.

[28] J E. Rethinking construction[M]. London: Department Of Environment, Transport And The Region, 1998.

[29] Gann D. Construction as a manufacturing process? Similarities and differences between industrialized housing and car production in Japan[J]. Construction Management and Economics. 1996, 14(5): 437-450.

[30] 赵洁. 建设供应链非对称性信息共享问题研究[D]. 同济大学, 2010.

[31] Bröchner J. Construction contractors as service innovators[J]. Building Research & Information. 2010, 38(3): 235-246.

[32] Winch G. How innovative is construction? Comparing aggregated data on construction innovation and other sectors - a case of apples and pears[J]. Construction Management & Economics. 2003, 21(6): 651-654.

[33] Bosch G, Peter Philips E. Building chaos: an international comparison of deregulation in the construction industry[M]. London: Routledge, 2003.

[34] Leiringer R, Bröchner J. Editorial: service-led construction projects[J]. Construction Management and Economics. 2010(28): 1123-1129.

[35] Saxon R. The industry formerly known as construction: an industry view of the Fairclough Review [J]. Building Research & Information. 2002, 30(5): 334-337.

［36］ Alderman N，Ivory C，Mcloughlin I，et al. Sense-making as a process within complex service-led projects［J］. International Journal of Project Management. 2005，23(5)：380-385.

［37］ Cusumano M A，Kahl S J，Suarez F F. Services，industry evolution，and the competitive strategies of product firms［J］. Strategic Management Journal. 2015，36(4)：559-575.

［38］ Gadiesh O，Gilbert J L. Profit pools：a fresh look at strategy［J］. Harv Bus Rev. 1998，76(3)：139-147.

［39］ Agrawal V V，Ferguson M，Toktay L B，et al. Is leasing greener than selling? ［J］. Management Science. 2012，58(3)：523-533.

［40］ Chesbrough H. Open Services Innovation：Rethinking Your Business to Compete and Grow in a New Era［M］. San Francisco：Jossey-Bass，2011.

［41］ Tuli K R，Kohli A K，Bharadwaj S G. Rethinking Customer Solutions：From Product Bundles to Relational Processes［J］. The Journal of Marketing. 2007，71(3)：1-17.

［42］ Neely A. Exploring the financial consequences of the servitization of manufacturing［J］. Operations management research. 2008，1(2)：103-118.

［43］ Suarez F F，Cusumano M A，Kahl S J. Services and the business models of product firms：an empirical analysis of the software industry［J］. Management science. 2013，59(2)：420-435.

［44］ Guajardo J A，Cohen M A，Kim S，et al. Impact of Performance-Based Contracting on Product Reliability：An Empirical Analysis［J］. Management Science. 2012，58(5)：961-979.

［45］ Kim S，Cohen M A，Netessine S，et al. Contracting for Infrequent Restoration and Recovery of Mission-Critical Systems［J］. Management Science. 2010，56(9)：1551-1567.

［46］ Kastalli I V，Van Looy B. Servitization：Disentangling the impact of service business model innovation on manufacturing firm performance［J］. Journal of Operations Management. 2013，31(4)：169-180.

［47］ Pawar K S，Beltagui A，Riedel J C K H. The PSO triangle：designing product，service and organisation to create value［J］. International Journal of Operations & Production Management. 2009，29(5)：468-493.

［48］ Hobday M. The project-based organisation：an ideal form for managing complex products and systems? ［J］. Research Policy. 2000，29(7)：871-893.

［49］ Davies A. Moving base into high-value integrated solutions：a value stream approach［J］. Industrial and corporate change. 2004，13(5)：727-756.

［50］ Barrett P. Revaluing construction：a global CIB agenda［R］. Rotterdam，the Netherlands：International Council for Research and Innovation in Building and Construction (CIB)，2005.

［51］ Saxon R. Be Valuable：A guide to creating value in the built environment［R］. London：Constructing Excellence，2005.

［52］ The Vision for Civil Engineering in 2025 ［R］. Reston，VA：American Society of Civil Engineers，2007.

［53］ 郭重庆. "服务科学"——一个极具前沿意义的学科［J］. 中国科学基金. 2008(4)：217-220.

［54］ 王汇墨，李忠富，冉立平. 基于 DEA 的大型建筑企业规模合理性实证研究［J］. 土木工程学报. 2009(7)：135-139.

[55] 住房和城乡建设部计划财务与外事司，中国建筑业协会. 2013 年建筑业发展统计分析[J]. 工程管理学报. 2014(3).

[56] 陈宏伟. 中国建筑企业价值提升机理研究[D]. 北京交通大学，2010.

[57] 邓飞，刘贵文，孔平. 我国建筑业发展现存问题、方向及重点领域分析[J]. 建筑经济. 2011(10)：20-24.

[58] 汪士和. 对建筑业产业定位等若干问题的思考[J]. 建筑经济. 2011(10)：5-8.

[59] 王彤宙. 国有大型建筑企业改制之路[J]. 管理世界. 2009(8)：6-9.

[60] 尚耀华，金维兴. 中国建筑企业的战略选择——基于价值链理论的分析[J]. 建筑经济. 2005(10)：5-10.

[61] 张贵林. 中国建筑业发展路径暨施工企业转型升级研究[J]. 建筑. 2014(3)：9-19.

[62] Lightfoot H W, Baines T S, Smart P. The servitization of manufacturing: A systematic literature review of interdependent trends[J]. International Journal of Operations & Production Management. 2013, 33(11): 1408-1434.

[63] 彼得·德鲁克. 后资本主义社会[M]. 北京：东方出版社，2009.

[64] Belal H M, Shirahada K, Kosaka M. Knowledge space concept and its application for servitizing manufacturing industry[J]. Journal of Service Science and Management (JSSM). 2012, 5(2): 187-195.

[65] Floyd S W, Lane P J. Strategizing throughout the Organization: Managing Role Conflict in Strategic Renewal[J]. The Academy of Management Review. 2000, 25(1): 154-177.

[66] March J G. Exploration and exploitation in organizational learning[J]. Organization science. 1991, 2(1): 71-87.

[67] Levitt B, March J G. Organizational learning[J]. Annual review of sociology. 1988, 14(1): 319-338.

[68] Leonard-Barton D. Core capabilities and core rigidities: A paradox in managing new product development[J]. Strategic management journal. 1992, 13(S1): 111-125.

[69] Siggelkow N, Rivkin J W. When exploration backfires: Unintended consequences of multilevel organizational search[J]. Academy of Management Journal. 2006, 49(4): 779-795.

[70] Raisch S, Birkinshaw J, Probst G, et al. Organizational Ambidexterity: Balancing Exploitation and Exploration for Sustained Performance[J]. Organization Science. 2009, 20(4): 685-695.

[71] Porter M E, Ketels C H, Britain G. UK Competitiveness: moving to the next stage[R]. Economic and Social Research Council & Department of Trade and Industry, 2003.

[72] Vargo S L, Lusch R F. Evolving to a New Dominant Logic for Marketing[J]. Journal of Marketing. 2004, 68(1): 1-17.

[73] Bititci U S, Martinez V. Creating and Sustaining Competitive Advantage in Collaborative Systems: The What And the How[J]. Production planning & Control. 2003, 14(5): 410-424.

[74] Martinez V, Bastl M, Kingston J, et al. Challenges in transforming manufacturing organisations into product-service providers[J]. Journal of Manufacturing Technology Management. 2010, 21(4): 449-469.

[75] Fischer T, Gebauer H, Gregory M, et al. Exploitation or exploration in service business develop-

ment?: Insights from a dynamic capabilities perspective[J]. Journal of Service Management. 2010, 21(5): 591-624.

[76] Geerts A, Blindenbach-Driessen F, Gemmel P. Achieving a balance between exploration and exploitation in service firms: A longitudinal study[C]. 2010.

[77] Ahamed Z, Inohara T, Kamoshida A. The Servitization of Manufacturing: An Empirical Case Study of IBM Corporation[J]. International Journal of Business Administration. 2013, 4(2).

[78] Davies A. Moving base into high-value integrated solutions: a value stream approach[J]. Industrial and Corporate Change. 2004, 13(5): 727-756.

[79] Howells J. Innovation & services: New conceptual frameworks[M]. Centre for Research on Innovation and Competition, the University of Manchester, 2000.

[80] Mont O. Introducing and Developing a PSS in Sweden[R]. Lund: Lund University, 2001.

[81] Anderson J C, Narus J A. Capturing the value of supplementary services[J]. Harvard Business Review. 1995, 73(1): 75-83.

[82] Tellus-Institute. Servicizing: The Quiet Transition to Extended Product Responsibility[Z]. Boston, MA: Tellus Institute, 1999.

[83] Verstrepen S, van Den Berg R. Servitization in the automotive sector: creating value and competitive advantage through service after sales[M]. Global Production Management, London: Kluwer Publishers, 1999, 538-545.

[84] Desmet S, van Dierdonck R, van Looy B. Servitization: or why services management is relevant for manufacturing environments[M]. Services Management: An Integrated Approach, Harlow: Pearson Education, 2003.

[85] Ren G, Gregory M. Servitization in manufacturing companies[C]. San Francisco, CA: 2007.

[86] Szalavetz A. Tertiarization of Manufacturing Industry in the New Economy: Experiences in Hungarian Companies[R]. Institute for World Economics, Hungarian Academy of Sciences, 2003.

[87] 刘继国, 李江帆. 国外制造业服务化问题研究综述[J]. 经济学家. 2007(3): 119-126.

[88] Schmenner R W. Manufacturing, service, and their integration: some history and theory[J]. International journal of operations & production management. 2009, 29(5): 431-443.

[89] 陈洁雄. 制造业服务化与经营绩效的实证检验——基于中美上市公司的比较[J]. 商业经济与管理. 2010(4): 33-41.

[90] Goedkoop M J, van Halen C J G, Riele H R M T, et al. Product services systems, ecological and economic basics[R]. Hague, Netherlands: Ministry of Housing, Spatial Planning and the Environment Communications Directorate, 1999.

[91] Spring M, Luis A. Service, services and products: rethinking operations strategy[J]. International journal of operations & production management. 2009, 29(5): 444-467.

[92] Stauss B. A Pyrrhic victory: The implications of an unlimited broadening of the concept of services [J]. Managing Service Quality. 2005, 15(3): 219-229.

[93] Bastl M, Johnson M, Lightfoot H, et al. Buyer-supplier relationships in a servitized environment [J]. International Journal of Operations & Production Management. 2012, 32(6): 650-675.

[94] Liu C H, Chen M, Tu Y, et al. Constructing a sustainable service business model: An S-D logic-

based integrated product service system (IPSS)[J]. International Journal of Physical Distribution & Logistics Management. 2014, 44(1): 80-97.

[95] Gr Nroos C. Value co-creation in service logic: A critical analysis[J]. Marketing Theory. 2011, 11 (3): 279-301.

[96] Cook M B, Bhamra T A, Lemon M. The transfer and application of Product Service Systems: from academia to UK manufacturing firms[J]. Journal of Cleaner Production. 2006, 14(17): 1455-1465.

[97] Maxwell D, Sheate W, van der Vorst R. Functional and systems aspects of the sustainable product and service development approach for industry[J]. Journal of Cleaner Production. 2006, 14(17): 1466-1479.

[98] Kinnunen R, Turunen T. Identifying Servitization Capabilities of Manufacturers: A Conceptual Model[J]. Journal of Applied Management and Entrepreneurship. 2012, 17(3): 55.

[99] Ottman J A. Green marketing: Make your next new "product" a service[Z]. J. G. Press Inc, 1999: 21, 37.

[100] Bartolomeo M, dal Maso D, de Jong P, et al. Eco-efficient producer services—what are they, how do they benefit customers and the environment and how likely are they to develop and be extensively utilised? [J]. Journal of Cleaner Production. 2003, 11(8): 829-837.

[101] Neely A, Benedettini O, Visnjic I. The servitization of manufacturing: Further evidence[Z]. Cambridge, UK: Lund University, 2011.

[102] Finne M, Brax S, Holmström J. Reversed servitization paths: a case analysis of two manufacturers [J]. Service Business. 2013, 7(4): 513-537.

[103] Raddats C, Easingwood C. Services growth options for B2B product-centric businesses[J]. Industrial Marketing Management. 2010, 39(8): 1334-1345.

[104] Visnjic I, Neely A, Wiengarten F. Another performance paradox: A refined view on the performance impact of servitization[M]. A Refined View on the Performance Impact of Servitization (July 4, 2012), Esade, Barcelona: 2012.

[105] Eggert A, Hogreve J, Ulaga W, et al. Industrial services, product innovations, and firm profitability: A multiple-group latent growth curve analysis[J]. Industrial Marketing Management. 2011, 40(5): 661-670.

[106] Benedettini O, Neely A, Swink M. Services types and their differential risk effects for manufacturing firms: an empirical analysis[Z]. Aston Business School, Birmingham, UK: 2013.

[107] 刘继国, 赵一婷. 制造业企业产出服务化战略的影响因素及其绩效: 理论框架与实证研究[J]. 上海管理科学. 2008(6): 42-46.

[108] 周艳春. 制造企业服务化战略实施及其对绩效的影响研究[D]. 西北大学, 2010.

[109] 胡查平, 汪涛, 王辉. 制造业企业服务化绩效——战略一致性和社会技术能力的调节效应研究[J]. 科学学研究. 2014(1): 84-91.

[110] Gebauer H, Ren G, Valtakoski A, et al. Service-driven manufacturing: Provision, evolution and financial impact of services in industrial firms[J]. Journal of Service Management. 2012, 23(1): 120-136.

[111] Baines T S, Lightfoot H W, Smart P. Servitization within manufacturing: exploring the provision

of advanced services and their impact on vertical integration[J]. Journal of manufacturing technology management. 2011, 22(7): 947-954.

[112] Levinthal D A, March J G. The myopia of learning[J]. Strategic Management Journal. 1993, 14: 95.

[113] Gibson C, Birkinshaw J. The Antecedents, Consequences, and Mediating Role of Organizational Ambidexterity[J]. The Academy of Management Journal. 2004, 47(2): 209-226.

[114] Lavie D, Stettner U, Tushman M L. Exploration and exploitation within and across organizations [J]. The Academy of Management Annals. 2010, 4(1): 109-155.

[115] Andriopoulos C, Lewis M W. Exploitation-Exploration Tensions and Organizational Ambidexterity: Managing Paradoxes of Innovation[J]. Organization Science. 2009, 20(4): 696-717.

[116] Jansen J J P, Tempelaar M P, van den Bosch F A J, et al. Structural Differentiation and Ambidexterity: The Mediating Role of Integration Mechanisms[J]. Organization Science. 2009, 20(4): 797-811.

[117] Cohen W M, Levinthal D A. Absorptive Capacity: A New Perspective on Learning and Innovation [J]. Administrative science quarterly. 1990, 35(1): 128-152.

[118] Katila R, Ahuja G. Something old, something new: A longitudinal study of search behavior and new product introduction[J]. Academy of management journal. 2002, 45(6): 1183-1194.

[119] Stettner U, Lavie D. Ambidexterity under scrutiny: Exploration and exploitation via internal organization, alliances, and acquisitions[J]. Strategic Management Journal. 2013.

[120] Lavie D, Lori R. Balancing Exploration and Exploitation in Alliance Formation[J]. The Academy of Management Journal. 2006, 49(4): 797-818.

[121] Smith W K, Tushman M L. Managing Strategic Contradictions: A Top Management Model for Managing Innovation Streams[J]. Organization Science. 2005, 16(5): 522-536.

[122] Duncan R B. The ambidextrous organization: Designing dual structures for innovation[J]. The management of organization. 1976, 1: 167-188.

[123] O'Reilly C A, Tushman M L. Ambidexterity as a dynamic capability: Resolving the innovator's dilemma[J]. Research in Organizational Behavior. 2008, 28: 185-206.

[124] Holmqvist M. Experiential Learning Processes of Exploitation and Exploration Within and Between Organizations: An Empirical Study of Product Development[J]. Organization Science. 2004, 15 (1): 70-81.

[125] Liu W. Knowledge exploitation, knowledge exploration, and competency trap[J]. Knowledge and Process Management. 2006, 13(3): 144-161.

[126] He Z, Wong P. Exploration vs. exploitation: An empirical test of the ambidexterity hypothesis[J]. Organization science. 2004, 15(4): 481-494.

[127] Fagiolo G, Dosi G. Exploitation, exploration and innovation in a model of endogenous growth with locally interacting agents[J]. Structural Change and Economic Dynamics. 2003, 14(3): 237-273.

[128] Benner M J, Tushman M L. Exploitation, exploration, and process management: The productivity dilemma revisited[J]. Academy of management review. 2003, 28(2): 238-256.

[129] Eisenhardt, M. K, Martin J A. Dynamic capabilities: What are they? [J]. Strategic management

journal. 2000，21(10-11)：1105-1121.

[130] Baines T S，Lightfoot H W，Peppard J，et al. Towards an operations strategy for product-centric servitization[J]. International Journal of Operations & Production Management. 2009，29(5)：494-519.

[131] March J G. Rationality，foolishness and adaptive intelligence[J]. Strategic management journal. 2006，27(3)：201-214.

[132] Gupta A K，Smith K G，Shalley C E. The Interplay between Exploration and Exploitation[J]. The Academy of Management Journal. 2006，49(4)：693-706.

[133] Choi D Y，Lee K C. Dynamic resource allocation for exploitation and exploration with ambidexterity：Logical mechanism and simulations[J]. Computers in Human Behavior. 2013.

[134] Lavie D，Kang J，Rosenkopf L. Balance Within and Across Domains：The Performance Implications of Exploration and Exploitation in Alliances[J]. Organization Science. 2011，22(6)：1517-1538.

[135] Garcia R，Calantone R，Levine R. The Role of Knowledge in Resource Allocation to Exploration versus Exploitation in Technologically Oriented Organizations[J]. Decision Sciences. 2003，34(2)：323-349.

[136] Sterman J D. Business dynamics：Systems thinking and modeling for a complex world[M]. Boston：Irwin McGraw Hill，2000.

[137] Raisch S，Birkinshaw J. Organizational Ambidexterity：Antecedents，Outcomes，and Moderators [J]. Journal of Management. 2008，34(3)：375-409.

[138] Pandey S，Sharma R R K. Organizational Factors for Exploration and Exploitation：A Conceptual Review[J]. Global Business & Management Research. 2009，1(2)：1-18.

[139] Tushman M L，O'Reilly C A. Ambidextrous organizations：Managing evolutionary and revolutionary change[J]. California Management Review. 1996，38(4)：8.

[140] Chen J，Xin B，Peng Z，et al. Optimal Contraction Theorem for Exploration-Exploitation Tradeoff in Search and Optimization[J]. Systems，Man and Cybernetics，Part A：Systems and Humans，IEEE Transactions. 2009，39(3)：680-691.

[141] Jansen J J P，Van Den Bosch F A J，Volberda H W. Exploratory Innovation，Exploitative Innovation，and Performance：Effects of Organizational Antecedents and Environmental Moderators[J]. Management Science. 2006，52(11)：1661-1674.

[142] Lin Z J，Yang H，Demirkan I. The Performance Consequences of Ambidexterity in Strategic Alliance Formations：Empirical Investigation and Computational Theorizing[J]. Management Science. 2007，53(10)：1645-1658.

[143] Uotila J，Maula M，Keil T，et al. Exploration，exploitation，and financial performance：analysis of S&P 500 corporations[J]. Strategic Management Journal. 2009，30(2)：221-231.

[144] Shirokova G，Vega G，Sokolova L. Performance of Russian SMEs：exploration，exploitation and strategic entrepreneurship[J]. Critical perspectives on international business. 2013，9(1)：173-203.

[145] Lubatkin M H，Simsek Z，Ling Y，et al. Ambidexterity and performance in small-to medium- size firms：the pivotal role of top management team behavioral integration，[J]. Journal of management. 2006，32(5)：646-672.

[146]　Greve H R. Exploration and exploitation in product innovation[J]. Industrial and Corporate Change. 2007，16(5)：945-975.

[147]　Rothaermel F T，Alexandre M T. Ambidexterity in Technology Sourcing：The Moderating Role of Absorptive Capacity[J]. Organization Science. 2009，20(4)：759-780.

[148]　Seo Y W，Chae S W，Lee K C. The impact of absorptive capacity，exploration，and exploitation on individual creativity：Moderating effect of subjective well-being[J]. Computers in Human Behavior. 2014.

[149]　Sirén C A，Kohtamäki M，Kuckertz A. Exploration and exploitation strategies，profit performance，and the mediating role of strategic learning：Escaping the exploitation trap[J]. Strategic Entrepreneurship Journal. 2012，6(1)：18-41.

[150]　Desarbo W S，Di Benedetto C A，Song M，et al. Revisiting the Miles and Snow Strategic Framework：Uncovering Interrelationships between Strategic Types，Capabilities，Environmental Uncertainty，and Firm Performance[J]. Strategic Management Journal. 2005，26(1)：47-74.

[151]　Love L G，Priem R L，Lumpkin G T. Explicitly Articulated Strategy and Firm Performance Under Alternative Levels of Centralization[J]. Journal of Management. 2002，28(5)：611-627.

[152]　Hess A M，Rothaermel F T. When are assets complementary? star scientists，strategic alliances，and innovation in the pharmaceutical industry[J]. Strategic Management Journal. 2011，32(8)：895-909.

[153]　Voss G B，Voss Z G. Strategic Ambidexterity in Small and Medium-Sized Enterprises：Implementing Exploration and Exploitation in Product and Market Domains[J]. Organization Science. 2013，24(5)：1459-1477.

[154]　Piao M. A long life after exploitation and exploration[J]. European Journal of Innovation Management. 2014，17(2)：209-228.

[155]　Sarkees M，Hulland J，Chatterjee R. Investments in Exploitation and Exploration Capabilities：Balance Versus Focus[J]. The Journal of Marketing Theory and Practice. 2014，22(1)：7-24.

[156]　杨东. 双元能力对企业绩效的影响——对软件接包企业的实证研究[J]. 软科学. 2011(7)：116-119.

[157]　伍勇，梁巧转，魏泽龙. 双元技术创新与市场导向对企业绩效的影响研究：破坏性创新视角[J]. 科学学与科学技术管理. 2013，34(6)：140-151.

[158]　张玉利，李乾文. 公司创业导向、双元能力与组织绩效[J]. 管理科学学报. 2009(1)：137-152.

[159]　吴俊杰，盛亚，姜文杰. 企业家社会网络、双元性创新与技术创新绩效研究[J]. 科研管理. 2014(2)：43-53.

[160]　张钢，陈佳乐. 公司治理、组织二元性与企业长短期绩效——基于中美两国上市公司面板数据的实证研究[J]. 浙江大学学报(人文社会科学版). 2014.

[161]　张凤海. 动态能力对新企业绩效的影响机理研究[D]. 大连理工大学，2013.

[162]　张君立. 网络能力对新创企业资源构建的影响研究[D]. 吉林大学，2008.

[163]　Campbell J P. On the Nature of Organizational Effectiveness[M]. 2010：507-553.

[164]　Ruekert R W，Walker O C，Roering K J. The Organization of Marketing Activities：A Contingency Theory of Structure and Performance[J]. Journal of Marketing. 1985，49(1)：13-25.

[165] 李国良. 中国建筑企业多元化与绩效关系研究[D]. 哈尔滨工业大学, 2011.

[166] 戚永红. 多角化过程中的知识利用与知识开发及其对企业绩效的影响——以我国信息技术类上市公司为例[D]. 浙江大学, 2004.

[167] Fortuin L. Performance Indicators—Why, Where and How? [J]. European Journal of Operational Research. 1998, 34(1): 1-9.

[168] Narver J C, Slater S F. The effect of a market orientation on business profitability[J]. Journal of Product Innovation Management. 1990, 54(4): 20-35.

[169] Capon N. Determinants of financial performance: a meta-analysis[J]. Management Science. 1990, 36(10): 1143-1159.

[170] 张兰. 公司治理、多元化战略与财务绩效的关系[D]. 吉林大学, 2013.

[171] Gebauer H, Krempl R, Fleisch E, et al. Innovation of product-related services[J]. Managing Service Quality: An International Journal. 2008, 18(4): 387-404.

[172] Peitz M. Bundling may blockade entry[J]. International journal of industrial organization. 2008, 26(1): 41-58.

[173] Olderog T, Skiera B. The benefits of bundling strategies[J]. Schmalenbach Business Review. 2000, 1(2): 137-160.

[174] 曾楚宏, 王斌. 能力、交易费用与企业边界的变动[J]. 社会科学. 2011(10): 45-53.

[175] 刘向阳. 企业边界的确定——交易成本观与组织能力观的比较与整合[J]. 经济评论. 2007(2): 125-127.

[176] Bridge A J, Tisdell C. The determinants of the vertical boundaries of the construction firm[J]. Construction Management & Economics. 2004, 22(8): 807-825.

[177] Jensen P A. Knowledge transfer from facilities management to building projects: A typology of transfer mechanisms[J]. Architectural Engineering and Design Management. 2012, 8(3): 170.

[178] Robinson H S, Scott J. Service delivery and performance monitoring in PFI/PPP projects[J]. Construction Management and Economics. 2009, 27(2): 181-197.

[179] Lind H, Mattsson H Å. Experiences from procurement of integrated bridge maintenance in Sweden [J]. European Journal of Transport and Infrastructure Research. 2009, 9(2): 143-163.

[180] Hart O. Incomplete Contracts and Public Ownership: Remarks, and an Application to Public-Private Partnerships[J]. The Economic Journal. 2003, 113(486): C69-C76.

[181] Hart O. Firms, Contracts, and Financial Structure[M]. Oxford university press, 1995.

[182] Martimort D, Pouyet J. To build or not to build: normative and positive theories of public-private partnerships[J]. International journal of industrial organization. 2008, 26(2): 393-411.

[183] Iossa E, David M. The theory of incentives applied to the transport sector[J]. Economics. 2009: 2009.

[184] Chen B R, Chiu Y S. Public-private partnerships: Task interdependence and contractibility[J]. International Journal of Industrial Organization. 2010, 28(6): 591-603.

[185] Martimort D, Straub S. How to Design Infrastructure Contracts in a Warming World? A Critical Appraisal of Public-Private Partnerships[J]. TSE Working Paper 12. 2012.

[186] Hoppe E I, Schmitz P W. Public-private partnerships versus traditional procurement: Innovation in-

centives and information gathering[J]. RAND Journal of Economics. 2013, 44(1): 56-74.

[187] Iossa E, David M. The Simple Micro-Economics of Public-Private Partnerships[J]. Journal of Public Economic Theory. 2014.

[188] Sung S Y, Choi J N. Effects of team knowledge management on the creativity and financial performance of organizational teams[J]. Organizational Behavior and Human Decision Processes. 2012, 118 (1): 4-13.

[189] Product – Service Portfolio Configuration vs. Economic and Financial Results: An Empirical Analysis in the Italian Truck Industry[M]. Serviceology for Services, Springer Japan, 2014, 125-132.

[190] Chatman J A, Caldwell D F, O'Reilly C A, et al. Parsing organizational culture: How the norm for adaptability influences the relationship between culture consensus and financial performance in high-technology firms[J]. Journal of Organizational Behavior. 2014, 35(6): 785-808.

[191] Yu W, Ramanathan R, Nath P. The impacts of marketing and operations capabilities on financial performance in the UK retail sector: A resource-based perspective[J]. Industrial Marketing Management. 2014, 43(1): 25-31.

[192] Raddats C, Burton J, Ashman R. Resource configurations for services success in manufacturing companies[J]. Journal of Service Management. 2015, 26(1): 97-116.

[193] Han S H, Kim D Y, Jang H S, et al. Strategies for contractors to sustain growth in the global construction market[J]. Habitat International. 2010, 34(1): 1-10.

[194] Manley K, Marceau J. Integrated manufacturing-services businesses in the Australian building and construction sector[J]. Australasian Journal of Construction Economics and Building. 2012, 2(1): 1-12.

[195] Straub A. Competences of maintenance service suppliers servicing end-customers[J]. Construction Management and Economics. 2010(28): 1187-1195.

[196] Visnjic I, Wiengarten F, Neely A. Only the Brave: Product Innovation, Service Business Model Innovation, and Their Impact on Performance[J]. Journal of Product Innovation Management. 2014.

[197] Baines T, Lightfoot H, Smart P, et al. Servitization of the manufacturing firm: exploring the operations practices and technologies that deliver advanced services[J]. International journal of operations & production management. 2014, 34(1): 2-35.

[198] Swaminathan V, Groening C, Mittal V, et al. How Achieving the Dual Goal of Customer Satisfaction and Efficiency in Mergers Affects a Firm's Long-Term Financial Performance[J]. Journal of Service Research. 2014, 17(2): 182-194.

[199] Eggert A, Thiesbrummel C, Deutscher C. Differential effects of product and service innovations on the financial performance of industrial firms[J]. Journal of Business Market Management. 2014, 7 (3): 380-405.

[200] Myrthianos V, Vendrell-Herrero F, Parry G, et al. Firm Profitability During the Servitization Process in the Music Industry[J]. Strategic Change. 2014, 23(5-6): 317-328.

[201] Ameer R, Othman R. Sustainability Practices and Corporate Financial Performance: A Study Based on the Top Global Corporations[J]. Journal of Business Ethics. 2012, 108(1): 61-79.

[202] Alderman N, Ivory C. Service-led projects: understanding the meta-project context[J]. Construc-

tion Management and Economics. 2010(28)：1131-1143.

[203] 曾大林，陈建国，徐友全. 基于服务型企业发展的我国大型建筑企业组织变革研究[J]. 山东社会科学. 2013(6)：178-182.

[204] Roehrich J K，Lewis M A. Towards a model of governance in complex（product-service）inter-organizational systems[J]. Construction Management and Economics. 2010(28).

[205] Hartmann A，Davies A，Frederiksen L. Learning to deliver service-enhanced public infrastructure：balancing contractual and relational capabilities[J]. Construction Management and Economics. 2010(28)：1165-1175.

[206] 关柯，李忠富. 当今我国建筑业地位成就和问题分析[J]. 建筑管理现代化. 2009，23(1)：6-9.

[207] 简兆权，伍卓深. 制造业服务化的路径选择研究——基于微笑曲线理论的观点[J]. 科学学与科学技术管理. 2011(12)：137-143.

[208] 曹吉鸣，缪莉莉. 我国设施管理的实施现状和制约因素分析[J]. 建筑经济. 2008(3)：100-103.

[209] 赵一婷，刘继国. 制造业服务化：概念、趋势及其启示[J]. 当代经济管理. 2008(7)：45-48.

[210] 罗珉. 企业竞争战略理论的创新[J]. 财经科学. 2001(1)：42-44.

[211] Mont O，Dalhammar C，Jacobsson N. A new business model for baby prams based on leasing and product remanufacturing[J]. Journal of Cleaner Production. 2006，14(17)：1509-1518.

[212] Davis M M，Heineke J N. Operations Management：Integrating Manufacturing and Services[M]. NewYork：McGraw-Hill，2005.

[213] Hill T，Hill A. Manufacturing Strategy：Text and Cases[M]. Palgrave Macmillan，2009.

[214] Mair G. Integrating Service Strategy in the Manufacturing Company[Z]. 1993：39，213.

[215] Gebauer H，Fleisch E，Friedli T. Overcoming the Service Paradox in Manufacturing Companies[J]. European Management Journal. 2005，23(1)：14-26.

[216] Chase R B，Erikson W J. The service factory[J]. The Academy of Management Executive. 1988，2(3)：191-196.

[217] Thoben K D，Eschenbächer J，Jagdev H. Extended products：evolving traditional product concepts[Z]. Bremen：2001.

[218] Baines T S，Lightfoot H W，Evans S，et al. State-of-the-art in product-service systems[J]. Proceedings of the Institution of Mechanical Engineers，Part B：Journal of Engineering Manufacture. 2007，221(10)：1543-1552.

[219] 董保宝. 基于动态能力视角的知识管理价值创造模式研究[J]. 图书情报工作. 2012，56(10)：95-100.

[220] Penrose E. The theory of the growth of the firm[M]. Oxford：Oxford University Press，1959.

[221] Rumelt R P. Diversification strategy and profitability[J]. Strategic Management Journal. 1982，3(4)：359-369.

[222] Teece D J. Economics of scope and the scope of the enterprise[J]. Journal of economic behavior & organization. 1980，1(3)：223-247.

[223] Kor Y Y，Leblebici H. How do interdependencies among human-capital deployment，development，and diversification strategies affect firms' financial performance? [J]. Strategic Management Journal. 2005，26(10)：967-985.

［224］ Carrillo P，Chinowsky P. Exploiting Knowledge Management：The Engineering and Construction Perspective［J］. Journal of Management in Engineering. 2006，22(1)：2.

［225］ Bygballe L E，Ingemansson M. The logic of innovation in construction［J］. Industrial Marketing Management. 2014.

［226］ Brady T. Building Project Capabilities：From Exploratory to Exploitative Learning［J］. Organization Studies. 2004，25(9)：1601-1621.

［227］ 杨俊祥，和金生. 知识管理内部驱动力与知识管理动态能力关系研究［J］. 科学学研究. 2013(2)：258-265.

［228］ Verona G，Ravasi D. Unbundling dynamic capabilities：an exploratory study of continuous product innovation［J］. Industrial and Corporate Change. 2003，12(3)：577-606.

［229］ Dierickx I，Cool K. Asset accumulation and sustainability of competitive advantage［J］. Management science. 1989，35(12)：1504-1511.

［230］ Edvinsson L. Developing intellectual capital at Skandia［J］. Long Range Planning. 1997，30(3)：366-373.

［231］ Teece D J. Capturing value from knowledge assets［J］. California management review. 1998，40(3)：55-79.

［232］ Wiig K M. Knowledge management：an introduction and perspective［J］. Journal of knowledge Management. 1997，1(1)：6-14.

［233］ Teece D J，Pisano G，Shuen A. Dynamic capabilities and strategic management［J］. Strategic Management Journal. 1997，18(7)：509-533.

［234］ Ambrosini V，Bowman C，Collier N. Dynamic capabilities：an exploration of how firms renew their resource base［J］. British Journal of Management. 2009，20(S1)：S9-S24.

［235］ Lichtenthaler U. Absorptive capacity，environmental turbulence，and the complementarity of organizational learning processes［J］. Academy of Management Journal. 2009，52(4)：822-846.

［236］ Nielsen A P. Understanding dynamic capabilities through knowledge management［J］. Journal of Knowledge Management. 2006，10(4)：59-71.

［237］ Rezgui Y，Hopfe C J，Vorakulpipat C. Generations of knowledge management in the architecture，engineering and construction industry：An evolutionary perspective［J］. Advanced Engineering Informatics. 2010，24(2)：219-228.

［238］ Windahl，Charlotta，Andersson P，et al. Manufacturing firms and integrated solutions：characteristics and implications［J］. European Journal of Innovation Management. 2004，7(3)：218-228.

［239］ Tukker A，Tischner U. Product-services as a research field：past，present and future. Reflections from a decade of research［J］. Journal of Cleaner Production. 2006(14)：1552-1556.

［240］ Kryvinska N，Kaczor S，Strauss C，et al. Servitization-Its Raise through Information and Communication Technologies［M］. Exploring Services Science，Springer，2014，72-81.

［241］ Mathieu V. Service strategies within the manufacturing sector：benefits，costs and partnership［J］. International Journal of Service Industry Management. 2001，12(5)：451-475.

［242］ Correa J R，Schulz A S，Stier-Moses N E. Fast，Fair，and Efficient Flows in Networks［J］. Operations Research. 2007，55(2)：215-225.

[243]　Neely A. The Servitization of Manufacturing: an Anlsysis of Global Trends[Z]. Ankara, Turkey: 2007.

[244]　Green S, Newcombe R A, Fernie S, et al. Learning across business sectors: knowledge sharing between aerospace and construction[R]. Reading: University of Reading, 2004.

[245]　Chotipanich S. Positioning facility management[J]. Facilities. 2004, 22(13/14): 364-372.

[246]　Johnstone S. Hunters and farmers? The HRM implications of product-service in construction[Z]. Rotterdam: CIB, 2007.

[247]　王延树，徐鹏富，成虎. 大型建筑企业竞争优势的建立及其实证研究[J]. 建筑经济. 2008(3): 78-81.

[248]　Elfving J A, Tommelein I D, Ballard G. Consequences of competitive bidding in project-based production[J]. Journal of Purchasing and Supply Management. 2005, 11(4): 173-181.

[249]　Korczynski M. The low-trust route to economic development: Inter-firm relations in the UK engineering construction industry in the 1980s and 1990s[J]. The Journal of Management Studies. 1996, 33(6): 786.

[250]　Eriksson P E. Exploration and exploitation in project-based organizations: Development and diffusion of knowledge at different organizational levels in construction companies[J]. International Journal of Project Management. 2013, 31(3): 333-341.

[251]　Johansson V, Trens L. Exploration or exploitation? Barriers for innovation within the construction industry[D]. Gothenburg, Sweden: Chalmers University of Technology, 2013.

[252]　Cantarello S, Martini A, Nosella A. A Multi-Level Model for Organizational Ambidexterity in the Search Phase of the Innovation Process[J]. Creativity and Innovation Management. 2012, 21(1): 28-48.

[253]　王成，余乐. 垂直关系文献综述[J]. 市场论坛. 2007(12): 40-42.

[254]　陈瑶，马晔华. 垂直一体化动机的理论研究[J]. 安徽农业科学. 2007, 35(4): 1127-1161.

[255]　Argote L, Ingram P. Knowledge Transfer: A Basis for Competitive Advantage in Firms[J]. Organizational Behavior and Human Decision Processes. 2000, 82(1): 150-169.

[256]　Goh S C. Managing effective knowledge transfer: an integrative framework and some practice implications[J]. Journal of Knowledge Management. 2002, 6(1): 23-30.

[257]　Easterby Smith M, Lyles M A, Tsang E W K. Inter-Organizational Knowledge Transfer: Current Themes and Future Prospects[J]. Journal of Management Studies. 2008, 45(4): 677-690.

[258]　Pollack J. Transferring knowledge about knowledge management: Implementation of a complex organisational change programme[J]. International Journal of Project Management. 2012, 30(8): 877-886.

[259]　Best M. The new competition[M]. Cambridge MA: Harvard University Press, 1990.

[260]　Prencipe A 和 T F. Inter-project learning: processes and outcomes of knowledge codification in project-based firms[J]. Research Policy. 2001, 30(9): 1373-1394.

[261]　Middleton C J. How to set up a project organization[J]. Harvard Business Review. 1967, 45(2): 73-82.

[262]　Nandakumar M K, Ghobadian A, O'Regan N. Business-level strategy and performance: the moder-

ating effects of environment and structure[J]. Management decision. 2010，48(6)：907-939.

［263］ Bodwell W，Chermack T J. Organizational ambidexterity：Integrating deliberate and emergent strategy with scenario planning［J］. Technological Forecasting and Social Change. 2010，77（2）：193-202.

［264］ Leiringer R，Schweber L. Managing multiple markets：big firms and PFI[J]. Building Research & Information. 2010，38(2)：131-143.

［265］ Li Y，Vanhaverbeke W，Schoenmakers W. Exploration and exploitation in innovation：reframing the interpretation[J]. Creativity and Innovation Management. 2008，17(2)：107-126.

［266］ Nohria N，Gulati R. Is Slack Good or Bad for Innovation？［J］. The Academy of Management Journal. 1996，39(5)：1245-1264.

［267］ Barney J B. Firm resources and sustained competitive advantage[J]. Journal of management. 1991，17(1)：99-120.

［268］ Dierickx I，Cool K. Asset Stock Accumulation and Sustainability of Competitive Advantage[J]. Management Science. 1989，35(12)：1504-1511.

［269］ Burgelman R A. Strategy as Vector and the Inertia of Coevolutionary Lock-in[J]. Administrative Science Quarterly. 2002，47(2)：325-357.

［270］ Abernathy W J，Clark K B. Innovation：Mapping the winds of creative destruction[J]. Research Policy. 1985，14(1)：3-22.

［271］ Van Looy B，Martens T，Debackere K. Organizing for Continuous Innovation：On the Sustainability of Ambidextrous Organizations［J］. Creativity and Innovation Management. 2005，14（3）：208-221.

［272］ Siggelkow N，Rivkin J W. When Exploration Backfires：Unintended Consequences of Multilevel Organizational Search[J]. The Academy of Management Journal. 2006，49(4)：779-795.

［273］ Hanvanich S，Sivakumar K，Hult G T M. The relationship of learning and memory with organizational performance：The moderating role of turbulence[J]. Journal of the Academy of Marketing Science. 2006，34(4)：600-612.

［274］ Barnett W P. The dynamics of competitive intensity[J]. Administrative Science Quarterly. 1997，42(1)：128-160.

［275］ Porter M E. Competitive strategies[J]. New York. 1980.

［276］ Bo Z，Yin S，Wei Z，et al. Absorptive capacity and technology innovation：A system dynamics model[Z]. IEEE，20131807-1814.

［277］ Zahra S A，George G. Absorptive Capacity：A Review，Reconceptualization，and Extension[J]. The Academy of Management Review. 2002，27(2)：185-203.

［278］ 张喜征. 基于科研链的多点反馈知识转移模式及机制研究[J]. 情报杂志. 2007，26(4)：2-4.

［279］ Campbell D T. Degrees of Freedom and the Case Study[J]. Comparative political studies. 1975，8(2)：178-193.

［280］ Yin R K. Case Study Research：Design and Methods[M]. Sage publications，2014.

［281］ Gulati R，Nohria N，Zaheer A. Strategic networks[J]. Strategic management journal. 2000，21(3)：203-215.

[282] S L, J Y. Bundling decisions in procurement auction with sequential tasks[Z]. Discussion Paper, 2010.

[283] Mcafee R P, Mcmillan J. Bidding for contracts: a principal-agent analysis[J]. Rand Journal of Economics. 1986, 17(3): 326-338.

[284] Lewis T R, Sappington D E. Information management in incentive problems[J]. Journal of political Economy. 1997, 105(4): 796-821.

[285] Kline R B. Principles and practice of structural equation modeling[M]. New York: Guilford press, 2005: 64-82.

[286] Molenaar K, Washington S, Diekmann J. Structural Equation Model of Construction Contract Dispute Potential[J]. Journal of Construction Engineering and Management. 2000, 126(4): 268-277.

[287] Byrne B M. Structural equation modeling with EQS: basic concepts, applications, and programming, 2d ed. (CD-ROM included)[M]. London: Ringgold IncLawrence Erlbaum Associates, 2006.

[288] Ullman J B. Structural equation modeling: reviewing the basics and moving forward[J]. J Pers Assess. 2006, 87(1): 35-50.

[289] Shah S. Sustainable practice for the facilities manager[M]. Oxford: Blackwell Publishing, 2007.

[290] Sirén C A, Kohtamäki M, Kuckertz A. Exploration and exploitation strategies, profit performance, and the mediating role of strategic learning: Escaping the exploitation trap[J]. Strategic Entrepreneurship Journal. 2012, 6(1): 18-41.

[291] Harmancioglu N, Droge C, Calantone R J. Strategic fit to resources versus NPD execution proficiencies: what are their roles in determining success? [J]. Journal of the Academy of Marketing Science. 2009, 37(3): 266-282.

[292] Lisboa A, Skarmeas D, Lages C. Entrepreneurial orientation, exploitative and explorative capabilities, and performance outcomes in export markets: A resource-based approach[J]. Industrial Marketing Management. 2011, 40(8): 1274-1284.

[293] Bowman C, Ambrosini V. How the Resource-based and the Dynamic Capability Views of the Firm Inform Corporate-level Strategy[J]. British Journal of Management. 2003, 14(4): 289-303.

[294] Morgan R E, Berthon P. Market Orientation, Generative Learning, Innovation Strategy and Business Performance Inter-Relationships in Bioscience Firms[J]. Journal of Management Studies. 2008, 45(8): 1329-1353.

[295] Peng D X, Schroeder R G, Shah R. Linking routines to operations capabilities: A new perspective [J]. Journal of Operations Management. 2008, 26(6): 730-748.

[296] 杨兴夏. 战略管理理论的钟摆现象[J]. 金融经济. 2009(24): 103-105.

[297] Kim N, Atuahene-Gima K. Using exploratory and exploitative market learning for new product development[J]. The journal of product innovation management. 2010, 27(4): 519-536.

[298] 陈宁. 营销动态能力与企业绩效关系的实证研究[D]. 辽宁大学, 2013.

[299] Dawes J. The Relationship between Subjective and Objective Company Performance Measures in Market Orientation Research: further empirical evidence[J]. Marketing bulletin-Department of Marketing Massey University. 1999(10): 65-75.

[300] Levrat E, Voisin A, Bombardier S, et al. Subjective evaluation of car seat comfort with fuzzy set

techniques[J]. International Journal of Intelligent Systems. 1997，12(11-12)：891-913.

[301] 粟斌. 调查问卷设计的注意事项[J]. 写作. 2012(21)：39-42.

[302] Lietz P. Research into questionnaire design[J]. International Journal of Market Research. 2010，52 (2)：249-272.

[303] Farh J，Cannella A A，Lee C. Approaches to Scale Development in Chinese Management Research [J]. Management and Organization Review. 2006，2(3)：301-318.

[304] Churchill Jr G A. A paradigm for developing better measures of marketing constructs[J]. JMR， Journal of Marketing Research (pre-1986). 1979，16(1)：64.

[305] Hinkin T R. A Brief Tutorial on the Development of Measures for Use in Survey Questionnaires [J]. Organizational Research Methods. 1998，1(1)：104-121.

[306] Lozano L M，García-Cueto E，Muñiz J. Effect of the Number of Response Categories on the Reliability and Validity of Rating Scales[J]. Methodology：European Journal of Research Methods for the Behavioral and Social Sciences. 2008，4(2)：73-79.

[307] Weijters B，Cabooter E，Schillewaert N. The effect of rating scale format on response styles：the number of response categories and response category labels[J]. International journal of research in marketing. 2010，27(3)：236-247.

[308] Preston C C，Colman A M. Optimal number of response categories in rating scales：reliability，validity，discriminating power，and respondent preferences[J]. Acta Psychol (Amst). 2000，104(1)：1-15.

[309] Cox E P. The Optimal Number of Response Alternatives for a Scale：A Review[J]. Journal of Marketing Research. 1980，17(4)：407-422.

[310] 李育辉，谭北平，王芸，等. 不同等级数利克特量表的比较研究——以满意度研究为例[J]. 数据分析(香港). 2006，1(2)：159-173.

[311] Wong C，Peng K Z，Shi J，et al. Differences between odd number and even number response formats：Evidence from mainland Chinese respondents[J]. Asia Pacific Journal of Management. 2011，28(2)：379-399.

[312] 吴永泽，王文绢. 不同应答等级对 likert 式量表特性的影响[J]. 中国慢性病预防与控制. 2010 (2)：215-217.

[313] Ngo L V，O'Cass A. Creating value offerings via operant resource-based capabilities[J]. Industrial marketing management. 2009，38(1)：45-59.

[314] Yang T，Li C. Competence exploration and exploitation in new product development：The moderating effects of environmental dynamism and competitiveness[J]. Management Decision. 2011，49 (9)：1444-1470.

[315] Dess G G，Beard. D W. Dimensions of organizational task environments[J]. Administrative science quarterly. 1984，29(1)：52-73.

[316] Matusik S F，Hill C W L. The Utilization of Contingent Work，Knowledge Creation，and Competitive Advantage[J]. The Academy of Management Review. 1998，23(4)：680-697.

[317] Miller D. The structural and environmental correlates of business strategy[J]. Strategic management journal. 1987，8(1)：55-76.

[318] Gebauer H，Edvardsson B，Bjurko M. The impact of service orientation in corporate culture on business performance in manufacturing companies[J]. Journal of Service Management. 2010，21(2)：237-259.

[319] 李海涛，李华山，田也壮. 制造服务化对企业绩效的影响机制研究[J]. 哈尔滨工程大学学报. 2013(7)：933-938.

[320] Vargo S，Lusch R. Service-dominant logic：continuing the evolution[J]. Journal of the Academy of Marketing Science. 2008，36(1)：1-10.

[321] Neu W A，Brown S W. Forming successful business-to-business services in goods-dominant firms [J]. Journal of Service Research. 2005，8(1)：3-17.

[322] Johnestone S，Dainty A，Wilkinson A. In search of 'product-service'：evidence from aerospace，construction，and engineering [J]. The Service Industries Journal. 2008，28(6)：861-875.

[323] O'Cass A，Heirati N，Ngo L V. Achieving new product success via the synchronization of exploration and exploitation across multiple levels and functional areas[J]. Industrial Marketing Management. 2014.

[324] Zhou K Z，Wu F. Technological capability，strategic flexibility，and product innovation[J]. Strategic Management Journal. 2010，31：547-561.

[325] Atuahene-Gima K. Resolving the Capability：Rigidity Paradox in New Product Innovation[J]. The Journal of Marketing. 2005，69(4)：61-83.

[326] Christensen C M，Bower J L. Customer Power，Strategic Investment，and the Failure of Leading Firms[J]. Strategic Management Journal. 1996，17(3)：197-218.

[327] Danneels E. The dynamics of product innovation and firm competences[J]. Strategic management journal. 2002，23(12)：1095-1121.

[328] Vorhies D W，Morgan N A. Benchmarking Marketing Capabilities for Sustainable Competitive Advantage[J]. The Journal of Marketing. 2005，69(1)：80-94.

[329] Auh S，Bulent M. Balancing exploration and exploitation：The moderating role of competitive intensity[J]. Journal of Business Research. 2005，58(12)：1652-1661.

[330] Ben-Oz C，Greve H R. Short- and Long-Term Performance Feedback and Absorptive Capacity[J]. Journal of Management. 2012.

[331] Fiegenbaum A，Thomas H. Attitudes toward risk and the risk-return paradox：prospect theory explanations[J]. Academy of Management journal. 1988，31(1)：85-106.

[332] Greve H R. A behavioral theory of firm growth：sequential attention to size and performance goals [J]. Academy of Management journal. 2008，51(3)：476-494.

[333] Amit R，Christoph Z. Value Creation in E-Business[J]. Strategic Management Journal. 2001，22(6/7)：493-520.

[334] 郑素丽. 组织间资源对企业创新绩效的作用机制研究[D]. 浙江大学，2008.

[335] 章威. 基于知识的企业动态能力研究：嵌入性前因及创新绩效结果[D]. 浙江大学，2009.

[336] Ghiselli E E，Campbell J P，Zedeck S. Measurement theory for the behavioral sciences [M]. San Francisco：WH Freeman，1981：319-320.

[337] Church A T，Burke P J. Exploratory and confirmatory tests of the big five and Tellegen's three-

and four-dimensional models[J]. Journal of personality and social psychology. 1994，66（1）：93-114.

[338] Friedrich R J. In Defense of Multiplicative Terms in Multiple Regression Equations[J]. American Journal of Political Science. 1982，26(4)：797-833.

[339] 温忠麟，侯杰泰，Herbert W. Marsh. 结构方程模型中调节效应的标准化估计[J]. 心理学报. 2008(6)：729-736.

[340] 狄乾斌，徐东升，周乐萍. 基于 STELLA 软件的海洋经济可持续发展系统动力学模型研究[J]. 海洋开发与管理. 2012(3)：90-94.

[341] 殷克东，薛俊波，赵昕. 可持续发展的系统仿真研究[J]. 数量经济技术经济研究. 2002(10)：61-64.

[342] 张波，袁永根. 系统思考和系统动力学的理论与实践——科学决策的思想、方法和工具[M]. 北京：中国环境科学出版社，2010.

[343] 谢英亮，刘勤蓝，江华. 系统动力学在企业经营仿真中的应用[M]. 北京：冶金工业出版社，2012.

[344] 成洪山，王艳，李韶山，等. 系统动力学软件 STELLA 在生态学中的应用[J]. 华南师范大学学报：自然科学版. 2007(3)：126-131.

[345] Arya B，Lin Z. Understanding collaboration outcomes from an extended resource-based view perspective：the roles of organizational characteristics，partner attributes，and network structures[J]. Journal of management. 2007，33(5)：697-723.

[346] Das T K，Teng B S. A resource-based theory of strategic alliances[J]. Journal of Marketing. 2000，26(1)：31-61.

[347] Levinthal D，March J G. A model of adaptive organizational search[J]. Journal of Economic Behavior & Organization. 1981，2(4)：307-333.

[348] Miller R J. New product development and innovation through joint knowledge creation and transfer in a dyadic supply chain relationship[D]. Cleveland：Cleveland State University，2010.

[349] Kleijnen J P C，Sanchez S M，Lucas T W，et al. State-of-the-Art Review：A User's Guide to the Brave New World of Designing Simulation Experiments[J]. INFORMS Journal on Computing. 2005，17(3)：263-289.

[350] Montgomery D C. Design and analysis of experiments[M]. 7th Edition ed. John Wiley & Sons，Inc，2009.

[351] Law A M. Simulation Modeling and Analysis[M]. New York：Mc-Graw Hill，2007.

[352] Winch G. Zephyrs of creative destruction：understanding the management of innovation in construction[J]. Building Research & Information. 1998，26(5)：268-279.

[353] Dainty A R J，Bagilhole B M，Neale R H. The compatibility of construction companies' human resource development policies with employee career expectations[J]. Engineering，Construction and Architectural Management. 2000，7(2)：169-178.

[354] Egan J. Accelerating change[R]. London，2002.

[355] Sawhney M，Balasubramanian S，Krishnan V V. Creating Growth with Services[J]. MIT Sloan Management Review. 2004，45(2)：34.

后　记

课题研究至此，像是重新审视和定位自己的自我救赎，它为我打开了一扇门——不是因完成而欣然离去，而是为新的学业开始而奋然启程。在同济大学读博四年期间，感恩于学校、学院和工程管理研究所对我的人格培养和学术熏陶。无可置疑，这是我人生中极为重要的生活与学习经历，让已过而立之年的我更为深刻地意识到了责任的意义。然而，这四年亦是充满了各种艰辛，给了我丰富的人生体验。幸有长辈、老师的关爱，同学、朋友的帮助，家人的支持，才使我得以从容不迫地走到今天，我深深地感恩并铭记于心。

首先以最诚挚的敬意感谢我的导师——陈建国教授。导师以宽容的心收我入师门，使我得以在同济大学读博深造并成为陈门大家庭中的一员；导师又以严谨的治学理念、严肃的治学态度和严格的治学要求对我的学业倾注了大量心血，改变了我根深蒂固的"工作报告"式的心智模式，使我完成了心路蜕变。导师的治学精神与治学原则将使我终身受益。在此谨对导师致以学生最崇高的敬意和衷心的感谢！

特别感谢山东建筑大学工程管理研究所徐友全教授和尚丰伟高工！

感谢同济大学经济与管理学院韩传峰教授、王广斌教授、贾广社教授、孙继德副教授对我学业的帮助和支持。

感谢中国建筑学会中国建筑学会副秘书长顾勇新先生、建筑施工分会副秘书长吴学松先生、上海市建管办章丽、上海徐汇区政府办公室丁卫平、山东省住房建设厅勘察设计处李玉林；感谢恒大建设集团副总秦立永、上海市建筑科学研究院结构室主任宋杰、正大侨商设计管理部经理李宁、CCDI过俊工作室王哲、北京市机械施工有限公司高级经济师李现扬、英国 Rise Management Consulting 中国区代表邹抒、上海隧道工程股份有限公司培训中心主任崔晋征、浙江《楼市》杂志股东何斌、远东宏信建设系统事业部陈天民；感谢同济大学土木工程学院杨彬老师、沈阳建筑大学管理学院王静老师、山东交通学院傅道春教授、上海财经大学城市与区域科学学院王婧老师、上海工程技术大学王宇静老师、东南大学土木学院博士研究生成于思和硕士研究生李琰；感谢山东建筑大学管理工程学院的各位教授和老师。他们的关心和帮助，使我的研究工作得以顺利进行。

感谢经济与管理学院研究生教务科兀云波老师，研究生总支王昭东老师和王松涛老师，建设与房地长管理系沈亚萍老师和姜雅芳老师；感谢同济大学卢超博士、孙秉珍博士、徐振亭、高旭博士、张雷博士、梁邦龙、陈敏、柯翔西、董润润博士、陈宝春、吕峰、曾雪琴、李冲，感谢经管 2010 秋博班的同学们；感谢同济大学工程管理研究所周兴师兄和全体博士同门师兄弟、师姐妹；感谢山东建筑大学工程管理研究所的硕士同门师兄弟、师姐妹；感谢所有帮助过我的朋友，他们的鼓励和陪伴，使我在求学之路上不曾孤单；怀念和大家的过往时光，更憧憬携手共创美好未来。

　　感谢我的父母、妻子和女儿！他们以最大的爱心与耐心包容了我。

　　最后，特别感谢同济大学丁士昭教授，您的精神将永远指引和激励着我们！

　　责任铸就未来，我将一路用心体味、勇往直前、永不放弃！

曾大林

二○一八年九月